上海三联人文经典书库

国家出版基金项目
NATIONAL PUBLICATION FOUNDATION

上海三联人文经典书库

106

希腊－罗马典制

[匈牙利] 埃米尔·赖希 著

曹明 苏婉儿 译

GRAECO-ROMAN
INSTITUTIONS

上海三联书店

"十三五"国家重点图书出版规划项目

国家出版基金资助项目

总　序

陈　恒

　　自百余年前中国学术开始现代转型以来，我国人文社会科学研究历经几代学者不懈努力已取得了可观成就。学术翻译在其中功不可没，严复的开创之功自不必多说，民国时期译介的西方学术著作更大大促进了汉语学术的发展，有助于我国学人开眼看世界，知外域除坚船利器外尚有学问典章可资引进。20世纪80年代以来，中国学术界又开始了一轮至今势头不衰的引介国外学术著作之浪潮，这对中国知识界学术思想的积累和发展乃至对中国社会进步所起到的推动作用，可谓有目共睹。新一轮西学东渐的同时，中国学者在某些领域也进行了开创性研究，出版了不少重要的论著，发表了不少有价值的论文。借此如株苗之嫁接，已生成糅合东西学术精义的果实。我们有充分的理由企盼着，既有着自身深厚的民族传统为根基、呈现出鲜明的本土问题意识，又吸纳了国际学术界多方面成果的学术研究，将会日益滋长繁荣起来。

　　值得注意的是，20世纪80年代以降，西方学术界自身的转型也越来越改变了其传统的学术形态和研究方法，学术史、科学史、考古史、宗教史、性别史、哲学史、艺术史、人类学、语言学、社会学、民俗学等学科的研究日益繁荣。研究方法、手段、内容日新月异，这些领域的变化在很大程度上改变了整个人文社会科学的面貌，也极大地影响了近年来中国学术界的学术取向。不同学科的学者出于深化各自专业研究的需要，对其他学科知识的渴求也越来越迫切，以求能开阔视野，迸发出学术灵感、思想火花。近年来，我们与国外学术界的交往日渐增强，合格的学术翻译队伍也日益扩大，同时我们也深信，学术垃圾的泛滥只是当今学术生产面相之一隅，高质量、原创作的学术著作也在当今的学术中坚和默坐书斋的读书种子中不断产生。然囿于种种原因,人文社会科学各学科的发展并不平衡,学术出版方面也有畸轻畸重的情形(比如国内还鲜有把国人在海外获得博士学位的优秀论文系统地引介到学术界)。

有鉴于此,我们计划组织出版"上海三联人文经典书库",将从译介西学成果、推出原创精品、整理已有典籍三方面展开。译介西学成果拟从西方近现代经典(自文艺复兴以来,但以二战前后的西学著作为主)、西方古代经典(文艺复兴前的西方原典)两方面着手;原创精品取"汉语思想系列"为范畴,不断向学术界推出汉语世界精品力作;整理已有典籍则以民国时期的翻译著作为主。现阶段我们拟从历史、考古、宗教、哲学、艺术等领域着手,在上述三个方面对学术宝库进行挖掘,从而为人文社会科学的发展作出一些贡献,以求为 21 世纪中国的学术大厦添一砖一瓦。

目　录

译者导言

何为典制？

埃米尔·赖希（Emil Reich），一位被严重低估的历史学家。1854 年出生于匈牙利的一个犹太家庭，曾游学欧洲大陆、美利坚，最后定居英格兰。他的生涯平静而简单，教书、写作就是全部的内容了。他努力寻找着归属，却并不随便安置心灵，他忠于自己的精神旨趣，注定是一位客观而冷静的旁观者。他通德语、法语、英语、拉丁语、希腊语，熟悉现代欧洲世界的文化、思想和情感，每一种智识状态他都细细地体会并且甄别其中的差异，他对政治生活的精神尤其具有独特的鉴别力。他的视野并不囿于现代，甚至回到了古代，指向了异域，他是一位深刻、透彻、清晰、澄明而又节制的历史学家。他的历史写作是独特的，与德意志、法兰西和英格兰的历史写作都保持着刻意的区分，或许正是因为他不属于这三个民族，因此才能避免这三个民族独特的精神影响，进而获得一个独特的观察立场。这位"异邦人"最终在英格兰找到了古老典制的承续，并倾其所有回报英格兰。他奉献给英格兰自己从历史中得来的全部教益，他的情感是深沉的，思考是成熟的。或许正因如此，他的呼吁成为稀世之音，不过，历史女神借他之口说出的预言全都应验了，当重温那个风起云涌的时代时，我们应首先向这位冷静的历史学家求教，聆听他的空谷之声。

赖希是一位通史著者，撰有一部《文明史》，深入犹太人、中华、埃及、希腊、罗马、基督教、中世纪以及现代世界的内在格局；对希腊-罗马（Greco-Roman）尤其钟情，曾专述其典范之义，展现了作者深刻的洞察能力和杰出的综合能力；还有阐释现代西方世界的专著为世人称道：关于欧洲世界整体景象的《现代欧洲的基础》、德意志民族的《德意志膨胀的头脑》，以及英格兰的《帝制：代价和使命》。他拒绝一切德语学界的抽象思辨和晦涩难解，拒绝赋予历史起源、过程、目的以玄妙高深的涵义，这甚至成为他历史写作的规诫，行文中自觉抵制此类倾向和解释。不过，这并非意味着赖希不曾真正完整、深刻地阐释历史，他以细致的笔触描绘了一幅明快且完整的历史图景，执守科学精神，寻求真实原因（versa causa），不会突然飞遁至另一个世界。简言之，他守护着历史科学，也深明历史科学之极限所在。

赖希坦言，他的通史著述灵感源自罗马，准确地说源自罗马法，正是制度构成了他的文明史著述的独特标示。从作者少之又少的自我剖析中可以窥探到，他孜孜以求的不过是理解文明的真正含义。1886 年在美利坚讲授文明史大获成功，其中第一、二讲阐释了文明史的撰述方法和制度的含义。但他似乎意犹未尽，1890年在牛津大学"期末考试大厅"又做了四次讲演，这一次讲演的主题回到了作为文明史主题之制度的思想源起：希腊-罗马典制（Greco-Roman Institutions）。可以说，此一制度是其文明史撰述之纬。基于此，译者将赖希《文明史》中希腊、罗马部分和后来的希腊-罗马典制讲演合辑一处，编成现在这部《希腊-罗马典制》，一窥赖希原型制度思考之堂奥。

1. 行为或制度

19 世纪是历史科学的世纪。历史之本义，在希腊人意为所看，在罗马人意为所为。在历史科学的反思之前，历史本质上都是某个民族自身的处世之道，带有民族本身无法摆脱的先入之见，并表现为普世性的方式。不过正是对于普世和永恒的怀疑，才激起了对于历史之科学性的探寻。康德的形而上学没有为历史留下位置，却真正提出了历史的科学问题，这位形而上学的反思者最终认为，无法得出客观的、科学有效的历史系统性，只可能具备一种"世界公民观点之下的普遍历史观念"，这是纯粹反思、假设性的，而且是不科学的。纯粹的事件如没有意义，是无法称之为历史的，历史事件必须获得一种真理之光，一种阐释性框架，具备反思性内涵。

康德的反思为历史思考注入了新的激情，黑格尔曾建立庞杂无比且构思精巧的历史哲学，确立绝对的理性目的作为历史的真理，但此一体系在其后来者的批判中很快坍塌，历史学家不断寻求重新建立真正的科学系统性。就此而言，历史科学是寻求某种历史系统性的努力，寻求超越事件的普遍意义，但又必须拒绝形而上学的教条偷偷潜入。其基本的含义有二：第一，作为此种科学化努力的前提和基础，寻求确立真正的历史事实是应有之义。历史科学是历史的新建设，或者说精神科学上的实证主义，唯一遵循的是实证存在的事物，质疑所有超越这种事物并在主观上得到解释的一切。第二，历史不可能具备与哲学体系一样的统一性，但它也绝非事实本身的物理聚合。事实之间具有内在的关联，我们可以看到一系列相继发生、互相制约的事件，此种事件之发生既非绝对的必然，也非纯粹创造性的自由。用兰克的术语来说，历史遵循着"自由的情境"。人类行为囿于外部限制，但依然会出现历史新事物，此为历史的最大魅力。众多一系列的历史事件彼此关联，构成了一个整体，具有某种超越性的含义。布克哈特借用了"精神"这个历史形而上学的思辨概念，但将其界定为实证历史研究中的科学概念，精神对历史而言，不是超验之物，而是在历史中有着具体形态的事物，变化多端且形态多样。不过，它同时又是永恒且连贯的。换言之，它具备了某种超越时间的永恒性，是持续性存在事物，且自身具有内在的相关性。布克哈特所指正是制度：

> 人类社会中产生了具有极强的现实合理性及历史性的权威，即各式各样的人世生活形态，如宪法、拥有特权的阶层、与世俗社会有着千丝万缕联系的宗教、数目庞大的财富、完备的社会风俗。由这种社会风俗发展出一定的法制观念，后者不仅与前者关系密切，而且顺应时势地发挥其作为维护上述权威的支柱作用。

赖希的历史科学独树一帜。他借鉴了德意志历史学中的很多关键术语，但在反思历史方法时，一概拒绝德意志历史学家，偶尔会提及维柯、卡莱尔、孔德和摩尔根，这些人都不属德意志学界；在阐释历史事实之际，他对于这些在云端思考的历史学家极尽嘲讽之辞，对于历史形而上学的拒斥，使得他一概拒斥德语历史学家的历史方法反思。赖希以某种英语学界的思想家的本能感受历史事物，之所以并非说英语学界的历史学家的本能，是因为他似乎也不赞赏英语历史学家——或许摩尔根是个例外——他对于梅因、麦考莱的评价极低，前者洞察力有限，后者就是个激情演说家；他以休谟式的深刻和清晰阐释历史科学的主题，却与后者的托利式史学迥然不同。个体之人、个体行动，所有此类可归为事件的存在，其意旨是什么呢？历史不是事件的堆积，事物必先放在真理的光照下，而这真理的光是什么呢？赖希对维柯赞赏有加，他认为维柯将历史从个体转移到了某种普遍之物。在维柯看来，历史事件并不依赖于超人般的个体，相反，历史事件是由一般的原因产生的，杰出之人相比之下是无足轻重的。但那普遍之物和一般原因并未在维柯那里得到清晰阐释，赖希借用了孔德创造的社会制度术语，其含义是社会生活的构成，或者说社会体格，此种构成形成了某种高级秩序，是群体的运动法则，也是可以预测的作为科学研究之主题的法则。

赖希在文明史讲演的第二讲提出，历史科学的真正主题是制度，制度是严格、受限制的科学术语，并非可随意填充内容的垃圾桶，凡是某种非个体之物都可以随意扔进去。比如我们日常生活的习俗或礼仪并非制度，确切地说，它们可算作制度的表现。赖希对制度的界定借用了解剖学的术语：组织（tissue）。不同的生物具有不同的组织，此种组织乃是生物内在因素彼此影响的方式，细胞是生物的终极构成因素，但并非组织；制度是政治机体的生物组织，在政治机体中，终极构成因素是个体，但个体改变了，政治机体不一定改变，而制度改变了，政治机体一定发生变化。身体没有脑袋或者眼睛也能存在，但是，如果没有纤维组织，人体就不存在，因此,这些纤维组织就是人体的制度,而脑袋或者手是器官。款待或者宴请不是制度,而是制度的结果,取名是一个民族制度的镜子,可以透视制度。赖希告诉我们,我们现在能够确定的制度或许只有三类:家族、部落和国家制度。此三类制度乃是政治机体的三项构成要素。

制度是社群的灵魂、时代的精神。但对于制度的认识,尤其是对于最后一项国家制度的认识,众说纷纭、歧义重重,赖希引用了一位德国人的看法,不过不是历史学家的,而是文学家的,歌德借浮士德之口说:

> 我的朋友,过去的时代对于我们不啻一本用漆印封严了的书。你们所谓的时代精神,归根到底不过是先生们自己的精神,偶尔反映了一下各个时代而已。因此,常常搞得真是惨不忍睹!人们见到你们,第一眼就会拔脚走开。一只垃圾桶,一个废品间,充其量是一部帝王将相的大戏连台,加上一些俏皮而实用的治世格言,放在木偶口中倒真是得其所哉!

赖希从来不会太多关注概念的定义,仅有的简略界定似乎都是从其他人或者其他学科借来的。制度的奥义何在?让我们深入到赖希历史编纂学之制度主题的思想源起,那不是历史哲学家缥缈的玄思,而是对于具体希腊-罗马典制的科学省察。

2. 制度之灵魂

在《文明史》关于罗马法的讲演末尾处,赖希曾有这样的断言:罗马法的优越之处在于其制度品质。此种制度品格是罗马法的不朽荣耀,其他民族的法律都没有能够将制度的精髓注入大批无生气的法律规则和习俗中,在赖希看来,罗马法是制度的模型,具备某种纯粹的性质,排除了诸多外来因素的不恰当影响,是基于社群生活内在的必然要求,是政治生命的自然流溢,焕发勃勃生机,健康、旺盛，直至长成参天之势，堪为典范的文明之树。"罗马城高过其他城，恰似松柏高过歪斜的灌木"。

不过，此一灼见来自更为宏观的透视，赖希的探析绝不局限于罗马法，在其细致、谨慎且富于洞察力的探析过程中，他得到了一幅更为宏大的整体图景：希腊-罗马典制，也许我们可以称其为古典制度，或者城邦制。将古希腊和古罗马政治体作为一个统一的整体来剖析，赖希并非开创者，或许汉语学界最为熟悉的当属库郎热的《古代城邦》。此著蜚声中外，不过在其出版之际显得另类、独特，作者似乎摒弃一切当时的研究成果，与流行的 19 世纪学术传统背道而驰，自称是对于古希腊、罗马的内在理解。某种程度上，赖希继承了此种探查精神，他从不刻意背离自己身处其中的学术传统，尽管如此，赖希对此著提出了激烈的批评。在赖希看来，库郎热尚没有把握到古代城邦制度的真正性质，尤其误解了宗教和政治的关系，进而掩盖了对于政治、城邦的真正理解。

赖希一再强调希腊-罗马城邦的一项决定性事实特征，即城邦（city-state），希腊和罗马的荣光都有赖于其城邦制度。政治制度是理解其他历史主题唯一正确的基础和前提，是一个民族所有制度中最重要的部分。赖希认为，在古典时期，宗教和政治之间存在着无可取消的关联，对于古典政治制度的认识，如果以某种混乱的政治与宗教之关联的理念进入其中，不管你获得的成果多么渊博、详实，一切都属徒劳。库郎热断言，在希腊宗教与政治之间，宗教扮演了高等原则的角色，直白地说，宗教是原因，政治制度是结果。赖希请求读者坚决地拒斥库郎热的谬断，事实恰恰相反，政治制度是高等原则，是宗教的原因。

一个有趣的现象是，市民与公民（citizen）同根，源头就在希腊和罗马城邦。希腊城邦不仅是城市，还是民主的城市，是每个公民都参与统治和管理的城市。古罗马共和国无疑有着民主根基，但赖希认为，这一点只是就法律、理论而言是正确的，事实上，它远非民主的。罗马共和时期与王政时期差异极小，因此，与普遍地将罗马历史划分为王政、共和与帝国时期不同，赖希认为罗马文明的发展只存在两个较大的时期,罗马帝国之前的时期以及罗马帝国时期。不过,即使这两个时期本质上也具有相同的特征,帝国罗马中所有伟大之处的根基,在公元前5或6世纪就已经奠定了。

赖希选择爱奥尼亚式的雅典和多里安式的斯巴达作为希腊城邦的典范。雅典城邦的轮廓大致如此:公民大会几乎每周聚集两次,通过多数投票决议和管理任何事务;对公民大会的强大制衡,一方面是战神山议事会,一方面是元老院或者五百人议事会,二者一起制衡公民大会。最终的立法者不在公民大会,真正的权力掌握在一个名为立法委员会(monosthetae)的机构中。比较而言,斯巴达可被称为贵族统治,城邦的权力掌控在严格意义的斯巴达人手中,他们全都是战士,自视为纯粹的贵族,他们比起雅典公民更为彻底地接受了这样的观念:个体只是国家的纯粹表现,唯一的荣耀就是为国而生、为国而死。因此,他们的公民集会相对罕见,国王和五长官(ephors)几乎无事可做,法律数量稀少,法律诉讼不多,诉讼过程粗疏简单。

希腊城邦皆是政治主宰一切,众多公民是政治行为的主体,总体而言,僭主的存在是例外,僭主的内在性质必然要求公民从政治事务中退出,但公民是普遍、常见的形态,换言之,希腊人的普遍状态是城邦的造物,是城邦的复制和抽象,是个体维度的城邦。政治性得到了纯粹且淋漓尽致的展现。正是这种纯粹的公共性掩盖或者压制了我们现代所谓的私人性,由此决定了希腊城邦的家庭制度和女性地位。

宗教亦是如此。私人男女寻求宗教的慰藉、帮助。个体之人会祈祷神灵的救助、安慰和恩惠。私人担心犯忌,担心罪过,想要得到救赎,得到保证,会想象来生。因此,私人感受到了赎罪、净化和赐福的需求。但是没有私人,只有城邦。城邦如何关注罪孽呢?城邦不是罪人,城邦本身是神圣的,城邦也不会死亡,因此它不关注来生,没有那般私人情感和慰藉需求,它不需要仁慈之神。事实上,希腊城邦需要许多神,不是一个神。公民和民主制度的现实告诉他们,人的力量是不充分的,他们经常无法达成一致,嫉恨彼此之间的平等权利，他们必然被超人的力量所控制。因此，神不是个人、个体、私人的神，是城邦的神，这些神与忧伤、阴郁没有关系，城邦需要快乐、高兴的公民，赋予他们快乐、高兴的神祇。赖希在此展示了他对希腊城邦和宗教内在同质性的洞察，我们必须跨越基督教内在教义的探查，以希腊人的方式看待希腊人的神，后者是真正的公共崇拜，或者名副其实的公民宗教，众神和公民，二者都是复数性存在，神和人都不是专制的，宙斯也无法抗拒命运，城邦就是公民的命运。赖希坚决反对库郎热在《古代城邦》中宗教决定政治的论断，并且断言恰恰相反。不过我们深究赖希的考察，似乎难以证实政治为因宗教为果的结论，重要的是，赖希对于此二者之间真正统一性的洞察，宗教使得城邦的存在成为永恒、神圣的，城邦是生存的界限，并且具备至高无上的意义，个体无法脱离城邦，而当个体能够脱离城邦存在之际，城邦必然已经变质。一个像阿尔喀比亚德这样游走于雅典和斯巴达的政治人物，某种程度上已经脱离了城邦，而城邦衰颓必然已经发生。制度的灵魂在于真正的公共性，公民是人之生存的主导性含义，私人生活、私人性退到了边缘。公共本身必须是健康的，政治明达的前提是言辞的通畅，议决是政治、法律事务的常态方式，地米斯托克利和伯里克利等政治雄才之辈必须植根于公民议事的土壤，而独断必须借助于守护城邦众神之口的方式，不至背离公共的面相。

让我们再转到赖希对于罗马政治的探查。就政治而言，罗马城胜过了希腊城邦。赖希认为，罗马政治制度从一开始就具备了卓尔不群的气质和无穷的潜力，终成蔚然之势，格局自然不凡。赖希说，也许一个民族性格的纯粹精髓就体现在其立法机构的形式和本性之中，前面曾经提及，希腊人有立法机构，每个公民都会投票，但是，如此形成的一项议案并非有拘束力的法律，必须经过立法委员会的批准才是真正的法律。而罗马人不同，民众被恰当地召集，议案通过恰当地投票，结果就是一项绝对的、有拘束力的法律，而且只有民众才能够改变它、撤销它。在罗马，公民大会就是一切。

罗马政治的独特性还在于，罗马只有少量的政务官，事实上不超过六七个，主要是执政官、监察官、裁判官、民政官、度支官和护民官。这些政务官与罗马元老院属于同一位阶，罗马元老院具备独一无二的特性，元老一直都从精英人物中择选，或者从先前担任政务官之人中择选，因此，政务官本身属于元老群体，这个群体主宰着罗马政治。罗马存在大量的强权职位，这成为诸多怀揣政治雄心的人的目标，随着罗马的征服产生大量行省总督职位，意大利和罗马的所有天才和雄心都能在政治通道中获得自身天资的展示。赖希说，罗马在文学和法律方面的任何杰出之人几乎都身居要职。而在希腊城邦政治职位中，几乎没有给天才留有空间，除了战争时期，和平年代的职位几乎为大量的公民占据。所有充盈的天赋在政治中找不到释放机会，被迫回到自身的根源，精神内在的世界，毕生致力于理念、科学的耕耘，因此，几乎希腊的所有科学家、思想家都是私人，没有任何显赫职位。赖希在"古希腊科学发展"一讲中详细阐释了此中缘由，同样的理由促成了古希腊哲学和艺术的辉煌。顺带说明的是，《文明史》的希腊部分还专辟两讲，述及哲学和艺术史，与我们的主题关系不大，因此，译者没有将其收入本书之中。

某种程度上，我们可以说，罗马政治的本性是两个极端之间张力的维系，一方面是最普通的公民，另一方面是位高权重的政务官。罗马人执守民众之命乃是法律的理念，同时也深知此种理念的危险，如果罗马城的公民不受任何制衡或权力的控制，能够任意处置法律和条令，必然凭借投票，通过各种有利于最大多数人的议案，而那必然是符合贫穷之人意愿的议案，如此的罗马城邦不过是无法无天的强盗之巢穴。因此，罗马人既要挽救普选原则，又要同时让其贯彻到底。贵族和平民之间的阶层之争（conflict of orders）贯穿其中，此种争斗推动了罗马城的长大，让粗疏的罗马古制经受各种考验，不断完善、精细，罗马政治从未脱离于城邦的本质，即复数性的公民存在，即使是最有权力和影响的职位也会受到公民大会的约束和限制。就此而言，罗马城邦和希腊城邦的政治本质是相同的，差别不在本质，而在形态上，希腊城邦从未长大。

纯粹科学的罗马法是罗马政制的产物。赖希认为，罗马法是罗马共和国政制的必然结果，罗马法的存在和性质都归因于政制力量，而不是经济或社会惯例和习俗。它的根系延伸至公民会议。不同于希腊人在众多科学领域中的登峰造极，罗马人只擅长一门科学，即罗马法，罗马人在法律问题的科学构造方面，将其他所有民族远远地甩在了身后。当然，此处的罗马法意指他们的私法，罗马人是私法科学的最伟大作者。赖希认为，罗马法真正的卓越之处在于，与其他民族的私法体系相比较，罗马法是唯一不曾过度受到宗教、政治和伦理不相关因素影响的；当世影响深远的英格兰法，受到了英格兰政治的极大影响，而伊斯兰法受到了宗教的完全支配。更加难能可贵的是，罗马法严格区分了伦理和法律，有专门的著作论述其与法律义务的区别。罗马法是无可避免之必然性的产物。

罗马法的诞生和发展几乎就是一个历史难解之谜，众多历史学家对此有着各种玄妙的解答。库郎热认为，罗马法和希腊法源自罗马人和希腊人的宗教信仰，源自他们的祖先和家宅。不过在赖希看来，此一论断根本站不住脚，希腊人和罗马人的宗教信仰大部分是相同的，但在希腊从未诞生法律科学。耶林的看法具备了典型的德意志方式：根据历史节约原则，法律之耕耘分配给了罗马人，赖希说这意思最可能是罗马人肩负耕耘法律的历史天职，不过说某个民族表现了某些才智或禀性的非凡之处，原因在于这个民族承担着这样的历史天职，就等于坦言对于此非凡之处的原因全然无知。梅因在《古代法》中断言："罗马法学源自法典的理论血统。"他指的是《十二铜表法》，不过赖希认为：冰岛人、爱尔兰人、威尔士人，甚至德意志人在其历史的早期都有法典，但这些民族没有一个成功地将其最初的法典发展至完美的法律体系。历史学家蒙森将罗马法的存在归因于这一简单的事实，罗马人是一个健全的民族，相应地拥有健全的法律。赖希说，这无法解释罗马人为何没有健全的刑法。诸如此类，在赖希看来，都没有洞悉罗马法真正的性质和来源，浸染了太多形而上学和纯粹哲学理念的气息。

　　赖希的回答简洁、实证且具备说服力:"罗马私法兴起及臻于完美境地的主要原因是罗马的愧耻制度。"愧耻意指丧失名誉、公开羞辱。罗马人以罚金和丧失名誉来惩罚某些罪行或违法行为,而其特别之处在于对某些严重的罪行轻易地默许,对于一些更轻微的违法行为却会毫不留情地痛恨。重要的是丧失名誉的内容:剥夺公民权利。一个罗马人被剥夺了公民权,意味着失去了选举权以及担任城邦政务官的资格,也就是夺去了他的政治生命。在赖希看来,在罗马共和国中,政治生命之外再无生活,愧耻意味着"公民死亡",这一后果正是民事诉讼遭遇失败之必然的命数。而愧耻并非个别诉讼的后果,乃是无数诉讼的直接或间接后果,因此,愧耻的阴影几乎在罗马公民的生活中无处不在,犹如悬在头顶的达摩克利斯之剑。罗马公民深深地意识到,不可能摆脱这一苛刻制度的困扰,由此,每个罗马公民都渴望着能够寻找到某些手段,减缓愧耻的严厉后果,但不会废除这一健康的制度本身。既然不能动摇作为实体法根基的愧耻制度本身,那么只有不断地创造有关程序的法律,由此导致的后果是,罗马有关程序性的法律事实上成为真正实体的部分。在罗马法中,程序法优于实体法,这与现代所谓的程序正义决定实质正义还不同,在罗马法中,诉讼(actio)是讼争性法律,是非讼争性法律的源泉,或者说,诉讼创造了罗马法。

　　因此,只要罗马公民权的实质内涵不曾改变:通向至高无上的政治荣耀,那么愧耻制度的根基就不会动摇,如此,罗马法成长的动力就不会消失,罗马公民私法性质的行为不断在愧耻的强大压力下,具备了法律上越来越丰富、越来越精致、越来越严密的规范方式,这正是罗马法学家的杰作。赖希说,罗马法作为一种产物,其产生缘由与政治有关。政治动力提供了耕耘法律科学的激情,此种激情孕育了某种纯粹品性的制度。基于法律内在精神的成长,罗马法从一开始就缔造了一方纯粹的空间,排除了宗教、政治、伦理因素的介入。赖希说,罗马人将他们的生活献给了公共声名、城邦、广场、公民会议和法庭,公共生活支配了公民的所有力量和能力,施予他们所有的责任,诱之以所有的回报,公民将其生命的全部献给了国家,他们把私人生活放在了完全无足轻重的境地,即使愉悦也首先是公共愉悦。国家对于公民的品格有着严格地界定,公民责任重大,必须道德高尚,也受到了严厉地监管。某种程度上,罗马共和国的力量奠定在其精英之人纯粹的道德力量上,将城邦的力量建立在道德力量之上,这种理念是纯粹希腊-罗马式的。确切地说,这是男性的普遍政治德性,正是此种德性之刚健无比的力量,成为古典政治制度内在的生命。此种制度激发了男性追求伟大、卓越的渴望,罗马人将此种渴望完全注入政治、法律的舞台,缔造了伟大的罗马帝国和纯粹的罗马私法科学。

3. 代价和意义

古典国家建立在少数之人的公共精神根基之上,公民权仅仅赋予少数人,公民权的存在本身意味着某些人被剥夺掉公民权,此种剥夺越是贯彻得深入,公民权就越具有优越价值。简而言之,公民必须奴役某些人,这是古典奴隶制存在的真正现实理由。赖希断言,奴隶制,是罗马伟大性的必备条件。奴隶制在古典时代犹如文明的一项特征一般自然,在古代国家,废除奴隶制就等同于废除城邦本身,等同于完全毁灭了那唯一可能的生活方式。

赖希不断强调多数人的奴役与少数人的才智、灵魂完善之间的关系,但这并非因果关系。赖希从来没有为奴隶制辩护,他只是遵循了历史阐释原则,他说,当现代人看到古代城邦在超越其控制范围之外的压力下,被迫剥夺了众多同伴的公民权,与其沉溺于自鸣得意的、对于我们自身善良和伟大的自夸和骄傲,与其痛斥这些民族,不如感谢我们的命运,即我们不是处于相似的压力之下,能够承担得起自由和人道。

从赖希的只言片语中我们可以窥视到,他对于罗马历史学家评价普遍较低,对于希罗多德则评价颇高,但也只是相对而已。赖希的历史科学显然与古典时代的历史编纂在精神上相距甚远,就根基而言,赖希的历史撰述方式是19世纪的科学风格,此种方式在撰写古典历史,尤其是希腊历史之际,面临着一个非常有趣的现象:希腊是现代学术的鼻祖,它是否提出了历史写作的根本方法问题,或者可以这样问,在亚里士多德百科全书式的科学分类中,为何不曾有历史学?古典学家维拉莫维茨曾断言,希腊因为英雄式的伟大和悲剧命运而没有历史科学。希腊人具备了历史科学的条件,但是科学并没有因此而生,柏拉图和亚里士多德没有赋予历史以某种科学的位置,因为他们只有永恒,只有模型,从没有所谓灵魂的发展;他们只关注自身,这是最完美的,他们没有关于过去的理念。希腊人不愿面对真正的历史现实,历史是缪斯女神,是吟唱,希罗多德的历史暗合荷马史诗的写作方式,与希腊悲剧同是史诗的继承者。希腊有国家、有自由、有思考者,但是雅典崩溃了,他们没有民族国家,只剩下了修辞和诡辩。

与赖希同时代的尼采在希腊精神中看到了某种无辜:

> 凡人类所能享受的尽善尽美之物,必通过一种亵渎后才能到手,并且从此一再要自食其果,这种沉重的思想以亵渎为尊严。……雅利安观念的特点在于把积极的罪行当作普罗米修斯的真正德行这种崇高见解。与此同时,它发现悲剧的伦理根据就在于为人类的灾祸辩护,既为人类的罪过辩护,也为因此而蒙受的苦难辩护。

悲剧触及了城邦的根源,城邦的建立和荣耀都需要付出代价,卡德摩斯建立底比斯城需要一眼圣泉,但必须承受杀死毒龙的代价,其后代一再遭受诅咒。城邦包含着最大的悲剧行动,悲剧意义中的人类行为创造了最伟大的意义,伟大之物必然付出代价,希腊人发展出了罪的观念,但希腊人并不怨恨,而是坦然承受惩罚,将其归于命运的折磨。命运无常,希腊城邦毁灭了,希腊精神的无辜将历史的变数等同于天意的神秘,从来不曾对历史本身投射科学的光芒,深深迷恋希腊的尼采或许由此得出了历史虚无主义的论断,历史中没有什么是永恒的,现代科学不具备普遍的权威特性,那不过是世界上诸多人类思考方式的一种。所有的理想都是人类的创造行动即自由的人类谋划的结果。人类的谋划塑造了某种视野,其中特定的文化是可能的。包含了古典制度的文明是在那特定的情景之中创造的,其意义在于展示了某种历史可能性。依赖希的眼光看来,尼采将制度与制度的代价之间的逻辑引入了历史行动,此种方式实质上践行的正是赖希着力避免的、将古典奴隶制和古典文明视为因果关系的原则。如果此种历史行动的逻辑成为现实,后果之严重是无法预估的,新的创造意味着对于旧的毁灭,必然是对所有传统制度的摧毁,也摧毁了文明,这是赖希将制度作为文明之主题所必然要避免的。

布克哈特的世界历史沉思,将其中的逻辑和后果更为清晰地展示了出来。在布克哈特的历史研究中,人类存在中"那些不断重复着的、恒定的、典型的内容"被称作是历史研究中"唯一剩留下来的、对我们而言具有可能性的中心",他称之为"精神",一个德意志式的词语,不过,它在这里是某种实证的概念。精神是人类创造性地建构文化的能力,历史是精神的历史,精神与生命之间存在一种深入的张力,只要生活还受到"生命"——本质上是邪恶的,是为了存在而抗争的权力——的主导,那么历史就不是人类精神得以自我实现的场所,只有通过精神,历史才可能成为连续性的整体。连续性也是具有认知力的人类精神的一项成就,同时于其而言也是一项任务,对于布克哈特来说,只有和世界史保持具有认知性的距离,才可能有精神的连续性、自由和幸福的替代物。如果我们作为历史研究者本身就处在精神的这种连贯性中,那么,历史意义就不可能只是主观的奇思异想了。"作为精神连续统一体的过去"就属于"我们最高的精神财富",历史认识同时也是我们的自我认识,而非历史性则是野蛮的标志。

我们可以推测,或许这正是赖希有意地拒斥德意志历史编纂学方法的原因,历史的生命原则经常淹没历史的精神原则,在尼采看来,古典时代的精神毁灭了,被基督教毁灭了,古典制度没有继承者,这诉诸的也是历史的生命原则。布克哈特对于尼采的历史方法抱有极大的忧虑,在历史的自我认识方面,赖希和布克哈特存在着相似之处,但是赖希根本无须布克哈特这般煞费苦心,他那清澈、明智的洞察力轻易地避免了这样的问题,赖希非常自然地面对制度的衰落和继承问题。

赖希说,人之集合体不像个体一样死亡,它们有着相当大的、更具坚韧性的生命,它们建立在普遍理念的基础上,诸多理念包含了永久性之根源。民族不是生活在岁月的高墙中,它们生活或者试图生活在永恒之开阔原野上。古典制度是如下这一事实的必然产物,即除了唯一的城市国家,古代人不知道任何其他形式的共和国。罗马帝国的衰落是制度的衰落,一个民族的制度只有在其真正继续适合这个民族的人口、特性和活动时才会持续存在。罗马和希腊的制度,从一开始,只为严格限制少数人而形成。女人无足轻重、多数男人处于奴役之中。植根于城市国家的文明与过度的疆土扩张不相称,它要求狭小的疆域。只要罗马帝国具备了远远超过意大利或者希腊限度的规模,命定只为小型城市国家的制度,就会失去其生命力量,绝大多数的民众变得不关心国家。罗马帝国的衰落,或者毋宁只是改变了其构架,原因在于它没有能力使其民众的强烈关怀倾注于城邦的进一步生存上。

赖希认为,基督教和古典制度之间没有根本的断裂或者颠倒。希腊-罗马文明的永恒价值还在于这一事实,即它一直是基督教兴起和成长的最主要因素之一,而基督教直到今天还是现代西方人的公共和私人生活的根基。基督教共和国丢弃了古典城邦的一个因素:城市的狭隘限制。同时,无限地增强另一个因素:奠基于其上的纯粹道德力量,即除了男性的普遍道德之外,它还创造了女性的新德性,宣称贞洁是神圣的权利,完全戒绝生活享受是圣洁的品质。罗马共和国奠基于有限男性的道德卓越之上,而基督教共和国却建立在更为广泛的既包括男性又包括女性的道德卓越基础之上。赖希断言,一千八百年的所有制度中最神圣、最重要的,都是自希腊和罗马不曾受损的、刚健无比的心灵所建立和支撑的制度中获得了其外在和内在的组织。品质和道德力量使得这个世界艰难前行！

2019 年 6 月　兰州

第一编：《文明史》节录

希腊

I 希腊社会生活

女士们、先生们：

我们接下来的主题是：希腊社会生活。在下一讲中，我会论及古希腊人的宗教、神话与他们政治制度的关联。现在我将探寻希腊人生活的家庭、私人以及可谓纯粹个人（purely human）的特征，大多数历史著作非常令人遗憾地忽略了这一点。当然，在处理古希腊人私人生活的同时，还是不可能完全不考虑其政治制度。与拉丁人一样，希腊人也是一个卓越的政治民族。他们城邦（State）的政治构架、政治根基同时也是其私人生活、家庭习俗的构架和根基。当下之时，尽管现代文明民族的制度之间差异巨大，甚至相距万里，然而存在着一种普遍整齐划一的举止礼仪典范，这一切汇集起来塑造了我们所谓的淑女或绅士。事实上，淑女或者绅士的行为举止，以及很大程度上他们的见解和习惯在全部的文明世界中都类似。就举止、仪态以及文雅得体的习惯而言，俄国、法国、俄亥俄或者巴西的绅士之间甚少差别。在这些不同的国家真正的淑女那里，能够找到的差别就更少了。不过，这种情况并不适用于古希腊或古罗马。这些城邦之间的分歧非常明显，它们的政治制度相差甚大，使得甚至它们的私人习俗和社会行为几乎没有表现出任何内容上的相似性。大西庇阿（Cornelius Scipio Africanus）时代的一个罗马人度日的方式与阿格西劳斯（Agesilaos）国王时代的一个斯巴达人,或者西蒙(Cimon)时代的一个雅典人迥然不同。一位罗马女士有着与一位雅典女士,或者忒拜、科林斯女士截然不同的见解、不同的看法、完全不同的心灵倾向。一人认为是完全羞耻之事,被另一人认作只是平常之事。一人从来不敢为之,另一人却从不曾想过要避之。这些深刻的差异从一开始就受制于政治制度的差异、分歧,因此,关于古希腊人生活的这些政治根基不是恰当的三言两语所能打发的。不过,在如此直接和迅速地进入我们当下的主题之前,让我们停驻片刻,以便沉思我们主题的伟大、庄严和无可磨灭的华彩。希腊!! 这个词语向我们传递了不朽和神圣事物的无尽表现! 无法媲美的文学、无与伦比的科学、深奥的哲学、迷人的宗教以及无尽的美之宝藏! 所有各个层面的、各种表现的美! 文体美、思想美、事物美、心灵美,匠人的所有工具和艺人的所有作品表现的模范、纯粹、简洁美! 而且,如果我们考虑到,所有这无尽的宝藏是由少许人、几个镇子的居民、一个国家所创造的,即使我们将西西里、小亚细亚和埃及的所有希腊城邦全部计入,这个国家比起俄亥俄也要小上很多,我们必然会感到几乎要眩晕,完全不知所措,不知如何去解释它。这为数不多之人赋予我们文体、雕塑、演说、形而上学、几何、史撰和戏剧的标准模式。两千年已然消逝,最天才的思想家、诗人和艺术家付出了无穷的努力试图与希腊人的作品一较高低,想与之比肩。曾经有一个时代,伟大的学者试图否认希腊人的伟业。这一运动的精神倡导者是夏尔·佩罗(Chas. Perrault),著名的法国作家,著有《古今之争》(*Parallèle des Anciens et des Modernes*)①,整部作品都是因这个问题而起,文明世

---

① 夏尔·佩罗(Chas. Perrault,1628—1703),法国诗人、作家,以写童话著称。《古今之争》应为"Querelle des Anciens et des Modernes",即古代派和现代派之争。这场运动开始于文艺复兴时代的意大利(那时候对古代人的推崇已经引发了一些质疑),在黎塞留时代的法国进一步展开,17 世纪末辩论达到高峰,18 世纪初波及整个欧洲。可以说,这场争论是现代革命和进步观念在欧洲传播的前奏。夏尔·佩罗是 17 世纪末辩论中的主要角色。另,本书脚注未特加说明者,皆为译注。

界被划分为两个敌对的派别,一方渴望超越希腊思想家和诗人的成就,另一方则维护希腊的荣耀。现代派(modernists)宣称,我们现代的作家和艺术家已经超越了古人,亚里士多德的修辞学和逻辑学逊于波尔-罗亚尔(Port-Royal)和拉莫斯(Ramus)①的修辞学和逻辑学;那位马其顿斯塔利亚人(the Stagirite)②的诗学对于我们现代的高级(high-toned)学者是没有用处的;希罗多德是个老糊涂,修昔底德是枯燥无趣的政治家,斯卡利杰(Scaliger)③甚至鲁莽地宣称荷马远逊于维吉尔。不过,当激烈的个人争斗的潮流开始平息下来之际,这就成为十足的自明之理了:古希腊人是模范的作家、诗人和艺术家,不仅是一世的,而且是永世的。于是,有史以来最伟大的批评家(我借用麦考莱[Macaulay]的说法)莱辛(Lessing)宣称,亚里士多德诗学的每一行都应该被认为是完美的福音(evangile);格罗特芬德(Grotefend)、莱亚德(Layard)、罗林森(Rawlinson)以及本森(Bunsen)宣称,希罗多德是近乎绝对可信的;所有的历史学家一致同意赋予修昔底德历史编纂学的荣耀;乔治·布尔(George Boole)、斯坦利·杰文斯(Stanley Jevons)与摩根(De Morgan)一起恢复了伟大希腊思想家的逻辑学先前的至高荣耀。

我们越是探究古希腊人的科学著作,我们就必然越是钦佩他们。不止莱布尼兹一个思想家说过,通过阅读古希腊的科学著作,我们就会开始降低对于现代发明家的钦佩。伟大的物理学家毕奥(Biot)禁不住说道,对于今时最高深的数学家来说,阿基米德依然是一项极其有益的研究,而且,毫无疑问的是,我们依然没有达到欧几里得大作的典雅和说服力。

---

① 《波尔-罗亚尔逻辑》,法国巴黎郊外波尔-罗亚尔修道院修士、笛卡尔派的 A. 阿尔诺(1612—1694)和 P. 尼柯尔(1625—1695)合著的一本逻辑教科书。原书名为《逻辑或思维的艺术》,1662 年出版法文本,后译为拉丁文,1685 年在伦敦出版了英译本,以后曾多次再版。拉莫斯(Ramus)(1515—1572),法国著名的人文主义者、逻辑学家和教育改革家。

② 意指亚里士多德,因为亚里士多德出生在马其顿的斯塔利亚。

③ 斯卡利杰(1484—1558),文艺复兴时期的法国古典主义学者。

荷马是目前为止最为声名远扬、最让人喜爱的诗人,他的男女主人公,现在,即《伊利亚特》和《奥德赛》创作三千年之后,就像是我们自己的姐妹兄弟的名字一样烂熟于心。埃斯库罗斯、索福克勒斯、欧里庇得斯的戏剧,阿里斯托芬的喜剧,在我们的学校中就像两千年前一样研究它们,而且我们永远无法停止重新阅读它们、钦佩它们、喜爱它们。所有这些令人惊叹的贤明、智慧以及高洁——它们是少许几个时代、一个民族、一种语言的产物。这一引人注目的现象是所有希腊历史最核心、最重要的事实。我们必须尝试阐释这一点,我们必须努力探明其缘由所在,它们成就了这独一无二文明的兴起和发展。

这些缘由为数众多,在一次讲演中不可能全部讨论。不过,幸好我可以有四次讲演专谈希腊,因此,我希望能够相当详尽地谈论这些缘由。现在,我只涉及古希腊人的社会生活,这是他们恢弘文明的伟大动力之一,也是使得希腊文明举世无双的宏伟和优美成为可能的源泉之一。不过,如我在这一讲演开篇时所说,我们不得不首先瞥一眼希腊政治制度,由此为恰当地理解其私人和社会生活奠定唯一正确的基础。当然,在所有古希腊的政治制度中,我仅挑拣出那些真正能够对我当下主题产生影响的。由此,我不得不忽略其诸多政治制度,对它们的充分讨论,我会结合希腊的宗教和神话在下一讲中进行。

古希腊与其社会生活有关的最重要政治制度是希腊城邦(city)!女士们、先生们,即便我连续谈论一百小时,即便我收集过去时代所有事实,还有伦敦和巴黎最好的图书馆中所有的参考书籍,我也无法穷尽与任何其他居住地域相悖之城邦那无量的意义、无穷的重要。生活在一起的模式、人们像邻居一样结合的方式,使得所有的差异成为可以想象的,将其印迹留在了最琐碎之事中,同样也留在了这些社群最重要的制度中,无论他们是生活在德国马克(German mark)的形式中,或者是苏格兰教区、盎格鲁-撒克逊城堡(ward)、墨西哥集体住所(common building)、印度农村公社(village-community)、现代村落(hamlet)或村庄的形式,或者最后,还是他们一起生活在城镇、城市中。一个民族的语言,我意指一个大多数人生活在城邦中的民族,是完全不同于生活在分散村庄中的一个民族的语言的。游牧民族严格坚守语词的根基,他们补充它,扩展它,但从未改变它,比如用匈牙利语说 Szeret,爱;Szeret-ek,我爱;Szeret-lek,我爱你;Szeret-telek,我曾经爱过你;Szeret-hetnelek,我会爱你;等等。因为他们担心遗失彼此互通的方式。另一方面,安居于城邦的民族,乐意弃绝根基,改变它;他们的语言属于习语的屈折变化类型(inflecting class),因此,这样的民族的语言完全不同于从游牧部落流传下来的民族的语言。不过,不仅他们的语言,而且他们的心灵、他们的灵魂也发生了全然不同的转变。这在今天是众所周知的经验,即城邦生活比乡村生活更有活力、更能激发各类思想,对于人物和事件有着更丰富的描绘,更刚健有力。它是这个国家之人拥有令人吃惊的智慧的主要原因,即超过三分之一的美国人口生活在城市中,而欧洲不到十分之一的人口生活在城市。如果我们现在将这一点铭记于心,我们会欣然看到,全部生活在城市中的希腊人必然更大程度地分享了城市生活的益处。我特意提到,唯有希腊人生活在城市。一个希腊国家意指一个希腊城邦。当你说到阿提卡,你意指的是在一处名为阿提卡的地区有着属地(dependencies)的雅典城邦。在现代,我们称偌大广阔的疆土为国家,它被认为是一个政治存在,是那一疆域中所有城市和城镇的生命(head)。在古希腊没有这样的事物,如我们稍后看到的,在古罗马也没有。

在希腊,城邦的界限也是国家的界限。每个城邦本质上就是一个国家,或者是另一个城邦的属地。不存在村庄、村落、城镇、郡县或者领土的任何其他划分,唯有城市。每一个希腊人都在城市中生活,因此,每一个体的希腊人都身处在所有这些高度文明化的力量和教化的影响中,这些力量和教化在当下正如在三千年前造就了一个伟大的城邦智识机构(intellectual agencies)。人们在城市中比在乡村中更频繁地相遇。他们更频繁地倾听,更频繁地观看,他们被迫参与许多事情,那是居住在乡村时从来不会引起他们兴致的。他们不得不为那有益的、愉悦的、教导性的制度安排贡献些什么内容,既是社会性的,同样是政治性的;他们交谈更多,而且在更大程度上聆听谈话——简言之,城市居民比乡村居民可能,而且事实上更加聪慧,更加灵活,更具创造力,更开明。

古希腊人全部都是城市居民,如果不生活在城市,他们就没有生存之道,城市就是他们的国家、他们的家园、他们的故土。甚至现在,你们也称国家的一个成员为公民(citizen),即城市中的人。由于不断受到城市生活那激动人心的机构(agencies)的影响,他们的智识获得了惊人的成长,进步异常迅速,而且在短时期内取得了非凡的成就。拿来与中世纪比较,从公元5世纪到14世纪末——共计九个世纪,有七个世纪的时间,整个德意志几乎没有城市,法兰西北部地区也极少,英格兰也很罕见,荷兰、丹麦、匈牙利、俄罗斯要么没有,要么不过五六个。相应地,你会发现,这些国家的智识发展与希腊文明相比实在无关紧要。因此,你会清晰地看到,这种政治制度,也就是把所有其他领土划分形式的村庄、教区、郡县、城镇等等排除在外的城市制度,对于希腊人的心灵施加了极其深入的影响。这种环境是最重要的因素之一,如我前面所说,其作用可以在语言的特征、民族的智识,尤其是在这种智识发展的迅捷中追寻到。不过这并非全部。将一切都归咎于这一原因,我们肯定做得夸张了。尽管城市和城市生活的影响毫无疑问很大,仍然还有其他的而且同样强大的力量发挥作用。希腊城邦不仅是城市,它们还是民主的城市,是每个公民都参与统治和管理的城市。我是说,每一个公民。而且希腊城市还有一个最显著的不同之处。人们遵循的并不只是一年两三次地行使他们的选举权,由此将所有事情丢给少数官员及少数委员会去做,就像罗马人过去做的以及美国人现在做的一样,而是几乎每个公民每天都参与到国家、城邦的整个管理中。它们有一千名法官,一千名其他官员,不过我会在下一讲中处理这个问题。现在这样说就足够了:一个希腊公民时常参与其国家的政治行为;希腊城邦是完全民主的——德谟(demos)意指人民。全部人推动着政治机器。如果现在你将这两件事情放在一起：一、一个希腊人除了他的城邦之外在世间没有立身之地，希腊其他城邦不能成为他的家园，除非这另外一个城邦与他的母邦有着特殊的协议，他注定在这一个城邦中出生和死亡，偶尔行经其他地方除外；二、这一城邦的统治每日几乎由每一个公民来践行。将这二者一起考虑，你无疑会看到，完全地确证其公民身份对于每个希腊人来说是多么重要。他必须要有最可信且最无可辩驳的证据表明他是其城邦的一个公民，不然他就会被排除在那城邦之外；或者换句话说，既然在希腊他同样被其他每一个城邦排除在外，而且既然他除了城邦之外就没有其他的立身之地，这不幸之人就成为一个无家可归的弃儿，一个安全领域之外的人。

思考一下那现代概念：假设你是一个美国公民，想要旅居法国，这种身份会妨碍你长时间地旅居法国吗？不会。你不需要参与法国人的政治生活，千千万万的法国人也不需要。即使在这个国家，为了在美国的任何一个州舒服地待上几年，也不需要成为美国的公民。如果任何人想要成为美国公民，通过在那里住上几年就能够达成。但是成为美国公民后，他享受到任何直接的报酬吗？他得到任何年租或报酬或任何回报了吗？如果我们除去赠与移民土地的法律，几乎就没有任何东西了。但是在希腊完全不同。在希腊，一个公民的直接报酬和好处非常多，而且盈利颇丰，以至于希腊人对于扩大公民的数量实际上是反感的。不过这一切要留待我的下一讲，我赶紧来到我的主旨，即这种政治制度对于希腊社会生活的影响。希腊人极为迫切地对每一个体公民其父母亲的公民身份有着最确切的了解，因为没有人会被当作是一个公民，除非他的父亲和母亲都是公民；由此，他们对于妇女的私人生活制定了非常严格的规则。一般而言，他们不信任妇女，他们想拥有父亲身份的事实最可信之证据；他们想把母亲和父亲的合法性置于丝毫没有一点怀疑的境地，因此，他们对待妇女几乎就像对待囚犯一样。

希腊妇女寓居阁楼上层的房间，为的是丈夫能够在她离开房间的时候看到她。她不得不整天待在家中，和她的仆人在一起。她从来不会去剧场，或者只有在严肃的悲剧上演的时候才去。她从不去公共的集会场所,也不会参与男人们的宴饮、聚会和音乐会,甚至在家庭晚餐时,她也得分席而坐。当走在大街上时,她经常由奴仆陪同,也没有人鲁莽地和她搭讪,或者与她结伴。还在她们非常年少的时候,就嫁给了之前她几乎没有见过的年轻或年老男子,在整个婚姻中几乎没有珍贵的爱情。我们在一位希腊剧作家那里看到了引人瞩目的一段,一位年少女子简短地描绘了自己的青春时期,她说:"当我七岁的时候,我在队伍的行列中捧着神秘的盒子;接着在我十岁时,我为我们的庇护女神献上糕点;后来穿上藏红色的袍子,成为布劳罗人庆典(Brauronian festival)的侍者(bearer);当我长成美丽的姑娘时,我拎着神圣的篮子。"这是一位雅典少女生活中显赫的涉外事件。雅典妇女总是未成年人(minors),服从某些男性。亚里士多德总是将妇女和孩童划归一类。一个不忠妇女事实上会被社会排除在外,并被剥夺某些资格。如果她现身于一座神殿,任何人都可以撕去她的衣裙,任意虐待她也不会遭受惩罚,只要不至于杀死她。它与这种制度的精神是一致的,即希腊城市没有允许在他们的儿子和女儿之间近亲成婚的约定。至少我们从未在雅典和斯巴达、阿尔戈斯、科林斯或者任何其他有名的希腊城市中看到这样的约定。

希腊女性这种奇特且非常古怪的地位有一个巨大的例外——拉哥尼亚(Lakonian)女人,即斯巴达女人。在斯巴达,妇女不会受到类似的约束,她们能够自由走动,实际上太自由了,哪怕对于现代被解放了的妇女而言。斯巴达妇女不仅允许,而且被迫与城邦的年轻男子一起经受所有的体格训练。她们不得不通过摔跤和拳击比赛来证明其勇猛。斯巴达妇女的体格美在全希腊闻名遐迩。在结婚后,她们期盼着诞下孩子,而这一主要且核心的目标无论在什么环境下都必须达成。年老的丈夫必须被年轻的情夫所取代,公共舆论同意,国家也允许。因此,在斯巴达,我们很少听到私通。国家,国家之保存,是最初也是最终的关怀(consideration)。众所周知的一项事实是,在斯巴达,每一个新诞下的孩子必须接受一个评判委员会对孩子生命力的判定。如果是否定性的评判,这个孩子就会被抛入提泰格托斯(Taygetos)深渊了事。因为一个羸弱的女孩或者男孩会有什么用处呢？国家不想要这种没用的孩子,国家就是一切。

在进一步深入之前,我们必须追问为什么斯巴达妇女被赋予自由,这是其他希腊城邦绝对拒绝的。这个问题的答案将我们再次引向斯巴达的政治制度。他们有着与雅典人或科林斯人同样的公民身份的理念;他们也急切地保持公民的既定数量;他们同样反感公民数量的扩充、新公民的增加;他们同样担心自己父亲身份的合法性遭到怀疑。不过,由此而在雅典所必需的将妇女排除在外,在斯巴达相对而言却是多此一举。因为斯巴达人有着将所有异邦人排除在他们城邦之外的最不好客原则。为了预防商业或者通行所引起的异邦人流入,他们,或者说是吕库古(Lycurgus)引入了最笨重的、最难打理的货币——巨大的铁条或者铁棍——为的是没有外族人会被斯巴达的珍宝所吸引。因此,除了斯巴达人之外,没有人生活在斯巴达,由此,赋予他们的妇女充分的社会自由就没有什么特别的危险。但除了斯巴达和克里特若干城邦之外,希腊妇女的社会地位非常类似于现在后宫的伊斯兰妇女。然而,这仅仅适用于一类自由的希腊妇女,适用于已婚妇女。如下之事是理所当然的:极为文雅的希腊人,他们对美和爱有着敏锐的感受,他们的心灵不断地渴求和谐之美的展示,我说的是,这只是一件理所当然之事,希腊人对于他们简朴的、近乎呆傻的、不开窍的妻子寡淡无味的魅力不可能感到满意。他们必须对这种社会魅力的缺乏进行弥补,他们必须寻求更深刻的、更激情的同情与喜好之展示。他们不能荒废心灵的这些多愁善感,它们在我们整个灵魂的发展中扮演了显赫的角色。由此,我们在希腊发现了两个类型的爱,如果我可以这样说的话,二者都是罕有匹敌的,二者都是独特的经典和古风——我指的是男人对于男人的爱,以及男人对于不受约束的希腊妇女,即艺妓(Hetairai)的爱。在处理这两个主题时,我们必须极为谨慎。如果你们依据阿里斯托芬或者其他希腊喜剧作家的描述和暗示来判断,就会严厉地谴责这两个类型,将它们视为低俗激情的下流产物。不过,我们要谨防这种盲目的宏论。

希腊人在他们的家庭中无法觅得灵魂的舒适,因此,他们寻求其欲求的外部满足。这就像 ABC 一样简单明了。男人总是如出一辙。这是为什么会所生活在英格兰达到了如此惊人规模的原因之一。因此,古希腊人变得沉溺于对男性朋友激情盎然、情深似海,这在现代都是只倾注于女人身上的。在克里特,同样在斯巴达和底比斯,男人热烈地迷恋男人。声名远扬的、不可战胜的三百名彼奥提亚英雄卫士全部因为彼此的一种理想且强烈的爱而凝聚在一起。那受人敬重的伊巴密浓达(Epaminondas)从未离开他的男性爱人,如他自己所说,哪怕只是看他一眼已是莫大的慰藉了。相应地,我们读到最崇高的友谊典范:阿瑞斯托吉唐(Aristogeiton)和哈摩第亚斯(Harmodius)①、阿基里斯(Achilles)和帕特洛克罗斯(Patroclus)、佩洛皮达斯(Pelopidas)和伊巴密浓达,以及达蒙(Damon)和皮息厄斯(Phintias),他们的故事由于席勒的诗《保证》(Die Buergschaft)而名垂千古。亚里士多德《尼各马可伦理学》论友谊的文章时至今日也是心灵、友情之浓烈且罕见地爱慕的典范代表。不过,男人并不满足于只爱男人——他们渴望引人遐想的异性的魅惑,女性之温柔圆通的魅惑,与见多识广、举止优雅的女性交往的魅惑。由于这般女子从来不会在被拘束的已婚妇女群体中出现,他们必须得在未婚女子——自由、未婚的女子——中寻觅。这些女子,她们是希腊人杰的精神伴侣,这些女子,她们令人陶醉的言谈以及优雅得体的举止俘获了最睿哲的希腊人,同样也俘获了最平凡的希腊人,这些女子就是艺妓。对于这一特别类型的女子没有其他词汇可以概括。没有其他言语可以精确地传达艺妓的恰当含义。她们孕育了生活的所有优雅;她们培养了精致的品位。她们妙趣横生,她们巧妙的言辞被编纂成诗章。她们中有些人获得了最高的社会地位。

几乎每一位名士都有这样的一位名媛伴侣,他和她讨论爱好,

---

① 在雅典,哈摩第亚斯和阿瑞斯托吉唐的雕像象征城邦民主精神。

纾解生活中的不如意。柏拉图有阿切亚娜莎（Archaenassa），亚里士多德有赫尔皮莉丝（Herpyllis），伊壁鸠鲁有莱昂蒂翁（Leontion），苏格拉底有美莱尼雅（Melaneira），米南德有克莱拉（Clycera）。一些女子的美丽，尤其是芙琉妮（Phryne），有史以来最美丽的女子，吸引了全希腊人的目光；阿佩利斯（Appelles）为其画像，普拉克西特列斯（Praxiteles）将其作为奈达斯（Cnidian）的阿芙洛狄忒的模特，那是出自雕刻家凿子的最美女人雕像。

有些女子因其音乐才能而名声远扬，有些是驰名的画家。苏格拉底，最智慧的男人，毫不犹豫地说（你们可以在色诺芬的《回忆苏格拉底》中读到），他把所有艺妓中最有名的阿斯帕奇娅（Aspasia）视为老师。你很快就会看到，艺妓是希腊女性社会地位的直接产物。在希腊，有些女性非常清楚地意识到了她们社会身份的卑贱地位，一项着眼于改革、女性解放的运动兴起。这一运动的核心人物是女诗人萨福（Sappho）。她本人就值得在任何古希腊女性的撰述中给予深入关注，因为她占有一个完全独一无二的位置。她是整个古代时期唯一一位这样的女性，其作品使得她可以与异性的最伟大诗人并驾齐驱。梭伦，听到她的一首诗歌在宴会上吟诵，立刻让吟者教他这首诗，并且评论说，他如愿得以聆听，死也值了。希罗多德、柏拉图、亚里士多德在某些奥义之处引用过她。柏拉图称她为第十位缪斯。这个女子倾尽心力，提升女性的地位。在那个时期向女性开放的一类文雅之道是诗歌，相应地萨福创立了一个希腊女诗人学派；其中最知名的是埃里娜（Erinna）。

不过，这整个解放运动没有丝毫用处。希腊女性的社会地位，作为希腊主要政治制度的结果，从来不曾改变，除非政治制度发生了相应的变革。然而，不具备如此一种变革的可能性，除非外来的权力使其出现。在希腊，政治制度、政治生活是具主宰性的、最本质的，而且在某种程度上是唯一的生活。我们可以在社会生活的各个方面的表现追溯这一主要趋势，比如希腊住宅。

荷马时代和信史时代的住宅有着共同的庭院主要特征。都被圆柱和塑像（forms）所环绕，住宅的其他部分围绕着中心均等地排列,此中心之处正是一所单独的房间。不过,信史时代的住宅,比起荷马描述的,在大小和辉煌方面要逊色很多,鉴于它是普通的公民,而非民众的国王和统治者居住的,这亦属自然。

荷马甚至从未提及私人住所。此外,由于显要的公共、政治生活的缘故,这是希腊人的一种自然的独特性,即在他们最好的时代,将其所有的辉煌和奢华集中在他们的神殿和其他公共建筑的装饰上,而他们的私人住所则是局促的、无华的、近乎破旧的。希腊人的家是他们的公共场所、他们的柱廊、他们的集会地(agoras);只有在马其顿时期(公元前4世纪末),当希腊人的自由和伟大已经消逝,奢华的私人住所才成为时尚,而与此同时,宗教和市政建筑的诉求越来越被无视。只有在乡村才有大型住宅;在城市里,房屋大体上只有一个院子。希腊住宅在主要特征上与罗马拱形结构一致,在我们关于罗马社会生活的讲演中处理它更为方便些。同时,我忍不住下一句评论之语,即一座希腊或者罗马住宅的主要理念是在楼下有许多厅舍,而在楼上的房间则尽可能地少;楼上的房间是留给妇女、奴隶和仆人的。

当我们考虑到政治制度在希腊巨大、无与伦比的影响时,我们必然对于公立学校的缺乏感到颇为吃惊。在古希腊,没有阅读和书写的知识,人们几乎一事无成,尽管如此,他们从没有公立学校制度,罗马也没有。然而,他们有着关于义务教学的非常严苛的法律。每个人都被严苛地要求获得初步的知识,不过他不得不通过私人教师、文法学者的教导来获得。希腊男人的教育建立在非常古老的基础上。最早的教师是喀戎(Cheiron),伊阿宋和阿基里斯的老师。在荷马时代,研习课程包括了捕猎术,各种不同类型的武器操练,草药知识(jatricke)、音乐课程、预言课程(mantike)以及法律课程。

此类研习课程加上对诗人和剧作家的研习是希腊知识的主要种类。每一个男孩都必须用心学习国家的法律,很少有希腊人不具备荷马史诗、赫西俄德或者品达的知识。在公共竞赛中,最知名的著作家向民众朗读他们的作品,比如希罗多德,他向汇集在奥林匹亚的希腊人群朗读他那举世无双的史撰部分内容。斯巴达人也没有公立学校。斯巴达男孩是由剧作家来教导的——但是他们从来不以渊博的学问为目的。相反,他们倾向于认为,过度的知识易于使得勇敢的战士柔弱,只有提尔泰奥斯(Tyrtaeos)的战争之歌才是斯巴达人喜爱的歌和诗。

这样的智识训练使得他们精通机敏地应答,现在我们将此类机敏的隽语用拉科尼亚回答(Laconic answers)这个词来指代。他们讨厌所有冗长的讨论,有一次,智者科菲索芬(Kephisophon)想要进入他们的城邦,此人夸口说,无论什么论题,他能谈论一整天的时间,他们只是将其从他们的城邦中驱逐出去。斯巴达男童,从七岁时就属于国家,他们被划分为组和分组,每一组由一个年长的男孩统领。他们要经常地接受社群中年长之人的严格监督,经受训练,忍受各种类型的肉体折磨、饥饿、干渴、冷暖和所有类型的精神痛苦,直到他们除了对于自己国家的爱和热忱之外,对一切其他的情感麻木不仁、冷漠无视。斯巴达人从不在家中吃饭。他们享受共同进餐,在一处公共场所,在公共食堂(syssitia),或者如克里特人称呼的男人之地(andreia)——因为女人不允许进入这里。十五个人围坐着一张桌子进餐,每一个都为公共膳食贡献出自己的一份食物和一些钱币。主菜是闻名遐迩的斯巴达黑汤(black soup)。不过其他城邦的希腊人在家中进餐。自最久远的时代以来,每个希腊人(我说的是非斯巴达希腊人)一天进食三次,(1)ariston(早餐),(2)deipnon(午餐)以及(3)dorpon(晚餐)。晚餐是主餐。在荷马的诗篇中,英雄们端坐在桌子边进食,和我们一样;但是后来躺着用餐成为普遍的习俗,即左臂撑在一块垫子上,身体在沙发上伸展开,沙发背靠着餐桌。罗马人有着同样的习俗。男孩一直是坐着进餐。餐桌座位的秩序与罗马人的躺卧餐桌(triclinium)①是一样的,除此之外,一般在每一边只有两个座位。希腊人没有桌布,没有餐巾,没有刀,没有叉。他们用自己的手指吃饭,孩子们很小

---

① 古罗马三面有长沙发椅的餐桌。

的时候就被教导以得体的方式用手指。不过,他们会用调羹。他们使用面包碎屑替代餐巾,或者是特意准备的一块面团,那是每个客人经常随身携带的。在荷马时代,希腊人只吃肉(牛肉、羊肉、鹿肉、猪肉和野味)和面包。但后来他们开始吃 madza,一种糊糊或者面,此为希腊的国菜,除此之外还有许多蔬菜和香肠。不过,信史时代的希腊人最中意的菜肴之一是鱼,尤其是沙丁鱼。一直延续到马其顿入侵时代的希腊人,没有男厨师,烹饪都是由家里的女人和仆人完成的。希腊人在用餐时从不喝酒,不过当晚餐用毕——这是极其寒酸的晚餐,没几道菜,波斯人曾经对希腊餐食的低劣极尽鄙夷之辞——不过,我是说,在用完晚餐之后,会饮开始了,换句话说,希腊人是坐着干喝的。喝酒是晚餐的最主要部分。第一杯要庄严献祭,也就是请众神饮用。长笛之乐伴随这一庄严的行为,一滴水也不能掺入酒中。不过除了这第一杯之外,就只有掺水的酒饮用了。一半一半混合在一起会被认为是劣质的,勾兑比例一般是三比一、二比一或三比二。喝醉不会被认为是令人羞耻之事,甚至柏拉图也为此而辩解。然而,斯巴达人和克里特人严格禁止喝酒。每一场希腊会饮都有一名行酒令者(president),由他来指令每一位客人喝多少杯酒。希腊人有着为其朋友健康饮酒的特殊习俗。朋友的名字有多少个字母,他们就喝多少杯酒。因此,亚西比德为了苏格拉底的健康干了八盏(kotyle)酒,而苏格拉底回敬了更多盏,亚西比德的名字有十个字母。饮酒时,希腊人习惯吃各种甜品和水果。不过,这些会饮不是纯粹地豪饮。相反,诸如雅典、科林斯、阿尔戈斯涌现出优雅、有教养、善言辞之人——所有这些被挑选的人杰习惯在这些会饮中相聚,而最迷人的讨论、最诱人的谈吐、社会竞赛、谜语和正式的演说都在这里进行。所有巧妙的希腊精神的花朵就在这些场合中长出蓓蕾,在柏拉图的著作中,我们还会发现关于这些独一无二的会饮(soirèes)的不朽叙述。音乐是他们宴饮里最核心内容之一,事实上还有舞蹈,后者是他们教育中最核心内容之一。每个希腊人都受到了良好的训练,唱歌、演奏弦琴(cythara)或他们拥有的许多不同笛子和木箫,还有跳舞。他们有着最为精巧的音乐体系，我们还有完整的关于这一主题的希腊文学。他们的乐器（顺便提及，他们没有弦乐器，我指的是，没有小提琴或大提琴），他们的乐器根据音阶的单音进行调谐，不过，他们不懂现代和声学。他们以五度音或八度音伴奏旋律，但其中没有复调和声。

希腊最伟大的音乐教师声名远扬，以至于他们的名字总是在希腊名人传记中叙之甚详。甚至拉丁作家科尔内利乌斯·内颇斯（Cornelius Nepos）几乎不会忘记提及他的希腊英雄的音乐教师，我们知晓了伊巴密浓达或者莱桑德或者亚西比德的音乐教师。同样的情形也适用于跳舞，如希腊人所称呼的 orchesis。舞蹈被认为是整个身体的模仿表演，希腊美感的至上表达。舞者经常演唱他自己的歌曲。男人和女人从来不一起跳舞，这样做被认为是极其有伤尊严的；更确切的解释就是，希腊男人不想提高妇女权利，享受自由的社会交际，他们有着强烈的理由压制她们、使其与所有的社会自由隔绝。罗马人，罗马人，他们是精致尊严的典型体现者，对于舞蹈有着非常不同的见解。西塞罗说：除了疯子，几乎没有人会在头脑清醒时跳舞，也不会在庄重的庆典上独自一人跳舞（nemo vero saltat sobrius, nisi forte insanit, neque in solitudine neque in convivio moderate atque honesto）。不过，还有宗教舞蹈，尤其是在得洛斯岛，分别被称为酒神（dionysiac）舞、巴库斯（bacchantic）舞和母神（dorybantic）舞。

古板的斯巴达人只有一种舞蹈——战舞，不过所有的希腊作家都一致赞扬此类舞蹈精彩绝伦的军事魅力。希腊人，至少雅典人有一种芭蕾，表现为剧场合唱队的形式。

希腊剧场通常有三大部分：一、观众场所；二、表演区（orchestra）①；三、舞台。这三处与我们现代的剧院对应，除了下面这一点之外，即他们的表演区更大，是圆环状，被合唱队所占据，后者是古代悲剧的最核心部分。演员在舞台上表演，他们所有人戴

---

① 古希腊剧场舞台前部半圆形的表演区，供合唱队表演歌舞。

着特有的面具。

这在我们看来颇不恰当，即一位演员要在整个演出中戴着同样的面具。不过你必须考虑到，一座希腊剧场的宏大程度，那时，较远的观众不可能看到演员的容貌，如果不人为放大的话。因此，这些面具可以替代我们现代的歌剧院望远镜。依我说，希腊剧场是宏伟的建筑，这非常自然，因为每一个公民都能够享受舞台的欢乐，只需要给属于国家的剧场支付入场费，国家给他的回报是经常光顾剧场。当然这只适用于较贫困的底层，因此就是适用于大多数民众。几乎确定的是，男人和女人的座位是彼此隔离开的。

如果不提及古希腊人的全民体育运动会，任何对于他们社会生活的描述都是全然不充分的，首先是埃利斯（Elis）的奥林匹亚运动会。其他三项运动会，伊斯特米亚（istmaean）、皮提亚（pythian）、尼米亚（Nemean）运动会也是相当重要的。

每隔四年，最富活力的希腊青年聚集在圣城奥林匹亚近郊的阿尔甫斯（Alpheus）河边，中止所有的战争、所有的争执、所有的猜忌，以虔诚的热情努力赢得奥林匹亚运动会无价的奖赏。较早的项目几乎完全是斯巴达方式的运动，考验韧性和力量，尤其着眼于战争。不过早在第二十五届奥林匹亚运动会时，加入了四轮马车竞赛。赛马是后来增加的。当时竞走除了只穿越一次路线的之外，还有双程路线（diaulos）的，以及长距离的竞走（dolichos）。角力和拳击混合在综合格斗（Pancration）中。跳跃、掷铁环、投标枪、跑步和角力混合在五项全能中。尽管赛事和仪式的细节一直在不断地修正和变革，奥林匹亚运动会一直都是如下希腊理念的核心表达：一个男子的身体与他的智力和精神一样给人以荣耀；肉体和心灵应该同样受到训练，而且正是通过二者的和谐训练，男人才能最好地尊奉宙斯。奥林匹亚运动的意义比起汇集在那里的希腊人的政治命运（fortunes）更大、更高，它在希腊独立被颠覆之后存活了下来。

在马其顿和罗马时代，神殿和奥林匹亚赛事依然体现了自由希腊抱有的理想。马其顿的腓力和尼禄，位列那些名字记载于 Aetis

之人的行列。奥林匹亚赛会在公元 393 年之后停止举办，那是第二百九十三个奥林匹亚周期的第一年。

奥林匹亚获胜者的名单始于公元前 776 年埃利斯（Elis）的克罗伯斯（Coroebos），结束于一位名为瓦瑞斯塔德（Warestad）的罗马化亚美尼亚人，后者据说属于阿萨奇德斯（Arsacidae）种族。在 5 世纪的时候，奥林匹亚的败落就开始了，由菲迪亚斯（Phidias）用象牙和金子制作的奥林匹亚宙斯像被移至君士坦丁堡，湮灭于公元 476 年的一场大火。奥林匹亚神殿据说在公元 402 至 405 年提奥多雷（Theodorius）统治时期被哥特人破坏了——德国人在普仁（Pren）博士指导下的挖掘开始于 1875 年。我们现在能够拼建品达颂诗中竞技场的生动形象，一片大大的开阔地，在两侧有多立克式围柱（colonades），还有摔跤手的角力场、委员会大厅（bouleiterion）。

现在我们要俯瞰希腊生活的全景，我们必然被这精神活力和美丽之令人吃惊的展现所折服。

在所有各个方面的美是希腊生活的主要特征。不是奥林匹亚运动会的每一个获胜者都能通过在奥林匹亚荣耀堂树立雕像而获得不朽声名，只有寥寥几人从获胜者中挑选出来，通常是最美丽的人。希腊的语言极善铺陈那最不同寻常的优雅风格，没有其他的民族曾经达到希腊古典作品那样的神赐雅致和优美修辞。可以公正地这样说，从没有一个民族比希腊人更享受生活。一个希腊人一天的生活比起一个罗马人或一个英国人一百天的生活有着更多的娱乐、宴饮，或者用一个熟悉的词，即趣味（fun）。在大街上有无数的机会聆听伟大的诗人诵读他们的诗篇；在法庭上聆听伟大演说家，比如伊塞乌斯（Isaius）、伊索克拉底和德摩斯提尼；亲临关于最精妙、最高贵的政治问题的探讨；得享诸如苏格拉底、柏拉图、亚里士多德、色诺克拉底、迈伽拉的欧几里得、巴门尼德、芝诺和毕达哥拉斯等人的亲传。悲伤、忧虑多多少少是不为人知的，国家必须负担民众的必需用品，而国家是非常富裕的。

希腊人有着精美的货币；我的意思是，他们的钱币（斯巴达的铁币除外）是纯粹的金属，分量上是精确的，其真实的价值与标明的价值是一致的。主要的原因在于它是城市的货币。每个城邦有其自己的铸币厂,此类铸币厂的官员受到城邦每一个公民的严密监督。那时,一个自由的民族从不会有劣币,因为没有暴君能够诈骗他们。在中世纪欧洲,当充斥着假币以及钱币折损的弊端时,是诸如威尼斯和佛罗伦萨共和国的商人提供了最可信的担保来反击它。雅典所有的公民都参与公共职务,有着非常优良的钱币。对此我们可以通过这一点来判断,即无数的希腊城邦的钱币可以在伦敦、罗马和巴黎的钱币收藏中发现。但是,所有这些令人艳羡的成就、这种自由、这种美丽、这种愉悦生活是以极为沉重的代价取得的。你们明白,所有的事情都要付出代价。至高权力的总账目是精确到一分一厘的——不能拥有、不能享受财富,没有愉悦、没有自由、没有满足——什么都得不到,如果你不付出的话。所受恩惠越大,你必须为此付出的就越沉重。这是唯一正当且公平的——钦佩希腊人,谈论他们奇迹般的成就、他们不朽的著作、他们的优雅和智慧,但是,你曾经考虑过他们不得不为所有这些迷人之事付出的代价吗?你曾经考虑过无数的希腊奴隶,那名义上的奴隶,即受到奴役的男男女女,以及那真正的奴隶,即所谓的自由的男男女女吗?要不是这双重的奴隶制,希腊人有能力做的远不及他们实际所做的千分之一。

他们的奴隶和妇女将他们从所有的乏味耕作、所有人类生活的苦工贱役中解放出来,留给他们充足的空间去耕耘心灵的较高级部分。

II　希腊政治和宗教制度

女士们、先生们:

我们现在的主题是希腊政治和宗教制度。政治问题通常与普通学子没有太大干系。那被认为是枯燥且单调的,在文学作品中占据着次要的位置,它们更多地带有那时人文学科的特征。对政治的厌恶甚至在这样的学者中间也能遇到,他们的责任就是最密切地关注所有政治事务。你们知道,无数的作品为古希腊文学、艺术、科学和历史而撰写,不过,相比较而言,没有多少著作是撰写古希腊政治制度的。这样说没有夸大之处,即撰写的关于任何希腊小品词的不同语法特征的书籍装满了一个图书馆,比方说,an、kata 等等,但在整个希腊文典中几乎没有一行,根据沃尔夫(F. A. Wolff)的论断,我们拥有一千二百部希腊著作,依我说,所有这许多的、有时是卷帙浩繁的著作,几乎没有一行不是经过了不断且无止地语法和文学特征的评注和阐释。然而,关于这些著作政治要旨的评注和研读,尽管是我们今日古代研究的最核心内容之一,迄今为止如果不是被忽视的话,无论如何只是得到极少的处理。

关于希腊城邦政治结构的某些主要问题,我们依然参考的是16 或者 17 世纪博学之士的详细分析——西古尼乌斯(Sigonius)、墨尔修斯(Meursius)、格鲁特(Gruter)以及雷涅修斯(Reinesius)。在现代,若干极富价值的著作问世了,但并未覆盖整个领域。此种探查之不足越是令人吃惊,我们就越是意识到,政治制度是一个民族所有制度中最重要的部分。依我说,一个民族所有的制度中,政治制度尤其是最具影响、最本质的。

就影响而言,我的意思是扩展至日常生活最平庸事务的影响同样也扩展到了最高贵的政治事务。很少有人,尤其是很少有女人,意识到政治制度对于行为、举止、住所的影响,对于穿衣、吃饭、喝酒、跳舞风格等的影响。

你们还记得,在我们上一次的讲演中,我说过,没有希腊男人——斯巴达人除外——与女子共舞。我期盼着你们能够记住这一奇特事实的解释,这解释表明了此一事实与希腊城邦政治结构之间的紧密联系。当然,不曾有男人和女人以一种直接且迫切的方式感受到政治制度的压力。当你需要挑选一顶帽子,或者买上一件豹皮衣,或者租用一套公寓时,显然,你只需凭借自己的品位去做便是。下面这一点从不会发生在你身上,即你的品位要被某些完全脱离你控制之事来决定。购买一件豹皮衣不只是纯粹的交易行为,也不只是就买方而言的金钱问题,因为在欧洲有着千千万万的人可以非常轻松地支付所需的金钱，然而，他们永远不会购买一件豹皮衣。穿上如此昂贵的衣服有违这一阶层的身份（character），阶层身份是由赋予这一阶层的政治权力份额所决定的。因此，你会看到，衣服的挑选不只是品位和时尚的问题。在假发和发辫成为习俗的时代，而且这个时代延续了几乎两个世纪，这些假发和发辫不再只是古怪时尚的稀奇产物，它们不是古怪的不发达文明的产物，相反，可能在你看来是难以置信的，它们与这些时代的独特政治构造有着最紧密的联系。我会在另外一次讲演中追寻这一联系，现在，我只想总体上指出政治制度的巨大影响，这一影响不限定于法律制定和正义践行，而是延伸到了每个人自己的家里，其家庭行为中，情谊交好中，其生活的全部安排中。比如不同民族问候、致意的方式。它们是一个民族政治构造清晰且准确的反映。在奥地利，朋友说"servus"来彼此问候。Servus在拉丁语中意指奴隶，而这种问候就是幽默地表达最初很严肃地承认个人致意之谦卑。如果你遇见了地位较高的人，你说："我很荣幸。"实际上，你会因为位高之人的致意而感到荣幸。

只要是在政治权力不曾均等分配的地方，人们的致意就是其地位和阶层差异的表达；相应地，在政治权力分配更平等的地方，人们通过普通的谈论彼此致意，关于天气或者关于他们的健康状况，希望避免所有关于荣誉、优越诸如此类的暗示。因此，美国人，即一个自由民族的成员，和你碰面时："哈喽，你好吗？"古希腊人说"chaire"，就像维也纳人说"viel Vergnuegen"，罗马人彼此亲吻。甚至个人的清洁卫生和个体外貌与一个民族的政治结构也有着最紧密的联系。在民主国家，每个人与其他人是平等的，人们彼此更为亲密地关注，每个人都会暴露在更多的人面前，注视着他、观察他的行为，而在这样的国家，鉴于政治权力的不平等分配，一个阶层根本就很少关注其他阶层。较高阶层之人不会恼怒，或者能够较多注意某些较低阶层之人的整洁面容；相反，或许他会乐于看到他因为不整洁而被降低地位。不过在民主国家，今日是我的屠夫可能明日就是我的陪审员或者受托人，每个人都有清晰的感觉，必须穿着整洁,而且修饰其个人面貌。因此,越是专制的国家,如俄国,民众就越不清洁;越是民主的国家,民众就越注重自身的整洁干净,就像古希腊人,无视其君主的现代希腊人,高度民主的民族,以及合众国的美国人。政治制度对于一个民族的立法、行政和社会生活影响可能是巨大的,不过它还更为强烈地影响了这个民族的宗教。

一个民族的宗教始终不变地显示了这个民族政治制度的特征。换言之,一个民族的政治与宗教制度之间有着固定的、可理解的关联。政治结构完全不同的两个民族不可能有相同的宗教。在历史的长河中,不曾存在两个民族拥有相同宗教制度的例子,除非他们有相同的政治结构。比如,看看现在的欧洲,除了土耳其之外,所有欧洲人都信奉基督教,但是,有各种各样的信条,各种各样的宗教制度!在政治结构上,俄国完全不同,也有着不同的信条——希腊东正教(the Greek church)。奥地利和德意志仅被划分为两个教派,天主教和路德新教。另一方面,在英格兰,多于一百二十二个宗教流派:除了其他的之外,有着十二种不同类型的浸礼教徒(Baptists),以及十三种不同类型的循道公会教徒(Wesleyan Methodists)。不过,就政治制度而言,英格兰迥异于欧洲其他地区。这不只是偶然的巧合。政治制度的歧异与宗教信条和派别之类似歧异的一致,这不是完全的机运。我们生活的这两个主要根源之间有着根深蒂固的关联,我很抱歉地说,这种关联被一些最卓越的文明史研究者无视。

在这种政治与宗教的相互调适中,不存在对宗教不敬的东西,也不存在使这一主题之神圣荣耀降低一分的东西。二者都是我们生活的根源,我们也可以认为抛弃了我们的宗教制度就是免除了我们自己每日的吃喝一样。不过,当我说到宗教以及宗教制度时,我的意思不是处理不同国家的教义——恰当地说是信条。教义、恰当的信条,相对而言是非常现代的事情。古希腊-罗马人(the classical Ancients),甚至是古希伯来人都没有教义。

在基督教或者伊斯兰教国家,诸位能够改信基督教或者伊斯兰教，而无须同时成为这个或那个国家的成员。比如，你信奉天主教，这并不必然意味着你就是一个法国人或西班牙人。相反，你改宗为天主教的信徒丝毫不涉及公民身份的改变；你可以在成为一个西班牙人之后归化成法国人，也不会对你的信条有任何进一步的影响。但是，在古代不是这样的情形。承认罗马卡皮托神殿朱庇特崇拜或者雅典密涅瓦崇拜，预设了先前已归化为罗马公民或者雅典公民。

古代希伯来人有改宗者，但这些改宗者同时是朱迪亚（Judaea）①公民。只信奉一神而无须相应地归依以色列的一个部落只是理论上的事情，这样的一个信徒和其他任何不信上帝者一样是异教徒。这是整个事情的政治部分，也被认为是其主要部分。古希伯来人说，作为这个社群的公民，你必然带有一神的纯粹信仰。可以说，不是公民，你就不存在，你的信仰对你毫无益处。只是在我们现在这个时代开始或较早之前，对某种教义的信仰、纯粹的信仰才开始被认为是二者之中更重要的，一直到它使得近来的历史学家，尤其是蒂勒（Thiele）称其为普世宗教，如基督教、伊斯兰教、佛教，它们并不坚持特定的公民身份，但它们极力主张某种教条信经的信奉。

我必须承认，女士们、先生们，在古典研究，尤其是希腊和罗马研究中，几乎没有其他什么内容具有同样的重要性。如果你们以某种混乱的政治与宗教相互关联的理念进入希腊，如果你们倾向于把我们的现代宗教理念与希腊人和罗马人称为宗教的内容混为一谈，那么，你们的所有努力，尽管非常详实、非常博学、非常严谨，但都是徒劳。你们要清晰地明确所讨论的主旨：我们必须首先知道什么是政治，什么是政治制度，以及接着什么是希腊宗教。依我说，首先，我期盼着即使是我现在讲演里引入的简短勾勒也会让你们相信，在对古希腊的研究中，政治是二者中更为重要的因素。希腊人的宗教从属于他们的政治制度。事实上，除非我们从政治制

---

① 朱迪亚，古代巴勒斯坦的南部地区，即原来的犹大王国。

度中推演出古希腊的多神教，否则就无法理解它。

多神教是假定有众多的男神和女神——朱庇特和朱诺、阿波罗和维纳斯、武尔坎和密涅瓦、尼普顿和刻瑞斯，以及所有其他众神、半神、成神的英雄，等等。你们会如何解释这样的假定，这样的信仰？你们有勇气这样说吗：希腊人，所有民族中最开明且最文明的；希腊人，他们通晓所有美丽、节制、智慧、深刻且动人的东西——即这有生机的、坦诚的、热情的民族会愚蠢地忠于某种不存在的神祇之信条？他们，在人类思想的所有其他领域都敏锐通达，却会在这方面有着如此可怜的缺陷，即信奉自我创造的幻象、他们自身想象力的创造物？这可能吗？你们真的认为，多神教、希腊宗教不过是不发达的低级心灵的创造物？我必须承认，我不可能鼓起这般勇气；我不可能让自己无视那无可争议的事实强加给我的东西，我不可能以同一种口吻说：最聪慧的民族同时是最愚蠢的民族；最高贵的人同时是可鄙的迷信崇拜者。倒不如说，我会开始怀疑我对于事情的了解；我会尝试采纳另一种新的立场，一种看待问题的新方式。我会对自己说：你是傻瓜；你是迷信的崇拜者，即一种可怜的偏见、一种可鄙且蹩脚的至高者理念的崇拜者——而有了这样的预备，我就会以一种更恰当的方式接近我的主题，且非常有可能发现希腊宗教的真正来历。如果我不曾尝试，至少尽可能确定地限定我对整个主题的见解，这就不能离开我现在的讲演中导论性的部分。为了以一种最有效的方式来完成它，我会将我的见解与一位著名的法国人的见解作对照，他的著作在英格兰和美利坚都广为人所阅读。我指的是库郎热（Fustel de Coulanges）以及他的著作《古代城邦》。在我将要引用的篇章中，有两个段落，它们包含着关于希腊和罗马的这些流行观念的根源——我会与这些论断进行争辩。我是其中一项论断十五年的拥趸，而另外一项论断我直到最近都信服。不过，对于制度的更精深研究使我排除任何合理的怀疑进而确信，这两项论断，尽管光彩熠熠且讨人喜欢，却都是错误的。在读第一项论断之前，我会读前面的几行。库郎热在其著作的导论中说：

为什么人类治理的条件在初期就不再是相同的呢？在社群之宪制方面不时出现的巨大变化不可能是机遇或者偶然单独形成的效果。

产生它们的原因必然是强大的，而且必须在人类自身中找到。如果人类联合的法律不再与古时相同，那是因为在人身上发生了变化。事实上，我们人类的一部分世世代代都在被改变，这就是我们的智慧。它总是在变动着，几乎一直在进步，而基于这个理由，我们的制度和我们的法律也遭受变动。在我们现代，人们不具有他们二十五个世纪之前的思考方式，这是为什么他不再像他那时一样受到统治的原因。

"在我们现代，人们不具有他们二十五个世纪之前的思考方式，这是为什么他不再像他那时一样受到统治的原因。"这是我所称的第一项论断；这是几乎所有现代作家古代史撰写的滥觞、格言和信经。他们说，卓越的巴克尔（Buckle）说，两三千年前的人不像他们现在那般高明、智慧且开化，因此他们以一种不同的方式受到统治，因此他们有着不同的信仰，因此他们有着不同的看法、不同的思考方式。这是第一项论断——这也是巨大的错误、巨大的谎言，巨大的——哦，不好意思——我们时代的巨大欺骗。我们不断地说到我们在智慧、思考和感知方式上的巨大进步、不可思议的提高、令人吃惊的改变。

女士们、先生们，我现在没有时间哪怕是稍稍更为充分地去讨论这一重大的问题。我只能点到为止，不过尽管我们没有时间讨论这一论断，我会从容断然地拒绝这一论断的真实性，而且我请求、渴求、祈求你们不要相信它。我会毫不犹豫地说，作为我已经说过的全部以及我将继续要说的全部基础的论断，乃是库郎热这第一项论断的直接对立面。我最深切地相信，两三千年前思考和感知的方式与他们现在是完全一样的，我们的思考和感知方式上，没有丝毫可想象的改进痕迹，尽管不可计数的新成果可能丰富了我们精神和物理行为的贮藏之所。

你们看到了差异：我并没有否认在成果上的改变，但是，我否认在成果创造者才能上的改变。当然，我们假定思考方式两千或三千年前与现在不同之际，非常容易而且实际上将历史学家的所有工作缩减为纯粹的心不在焉。因为，无论何时，我们仅仅归因于一个民族智力的低等发展，就不可能真正解释这个民族的制度。我们就会说，哦，古代斯巴达人具备这些粗野的制度，因为他们还是低等人，你知道的；他们不像我们一样文明，你知道，他们尚没有达到我们当下文明令人惊叹的高度。因为正如库郎热所说的：人们不具备二十个世纪之前的思考方式。关于第一项论断就是如此。

库郎热接着讲到他的第二项论断。他说：

考察古人的制度如果不曾思索他们的宗教观念，你就会发现它们是费解的、古怪的、神秘的。为什么存在贵族和平民、庇护人（patrons）和客民（clients）、世袭贵族（eupatrids）和雇工阶层（thetes）？我们在这些阶层之间发现的自然且不可消除的区分源自何处？这些在我们看来如此反自然的拉栖戴蒙人（Lacedaemonian）①制度的含义是什么？我们要如何解释古代私法的这些不公正的反复无常呢：在科林斯和底比斯，土地出售被禁止；在雅典和罗马，兄弟与姐妹之间的继承不平等？法学家所理解的宗亲关系（agnation）与氏族（gens）是什么？为什么是这样的法律运行、这样的政治运行？有时候超越了每一种自然情感的独特爱国主义是什么？他们总是谈论的自由是如何被理解的？这是如何发生的：与我们今天所拥有的任何理念非常不一致的制度能够确立并且支配了如此长的时间？那使得人类心灵臣服的高等原则是什么？

仅仅将那些时代的宗教理念放在那些制度和法律一边，事实立刻变得清楚了，他们的解释也不再让人疑惑。如果，追溯

①　意指古斯巴达人。

到这个种族的最早年代——也就是说，追溯到其制度确立的时代——我们观察其拥有的关于人类生存、生命、死亡、第二次生命、神圣原则的理念，我们就会察觉到这些观念与古代私法规则之间的紧密联系，源自这些观念的权利与其政治制度之间的紧密联系。

此后，库郎热并不满足于一种关联的论述，即希腊宗教观念与他们的政治制度之间的紧密关联。他走得更远。他宣称，在这一关联中，宗教扮演了高等原则的角色，或者直白地说，在希腊，宗教与政治制度的关联是原因和结果的关联，宗教是原因，而政治制度是结果。这是库郎热的第二项论断，他解释希腊文明的主要工具。我从这里坚决地分道扬镳了，事实上我主张的恰恰相反。对希腊文明非常仔细的研究促使我确信，在希腊，宗教与政治制度的关联是结果与原因的关联，换言之，政治制度是高等原则，它们是希腊宗教的原因，而不是相反。更多相反的见解无法在此引用，我建议你们阅读库郎热的著作，毕竟那是一部非常有趣的著作，我请求你们给予我密切的关注，而判断哪种见解正确，我留待你们自己的判断。现在，足够清楚的是，在处理希腊的政治和宗教制度时，我会首先处理这古典国家的政治制度，而我有意这样做，是基于最佳的理由，纯粹的逻辑必然性，因为我们必须首先处理原因，接着处理结果。

在这一情形中原因与结果的关联，我指的是在希腊政治与宗教之间的关联，并不是显而易见的，的确，它经常是一点都不清晰明白的，否则所有人都注意到它了。不过，尽管它并不总是清晰明白、实实在在的，它总是能够得到证实，而且有着非常让人满意的证据。不过，为了验证这些证据，我们必须抛弃所有荒谬的观念，即认为古代的人是低等的。我们必须坚持这一比较明智的见解，即人们大体上一直是他们现在之所是。我们这个物种的主要特征标记是喜欢娱乐、讨厌劳作、贪恋财富和权力，以及思考、集合个体力量为社群性力量的能力。这些特征标记对于最古老的中国或印度作品中的典范人物就像对于荷马的英雄一样是共同的。奥德修斯不是以一种性质非常熟悉的腔调对我们说话吗？诺西卡（Nausikaa）、阿尔喀诺俄斯（Alkinoos）甜美的女儿，不能作为现代花季少女的类型吗？珀涅罗珀作为一位令人尊敬、明智的夫人比起我们自己任何一人的母亲逊色吗？我们有谁在睿智方面超越了亚里士多德，在高贵和深刻方面超过了柏拉图，在优雅和言辞魅力方面超越了德摩斯提尼，在政治智慧方面超越了修昔底德，在人的感受方面超越了苏格拉底，在科学方面超越了欧几里得和希帕克斯（Hipparchos），或者在军事天才方面超越了亚历山大？我们所有人都会坚决地给出否定的答案。因此，我们会带着兄弟般的同感、人性苍穹之下同伴相契的情感，而非高等存在物的傲慢姿态，走上前去与希腊文明说话。现在我会勾勒希腊政治制度。

从上一次的讲演中，你们会记得希腊并不是一个统一的国家，一个单一国家，像法兰西或英格兰。它由非常多的自治城邦构成，每一个都形成各自的国家。科林斯城邦是一个国家，阿尔戈斯城邦是一个国家，底比斯城邦、雅典城邦、西锡安（Sycion）、普拉提亚、墨伽拉等都是。这些城邦国家每一个都有其自己的政府、自己的国库、自己的陆军和海军、自己的竞赛和宗教节日，当然还有自己的宪法。

不幸的是，亚里士多德描述了一百五十个希腊和其他城邦国家宪法的著作遗失了，因此，我们关于希腊城邦不同宪法的知识并不是完全令人满意的。不过，另一方面，对我来说，这也近似于不可能给予你们对所有这些多种多样的宪法令人满意的陈述，因此，我不得不限于所有希腊城邦中两个最突出的类型：爱奥尼亚式的雅典城邦和多里安式的斯巴达城邦，或者分别是阿提卡和拉哥尼亚。

这两个城邦国家可以作为所有其他希腊城邦的恰当典范，它们每一个或多或少都仿照了雅典或者斯巴达的模式。这至少是德国学者的见解。穆勒（O. Mueller）在其关于多里安人的翔实著作中主张，斯巴达统治是所有多里安城邦的模范典型，无论是在希腊本土或小亚细亚、克里特、意大利。这一见解曾引起著名的英格兰历史学家格罗特(Grote)的强烈反对,后者主张,斯巴达不是一个多里安城邦国家的模范类型,而雅典是希腊城邦的普遍模式。

这一棘手问题依然不曾被解决,不过基于雅典和斯巴达这两个城邦对于所有希腊和古典时代有着压倒一切的重要性,研究这二者是明智的。

雅典是阿提卡、阿提卡地区的大脑(head)。被发现存在于公元前7世纪阿提卡的制度,可以被认为是源自传统上被称为忒修斯的时代,在这一时期,阿提卡松散的区划体系被限定为一个单一的国家。那时的阿提卡居民形成了三个阶层:元老(eupatridae)或者贵族,农民(geomori)或农夫,工匠(demirugi)或手工业者。政府完全掌握在元老之手,唯有他们是严格意义的公民。元老阶层以伊昂(Jon)的儿子名字——盖列昂(Geleon)、荷普列司(Hoples)、埃依吉科列乌司(Aegicoreus)、阿尔伽戴司(Argadeus)划分为四个部落。每一个部落(tribe)有三个氏族(phratriai),每一个氏族有三十个家族(gene)。每一个氏族的成员是基于一位英雄祖先的崇拜而联合在一起的,而所有的氏族是基于对保护家庭的宙斯(Zeus Herkeios)和守护者阿波罗(Appollo Patrous)的共同崇拜而结合在一起的。当阿提卡首先在历史中现身时,它已经形成了一个单一国家,雅典是其首府。王政时期结束了,然而,从君主制到寡头制的转变在雅典看起来要比希腊其他地区更为缓慢。

首先,国王的祭司职务被剥去了,由于那旧有的称呼巴塞列斯(basileus)包含了宗教和世俗的权威,从此以后,他只是被称为治者、执政官(archon)。不过执政官的职务依然是终身制,而且可以继承。

第二步是任命十年期的执政官。

第三步也是最后一步,是在公元前683年,将古老的王权分配至每年指定的九个执政官。

第一个执政官被称为埃普尼摩斯(Eponymos),因为他的名字标志着官方文献的日期,他拥有对事务的普遍监管权,尤其是孤儿和未成年人的保护人;第二个执政官是大祭司(basileus);第三个是军事首领（polemarch）；剩下六个是法律监管人（thesmotetae）。此后，梭伦（Solon）和克里斯提尼（Cleisthenes）奠定了雅典政治（state）的基础。梭伦废除了我之前提及的元老（基于出身的贵族）、农民（农人）以及工匠（手工业者）之间的区分，引入了他的财产资格（property qualifications），对此我一会儿就会说到。克里斯提尼作为民主改革的领袖，设立的制度持续发挥着作用，除了为数不多的几个例外，一直到雅典的独立被颠覆为止，他创设了十个新的部落；首次将整个阿提卡领域划分为一百个部分，他称之为德谟（demoi）或者区（townships），至少区（township）这个词，或者如新英格兰所称的镇（town），在英格兰的制度术语上是最接近于它的——还将它们中的十个划至每个部落；然而，不是十个连续的部分，而是使得每一个部落由地域上分离的区构成。这一安排的目的是，通过打破旧有的联合，对习惯和情感施以彻底的变革，民众的政治组织也是如此。不过，我们必须谨防将这些联合体看成是类似于比如美国乡镇的政治创造物。阿提卡的德谟（区）主要提供了一项政治服务，即通过登记的方式保存了一份阿提卡公民的真实名册。因为，每一个雅典人都有义务成为某个区的一个成员；人们行使公民权利无法得到承认，除非他的名字被登记在册。我们对这一主题的了解主要源自于德摩斯提尼反驳欧比里德斯（Eubilides）的演说，不过，我们从德摩斯提尼的表述中看到，雅典的德谟绝不等同于一个现代的郡县或乡镇；因为，如我在上一次讲演中所说，希腊没有政治中心，只有一个城市。即使雅典的德谟，国家行政区（cantons）或者区（townships），或者无论你们可能称呼它什么，也要在雅典城召开他们最重要的会议。

在这个城邦，极华丽的公共建筑随处可见，阿提卡的所有公民聚集一处。雅典是中心，国家的灵魂，国家本身。不过，古代希腊不会看不到，当所有公民具有同样的、平等的权利来决定政府运行时，没完没了的麻烦会成为必不可少的后果。在这个国家每个人都意识到在美利坚城市治理的那种不稳固状态。这一伟大共和国的奠基者和美利坚国家制度的创立者倾尽全力，将城市从危险的普遍选举权利中拯救出来,并且将城市的治理权从城市自身的居民转移到国家立法机关。

你们都知道,在辛辛那提市授予任何官员的责任重大的权力是多么地有限,授予其立法或者行政权力是多么地有限!辛辛那提市长的权力与雅典任何执政官的权力相比较起来是多么地微不足道!一个美国乡镇政务会或者政务会委员的权力是多么地小——当然,我指的是他们的立法权力——当与雅典或者罗马元老院相比较时!之所以如此有着非常合理的原因,如果美国的城市被授予很大的权力,比如说,如果辛辛那提市拥有通过选举的方式废除任何委员会、公共事务委员会、教育委员会,或者任何其他城市机构的权力——那么辛辛那提市选举人中的最恶劣阶层不久会处于支配地位。更进一步,假设辛辛那提市被授权批准法律,而且每个辛辛那提市民被赋予投票权。随之而来的后果会是什么呢?选举人中较贫穷的阶层,当然他们构成了多数人,会通过废除所有债务的法律,或者将他们从任何其他类型的债务中解放出来。

为了排除如此令人震惊的后果,不同的国家设计了不同的方案。在美利坚,没有人敢废除普遍的选举权,只有国家立法机构具有废除城市委员会或者批准法律的权利,而国家立法机构又受制于最高法院,后者担当着对国家立法机构之非法侵蚀的制衡。在雅典和罗马,他们运用了一种不同的聪明装置。他们一劳永逸地宣称,尽管没有人会被剥夺掉公民的选举权,然而,只有富裕的,因此也是更为可靠的一些公民,会享受有资格担任国家公职的特权。相应地,梭伦划分且将公民归入等级是凭借他们额定的财产,如第一阶层的五百桶户(Pentakosio medimnoi),也就是说,这些公民至少有五百德拉克马(一百美元)的收入;第二阶层的骑士(Hippeis)或者骑士阶层,有至少三百德拉克马(六十美元)的收入;第三阶层是有轭牲者(Zeugitae),有一百德拉克马(三十美元)的收入;第四个阶层是雇工(Thetae)或者那些年收入不足三十美元的公民。这些数额看起来非常小,不过,不同时代的货币价值相差极大,一百美元在古代雅典是非常多的钱,或许是在美国的好几倍。

克里托布洛斯(Kritobulos)拥有一万美元,他被当作一个富人。演说家德摩斯提尼的父亲留给他的儿子一万七千美元。康农(Konon)拥有五万美元。著名的放贷者(banker)帕西翁(Pasion)积累了八十塔兰特(talents)的财富,大约十万美元。亚西比德的妻子得有一万二千美元的嫁妆,那被认为是有史以来赠给雅典丈夫最为阔绰的嫁妆。亚西比德本人拥有十二万美元。根据伯克(Boeckh)的估计,所有雅典公民的财产共计两万塔兰特,也就是说,粗略估计,全部雅典拥有两千三百万美元。

不过,如我曾说,我们不能凭借纯粹的美元数额来判断,因为市场价值、货币的购买力变化极大。关键之处在于,梭伦尽管授予雅典每个公民选举权,无论其属于雇工阶层还是五百桶户阶层,但除了较富裕之人之外不会授予其他公民国家公职。因此,他的改革在于消除了较古老制度中的氏族、贵族阶层,在那一制度中,无论如何财富不能使得一位公民被指定为执政官或委员(councilman),除非他出生于较高阶层,这使得较贫穷的、较少信赖的人被排除在治理的可能之外。梭伦的第一阶层独自掌握了执政官之职;第四个阶层除了在公民大会(Assembly)中投票之外没有政治特权。不过,梭伦使得议事会(ekklesia)成为真正的权力机构,这是之前从未有过的。雅典公民最高统治权的意志在公民大会(Ecclesia)中得以表达。所有的事务都在这里提出,作为国家的最高权力,他们必须布置或者处理这些事务——战争与和平问题、协议和联盟、征集兵士、募集补给、宗教仪式、授予公民权;同样还有各类政务官(magistrates)、使节、委员等等的推选。在古代,民众习惯于每月(Pritany)①只集会一次,或者一年十次。在民主制成长得越来越强大之后,他们每周碰面。这些被称为日常或者例行集会。在哪天举行并不清楚;雅典人避免在节日或者不吉利的日子集会。公民大会很早之前习惯在集市场所举行,后来被转移至酒神剧场。

① 原文 pritany 似应为 prytany,意指希腊的月,古希腊一年十个月,一个月约等于现在的五周。

不过,它可能在任何地方举行,在城邦或比雷埃弗斯港口或其他地方。公民大会经常由委员会主席(我稍后会说到委员会)召集,后者提前四天发布通知,确定集会日期以及待处理事务。所有二十岁以上的、已经按时登记了的公民有权参加并且选举。在那一日的事务开始之前,要举行净化献祭。用于净化仪式的祭祀品是幼猪仔,将其血祭洒于场所中心,与此同时在香炉中焚香。接着司命(crier)宣读某种形式的祷文和咒辞,祈求众神赐福并且保佑民众磋商成功,诅咒所有的敌人和叛徒。随后主席开始那一日的事务。如果委员会准备了任何议案,会由司命或助理人员宣读,而民众也会被询问那是否得到他们的赞成。如果没有反对,议案通过。然而,任何公民都可以反对它,或者提议修正。公民大会的每个成员有发言的自由,不过在一次论辩中只有一次机会。根据梭伦的制度,那些五十岁以上的公民首先被邀请发言,随后是更年轻些的。不过,这一习惯被废弃了。尽管所有的公民有发言的权利,但只有少数人行使这一特权,他们认为自身可以胜任发言。在吕西阿斯(Lysias)、伊萨埃尔斯(Isaeos)、伊索克拉底,或者德摩斯提尼的发言之后,站起身以一种恰当的方式向议事会说话不是那么容易的。无论谁站起来发言,都要佩戴爱神木花环,作为他正在履行公共职责的标志,并且基于这个缘由,有资格受到尊重。打断发言者是有违端庄得体的。当辩论结束时,主席将问题提交投票。投票的方法要么是举手表决(cheirotonia),要么是选票(ballot)。举手表决是最平常的。当所有事务结束之后,司命依照主席的命令解散公民大会。已经由民众投票决定的一道决议会刻写在一块石板(tablet)上,并且由秘书和其他公共记录一起存放于希比利神庙(temple of Cybele)。

公民大会和民众的大权掌握在战神山议事会(Areioagos)。这一委员会,得名于战神山,就在雅典卫城的附近,是一个审判和审议机构,在雅典有着极高的威望。它是从无法追忆的远古之时就建立的,作为刑事审判法庭,审理谋杀、伤害、纵火案件。它就设立在露天中,以避免与罪犯同处一屋檐下受到污染。在其审理程序中,遵循着最高的庄严仪式。原被告双方都发誓说出真相,只调查事实,不涉及感情或雄辩陈述。战神山议事会经常来自阿提卡的显赫家族。不过,梭伦引入了一项新法规定,公职行为已经得到批准的执政官应该终身成为这个委员会的成员。同时,他扩展了委员会的权力,赋予其政治和监察职务,以便与五百人议事会、元老院(senate)一起,可以作为对民主的制衡而行事。在它们的监察角色中,战神山议事会守护城邦的宗教和风纪,确保礼仪和正派,照看年轻人的教育,询查民众如何维持生计,并且制止不受约束的过度和淫逸。我们留意他们在庆典日的拜访,就会看到访客并不会太多。在雅典,一次聚会根据美惠三女神的数目,由三人组成,或者根据九位缪斯女神的数目,由九人构成。任何超过这个数目的都被认为是过度。如果战神山议事会无法维持高规格的正义、审慎和节制,如此严格审查的、即决的权力在一个像雅典这样的城邦是不可能被容忍的。然而,战神山议事会的权力后来得到了相当程度地削减。

对于民主的公民大会权力的第二项制衡是元老院(senate),议会(Boule),或者如其所称的五百人议事会。这是一个执行和协商机构,被指定负责各个部门的公共事务,尤其是与普遍的公民大会(popular assembly)有关的事务。他们是每年经由抽签选择的,在梭伦的时代,只能从前三个阶层中选择,不过后来,则是从整个民众中选择——没有其他的限制,除了在他们的父母亲两方面,他们都要是真正的公民,年龄达到三十岁。在他们所任职务年限到期之后,和其他所有的公务人员一样,须向审查人提交他们公务行为的记述。为了更方便地分配事务,部落(tribes)在他们中间按年度分配职责,使他们轮流承担职责。因此,议事会被划分为十组,每组五十人,他们被称为主席团(Prytanes)或者董事会(Presidents),在一段时间内代表整个议事会,其任职期限是五个星期(Prytany)。由于太阴年由三百五十四天组成,就这样来安排:一个主席团三十五天,共六个,再加上一个主席团三十六天,共四个。顺序由抽签决定。根据梭伦的筹划,议事会是某种类型的指导性委员会,协助民众深思熟虑,并且规范和控制他们在公民大会中的行为。事先商讨,并以适当的形式预备提交给民众的方案是他们的职责。除了为公民大会准备议题之外,议事会有权颁布它们自己的法令,如果没有被民众拒绝的话,它会有一年期的效力。

议事会的执行职责非常多。行政的整个财政部门受其控制。雅典城邦的收入在一千二到一千五百塔兰特(两百万美元)之间,附属城邦的贡金除外。课税存在,但不是习惯性的。雅典人和罗马人都没有守法公民的首要义务是纳税这样的观念。相反,征税是极不规则的,倘若赢得了一场战争,比如,罗马人在伟大的马其顿战争之后,获得了巨大的战利品,在一百五十年里根本用不着缴税。人口普查在雅典(这里被称为 Timema),或者在罗马着手进行时没有这样的直接目的:对于公民的财产每年征收如此数目的德拉克马或者罗马阿斯(asses)①。因为在某些年代,不曾征收过什么税。着手做它纯粹是为了了解谁是富裕的公民,谁是贫穷的;因为富裕的公民比起贫穷的拥有更多的权力,更多的特权。

这些是雅典国家的轮廓。我们看到了所有公民的一个公民大会,几乎每周聚集两次,显然是通过多数投票决议且管理任何事务。不过存在着对公民大会行为的强大制衡。一方面是战神山议事会,一方面是元老院——五百人议事会——他们一起约束公民大会(ecclesia)的行动。事实上,在雅典,最终的立法者在公民大会中找不到。因为,公民大会通过的任何法律,或者如其所称的任何法令(psephisma)都能够被一个六人法律修订者委员会否决,后者被称为立法议会(nomothetae),在这方面类似于美国一个州的最高法院。一项提案,一项决议(psephisma)只有在 nomosthetae 批准之后才获得完全的法律效力,成为 nomos,真正的法律。即使对雅典政治的这一简要勾勒也能够让诸位看到,雅典共和国有着最精巧、最复杂的权力制衡制度,甚至一件普通的法律诉讼都需要不寻常的公职机构。雅典的一起诉讼案件中,多达几百个陪审员充当事实

---

① 阿斯(as,复数形式 asses)是一种青铜币,后来成为铜币,此硬币使用于罗马共和国和罗马帝国。

审和法律审的法官。

雅典人不放心如下一个小数目的陪审员,即在这个国家挑选出来的十二个人。他们认为,陪审员越多,即法官越多,贿赂的机会就越少,因为在雅典的一起诉讼案件中,严格意义的法官数量很少,没有什么交叉询问。由此,雅典每年会选举六千名评判人担任民事和刑事案件的陪审员,他们被称为 Heliastae。现在你们自己想一下,在雅典每一个体公民预计会为公共事务贡献极大的辛劳和关注。他每周至少去两次公民大会,不能缺席,最初会有严厉的罚金,后来则有相当不错的回报——一直涨到为每一个前去集会之地投票的人支付三块银币(obols)。不过,进入集会之地不算什么,他必须留在那里,安静地聆听所有的演说,否则他就不能投票。在没有集会的日子,他很有可能成为上百个民事或刑事案件的一名陪审员;或者他必须参与他的胞族(phratria)或他的德谟(demos)的事务,或者他会参加他的国家数不胜数的战争中的一场,陆战或海战。

所有这一切随之而来的、即刻产生的后果是什么?普通的雅典人从未意识到他自身、他的私人个体性,他除了国家的成员之外什么都不是;如亚里士多德所说,他是一个政治动物(zoon politikon),国家手中的纯粹工具。斯巴达就更是如此。斯巴达,或者毋宁说拉哥尼亚(Laconia),简要描述它的话,就是贵族统治。存在着三个阶层的民众:

一、严格意义的斯巴达人,他们全都是战士,自视为纯粹的贵族。

二、perioekoi,或者平民(commons),也即是自由土地所有者(free-holders),在国家管理中很少有权力或者没有权力,尽管他们必须非常频繁地参加斯巴达的军事出征。

三、helotae,或者英格兰法学家们称呼的佃农(villains),受奴役的人,根本就没有任何政治权利。

斯巴达人从孩童时代就习以为常地为国家服务,他完全接受了这样的观念:一个人只是国家的纯粹表现,其责任、喜好、唯一的荣耀就是为国而生、为国而死。事实上,为国献身是一个斯巴达人更为常见的命运（lot），很少有人长眠家中。他们是凶狠、冷酷、寡言的战士，戎马一生。相应地，他们的公民议会（national assemblies）相对罕见，他们的国王和五长官几乎无事可做，他们的法律数量稀少，法律诉讼不多，而刑事诉讼的过程粗疏简单。直到伯罗奔尼撒战争时期，斯巴达人不是儿子、不是父亲、不是兄弟，几乎就不是人类；他是一个公民，除此之外什么都不是。这样稀罕的一个造物可能拥有自己的强烈个性吗？相比较科林斯人、阿尔戈斯人或雅典人，整体的斯巴达人有着鲜明的特质。但是作为一个单独的斯巴达人，仅仅只是普遍模式的一个精确复制。在这种纯粹模式的普遍流行趋势中存在一个例外——即被希腊僭主所统治的那些希腊城邦。希腊僭主有着所有可能的理由让他们的公民尽可能少地从事政治事务，他们给公民提供各种节日，只是试图使其对于所有政治事务漠不关心，因此，此类城邦的公民并没有显示出其他希腊城邦那种典型的整齐划一。这些僭主中有些是真正的施恩人，比如密提林的庇达库斯（Pittacus），科林斯的佩里安德（Periander），雅典的庇西特拉图（Pisistratus）。不过，古代希腊的僭主终究是例外之事。雅典公民的情形是普遍状态，换言之，普遍状态是，一个希腊人是其国家的造物，其国家的复制和抽象，是其国家缩减为最小维度。那么，什么类型的宗教可能适合这样的民众呢？开宗明义：现在我们讨论的是这样一个民族，即作为政治特质一部分的私人个性几乎不存在。

私人男女寻求宗教的慰藉、帮助。他祈祷神灵的救助、安慰和仁慈恩惠，他为其兄弟、父亲、朋友祈求。私人担心犯忌，他担心他的罪过、他的家庭的罪过；私人想要得到救赎，他想要得到保证，此生之后的来生会开启更好的、更高等的生活；私人感受到了赎罪、净化、赐福的需求。因此，私人渴望着仁慈的神，对人的苦难、私人生活的大小刺痛和蛰伤满怀神圣怜悯的神。但是，没有私人、只有国家的情形如何呢？一个国家如何关注罪孽呢？如此这般的国家不是罪人。国家从不会死亡——因此，它不关注来生。国家不是脆弱的、不是感伤的、不是冲动的——因此，它不需要亲切的或者慈爱的神。事实上,希腊样式的国家需要许多神,不是一个神。一个国家,每一个体公民投入到琐碎的全部管理事务中,需要不同个性、不同外形、不同吸引力的许多神。希腊城邦的民众必然被超人的力量(agencies)所掌控,因为人的力量恰好由于他们的民主制度,是不充分的。在雅典,他们几乎每五天就有公共的宗教节日。为了纪念酒神(Bacchus),为了纪念海神(Neptune),为了纪念智慧女神(Athene),还为了太阳神(Apollo)。在这些节日期间,每一个体公民都有着非常愉悦的时光。这是由公共金库支付的。不过,除了愉悦的时光之外,这些公民习惯在崇拜中联合一致,而这种联合是目前为止存在的最强有力的。二者必居其一——在世间如果没有圣人,各式各样的圣人,如同某一信经所赋予的——必然存在多教派(polysectism),就像在英格兰一样,我曾经提到,那里目前有一百二十二个宗派或天堂的众神(polytheism)。古代希腊的众神首先是每一个城邦选定的守护者(magistracies),天庭的守护者,天庭的公共事务委员会,被诗人、画家和雕刻家的艺术提炼不断地理想化。他们是世上缺乏和寻觅不到的补充内容。当希腊城邦民主的公民,从而也是嫉妒和嫉恨的公民就某一措施不能达成一致时,他们就去德尔菲或者多多那(Dodona)寻求神谕,向阿波罗寻求训谕,也就是说,他们非常嫉恨彼此之间的平等权利:他们公民同伴的任何一人都被赋予了决定的权力,由此,他们宁愿将决断留给阿波罗——以同样的方式,他们通过抽签选定了众多他们的守护者,以便降低更有才智之人的影响力。总之,这是一个权力问题,你赋予一方的权力较少,那么必然赋予另一方的权力就多一些。

在雅典,父亲没有什么权力,母亲就更少了;监护者(guardian)几乎没有;教会尚不存在;国家是由不断更换的执政官构成的。那么是什么使得民众不逾越界限?依赖神祇的纯粹抽象观念?一个民族现在或曾经是由仅有的哲学家即深深浸淫于纯粹抽象观念的人构成的?从来不是。因此,存在着对于各种神圣存在物以及脱俗之美、绚烂外观、骇人威严的神祇的需求,无法抑制的需求,一月份的第一天需要一个,第五天需要一个,第十一天需要一个,第十七天需要一个,诸如此类。存在对于数不胜数的神圣存在物的需求,因为这些无与伦比的希腊神殿的供奉需求,在希腊,神殿的目的不是为了让虔诚的灵魂去那里,而是为了向他的神祈祷。

他们在家中祈祷,他们从来不会像我们一样去教堂;他们在家中祈祷,他们在教堂中只有庆典——教堂就是神的唯一家园,那是他的居所,也可谓他的公堂——私人与此毫无关系。因为,神不是个人、个体、私人的神。他是国家的神——光明的、灿烂的、快乐的神,仁爱并且受人爱戴,反对悲伤,尽可能地完全享受永生。这些神与忧伤、阴郁没有关系——因为这样的国家从来不是忧伤的——他们都是优美、快乐且辉煌的。国家需要快乐、高兴的公民,因此,他赐予他们快乐、高兴的神祇。国家创造、承认众神,或者取消、消除他们——就像创造或者取消任何其他机构一样。在雅典,就像在罗马一样,承认一位新神形式上取决于民众的投票,而且以一种提案的形式来实施,没有牧师。一位执政官、一位公民执掌整个宗教仪式。我说没有牧师,是因为国家本身就是牧师,因为众神是国家公职人员(state officials)。私人的仁慈上帝、基督教的救主尚没有向人类启示,在古代城邦国家的特殊结构没有让位于新的政治结构之前,这一启示都不可能发生。随着古代城邦政府的衰落,随着纯粹的人格(human personality)超越纯粹公民身份的兴起,随着人之灵魂(the inner man)的更大发展和政治存在(political being)的更少生长——出现了对另外一种神,另外一类天堂、天父的深沉渴求,换言之,对我们都爱的上帝的渴求。

女士们、先生们:就我的知识而言,这是希腊宗教和神话的真正性质。

Ⅲ   古希腊科学发展

女士们、先生们:

在关于古希腊的前两次讲演中,我讨论的是古希腊的社会、政治和宗教制度。我试图表明一个民族生活的这三项要素之间的密切关联,主要是想证实,希腊的政治制度是这古典国家所有其他制度首要的、最富饶的根源。现在,我想接着讨论希腊生活的另一方面——希腊的科学生活,古典时代希腊科学的性质和进展。因为,希腊人不仅是世界上有史以来最伟大的艺术家,不仅塑造了最美丽的体格类型,不仅赋予我们最令人惊叹的伟大政治家典范、英雄式的自我牺牲、政治智慧和自由,除此之外,他们也首先赋予我们纯粹科学(genuine science)的真正样式;他们就时代、品质而论都是名列前茅的,具备了最高程度地被认为是从事科学所必需的要素;我指的是抽象能力。以某种抽象的方式看待事物,与感官提供的即时的以及可谓粗略的印象相分离,这是科学探查所有必备条件中首要的也是最原始的。科学处理抽象,处理并非以其外在性质真实存在之物,而是处理只有精神存在之物。例如几何学。几何线条只是一种精神存在,它并不存在,因为几何线条被认为根本不具有宽度,被认为只是由纯粹的长度构成的。而这样的线条现实中并不存在,只是在脑海中,在思想家的抽象中,这样的事物才存在,但你依然清楚,没有比几何学更具有实践性、有益的科学了。这种抽象能力是科学的创生渊源。希腊人的这种能力达到了某种非同寻常的程度。事实上,尽管他们在某种意义上是最现实之人,但同时也是曾经存在的最理想的民族。他们创造了数不胜数的可见之物,如城邦、港口、公共建筑、神殿、雕像、各种类型的纪念碑,但同时,他们也创造了数不胜数的不可见的理念,而且,时至今日,我们的所有属于以及我们专门用于表达(speech)的所有特性(cast)吸收了太多希腊因素。我们说活力(energy),不过这个词语是亚里士多德创造的词语,同样,第五种基本物质(quintessence)这个词语也是亚历山大的老师独创的,而且是他的一个错误的看法。理念(idea)这个词语就其含义是纯粹希腊的,还有,实质(substance)、形式(form)、物质(matter)、定理(theorem)、论题(thema)、语言(glossa),要么是纯粹希腊的,要么是希腊语的直译。正是这种抽象、普遍化能力,或者某种程度上的理念化能力,构成了希腊心灵的主要特征。这一特征也可以在希腊著作的极度洗练中自我展示。亚里士多德的所有作品,至少现存的不会超过便捷的四开本(quarto-volume),还有一些最有价值的著作,比如阿基米德或欧几里得的作品就更少铺陈了。把这与中国作家的无比冗长拿来对比,你们记得,当我提到中国文献时,他们的某一百科全书是由六千一百零九卷构成的。他们的所有著述同样地冗长。希腊人不是这样。他们使用非常少的词语,正是理念的丰富使得他们的著述显得如此丰饶。然而,在处理希腊科学时,我提及的不是一般文献,而是严格科学的,把纯粹文学的或者哲学的文献除外。首先关于那纯粹文学的,我指的是史诗、抒情诗以及戏剧,它们依然被这所大学学院之人谈论;关于哲学,它构成了我下一讲的主题。① 因此,现在我仅仅论及古希腊数学、天文学、物理学、生理学(physiology)最卓越的科学进展。

不过,我们如果没有某些进一步的预备就无法进入我们的问题。你们所有人都知道,我们的主要目标是历史,换言之,我们试图对于这共同构成了人类文明的许多种事件的缘由获得某种相当公正的洞察力。因此,论及希腊的科学进展,我不会试图给你们所有他们科学教义的细节,我并不想重述欧几里得的十三卷著作,或者阿基米德关于杠杆的著作,或者希帕克斯(Hipparchos)关于月球理论的。此非我分内之事。所有我想要做的在于描述这些伟大之人以及他们的著作与希腊文明之科学进展的关联,这构成了希腊文明最有价值且最重要成果之一。因此,我会进入那对于历史学家是最有趣的问题,即为什么希腊人如此深刻地从事抽象科学之耕耘?这个问题直抵我们当下的主题,而我们必须努力作出回答。这并非一个消遣性问题,因为存在着数不尽数的其他民族,更加强大,人数更多,比希腊更富裕也更古老,但是在达成思维的超验性提升方面都失败了,而那似乎是所有希腊人的天然家园;希腊文明不曾局限于那个半岛,它在现代也名声远扬。位于法国南部的马赛市,为希腊人所创建,尽管与母邦离得非常远,却不逊于雅典或

---

① 因为主题的缘故,本译本没有选译关于哲学讲演的内容。

科林斯,是一个纯粹的希腊城邦。无论在哪里,希腊人将他们的城邦治理形式、他们的制度、他们的科学和艺术毫无例外地培育、生根、发芽。希腊科学的伟大声名来自于所有的地域,并没有局限在雅典。亚里士多德是马其顿人,泰勒斯是米利都人,希罗多德是小亚细亚的哈利卡纳苏斯人(Halicarnassean),阿基米德是西西里的叙拉古人,喜帕恰斯(Hipparchus)来自比提尼亚的尼西亚(Nicaea in Bythinia),等等。

因此,科学天赋是所有希腊城邦和殖民地的贡献。它与罗马形成了鲜明对比。罗马民族的伟大,对于所有文明进程他们那几乎不可思议的影响力众所周知,无需进一步去解释。直到现在,几乎所有单独个体都感受到了这个民族的巨大力量,这种影响的踪迹可以在所有现代民族的一半语言和制度中发现。在整个北美和南美洲,统治民族使用着多少带有罗马特性的习语,无数的城市,比如辛辛那提市,就是以罗马将军和首领命名的。

不过,如果我们要问这伟大且有影响的民族曾经对于促进科学做过什么,我们必然会描绘出一幅完全不同的图景。罗马科学家或者哲学家的影响几乎等同于无;与希腊科学家和哲学家比较时,它肯定显得不值一提。除了一门科学是例外——当然我指的是法学——罗马人在科学方面从未取得非常有价值的成果。他们的心灵在其他方面非常有穿透力、敏锐,非常精巧且机敏,而一旦不得不应付科学问题时,就显得迟钝、痴愚。他们的政治制度是人类心灵最具智慧、最深刻的成果之一,这一点我们后面会看到。不过除了这一聪慧之外,他们直到第二次布匿战争时,都不会计算三角形的面积,他们的天文学知识还是最原始的。而此时,希腊人已经有了最精密的几何学和运动学体系、天文学和物理学体系。我们能不阐释这种差异吗?没有可能解释这一显著的事实吗?当然,当我说对此进行解释时,我指的不是仅仅凭着用一个词语替代另一个词语来解释,而是要真正地对它进行阐释。多数历史学家只是说,希腊人在科学事业方面卓尔不凡,因为他们这个种族对此具有特别的天赋。不过这种特别的种族天赋论只是某种特别的谬论。

你们记得在早些的讲演中,我是如何极力反对每当你不知道以真正恰当的方式来解释一件事情时偶尔说到了种族爱好。所有事情都归于种族。你们记得,当我论及古代希伯来人的一神论时,表达了我对勒南(Renan)关于这一重要问题之论断的强烈反对。勒南将古代希伯来人的一神论归结为种族的特质;归结为所有闪族部落的一项内在特性。的确,与许多聪明人一样,多数历史学家将希腊人在科学方面的巨大成就归结为天赋、种族性质。如果我们继续以同样的方式,如果我们使用这一可怜的术语来解释历史中的主要事件,那么我们对于历史的科学研究就终结了。那时就不需要任何进一步的研究了,所有的事情都能够即刻通过仅仅指涉某类种族性质得以解决。那么,我们就会知道德意志人为什么如此精通音乐——这是他们的种族特性;为什么罗马人是如此伟大的法律家——这当然是他们的种族特性之一;或者为什么美利坚人是如此伟大的发明家——这当然又是种族特性。然而,必须坚决抛弃这样的解释。它们根本就没有解释任何事物,只是用一个词语替代了另一个词语。事实上,存在着非常令人满意且清晰的理由来解释,为什么罗马人除了法律之外没有取得任何其他伟大的科学成果;为什么是德意志人,而不是英格兰人造就了最伟大的音乐家;为什么美利坚人极富创造性;或者,回到我们的起点,为什么希腊人在抽象科学方面取得了如此巨大的进展。我认为对于最后这一事实存在着令人满意且清晰的理由,而且我即将陈述这些理由:在我关于希腊的第一次讲演中,我致力于独有的希腊城邦生活。我试图尽我所能生动地描绘城邦生活对于人类智力迅速发展的巨大影响。我说过,希腊人不论是在法兰西南部,还是在小亚细亚,或者在克里米亚(Crimea)(因为他们的定居和殖民遍及古代文明世界),都独一无二地生活在城邦中。我推论出,这一环境是他们智识才能发展的最强大动力(agent)。就孕育智识能力而言,学园生活和农场生活之间的差别,或许不会像印度或古代德意志多数人过的乡村生活,与希腊或罗马或美利坚联邦存在的城市生活之间的差别那么巨大。城市之人的智识才能不是翻一番,而是翻两番。

因此，更多有天赋、有抱负之人会在城市中诞生，而不是在乡村。不过，这些有天赋之人寻求这样的机会：展示其才能、拥有举足轻重的地位或财富，以及巨大的社会影响力，等等。但问题是：那个共同体提供这些机会了吗？有可能满足这些雄心勃勃的天才吗？国家或教会或商业或其他地方有充足的位置，可以让这些大才们展现其能力并且由此满足自己吗？这是那时的问题，让我们尝试将其适用于前面几讲中我们听到的希腊国家和社会中。我们知道，在希腊城邦，每个人几乎经常地、每日从事国家的统治和管理。每一公民几乎每天忙着从事陪审员或者公民大会投票，或者是其氏族（clan）、其胞族的专员（commissioner）——简言之，每个公民几乎都以某种方式忙于政治之事。不过，在那里，如此之多的公民不得不同时为政，而没有人能够被赋予一份显赫的权力；每一公民在国家统治或管理中都分有一份，但很少或没有人具有一大份。

在希腊城邦中，我们找不到类似罗马的强权机构、有威严的政治中心，一位罗马执政官（consul），或者一位罗马独裁官（dictator）、监察官（censor）、裁判官（praetor）、大祭司（pontifex maximus）、民政官（aedilis）、护民官（tribunus）的权力和影响，还有，甚至度支官（quaestor）及元老院的权力和影响都非常大。在所有希腊历史中没有与此相似的。在雅典，修正法律的权利被赋予所有公民。在罗马，它被限制在执政官、裁判官、保民官和独裁官手中，也就是四五个人。在雅典，法官数量众多，他们没有一人能够对民事程序留下丝毫印迹。在罗马，法官是由裁判官指定的，但是他几乎被赋予无限的权力。如果我去追寻其所有结果上的差异，那就走得太远了。注意到这一点就足够了：罗马存在大量单一的强权职位，占据这些职位能够恰当地构成诸多勃勃雄心的目标。除此之外，还有罗马的大规模征服，这产生了行省总督这令人垂涎的位置。简而言之，罗马和意大利的所有天才和雄心都能在政治通道找到其自然且令人满足的展现。罗马在文学或者法律方面的任何杰出之士几乎没有不是同时在国家的某些重要职位中任职的。尤里乌斯·恺撒，历史学家的模范，是罗马的将军和最高统治者（imperator）；西塞罗是市政官、度支官、裁判官、执政官和代大法官（propraetor）①；历史学家撒路斯提乌斯（Sallustius）是裁判官和行省总督（provincial governor）；大普林尼，如萨默斯维尔（Somersville）女士所描述的，罗马的洪堡，是将军和代大法官；小普林尼，古典书信的优美作者，轮流担任了几乎所有的职位；伟大的法学家，如萨尔维乌斯·尤里安努斯（Salvius Julianus）、乌尔比安（Ulpian）、帕尔比安（Papinian）以及其他许多人都担任过显要职位，他们是禁卫军长官（praefectus praetorio），或者代大法官，或者类似的重要官员。不过，如果我们将此与希腊的情形相比——我们会发现什么？恰恰相反的事情。在希腊政府中，几乎没有留给天才的职位，除了战争的情形。和平时期，职位都为大量的公民占据；没有伟大之人的空间，也不需要；个体之人在职位中扮演的角色太微不足道，不会为天才之士所渴望。亚里士多德从不曾渴望、从不曾竞选一个职位；柏拉图也没有，赫拉克利特没有，巴门尼德没有，阿基米德、欧几里得或喜帕恰斯也没有。

偶尔会出现这样的情形：一个城邦会请求一位成就显赫之人治理他们的政治体，比如米提里尼人（Mythilene）的情形，他们请求哲人庇达库斯（Pittakus）做他们的统治者，但这是例外。通常，一位天才之人，如果他不追求军事荣耀，就找不到值得做的政治行当。在宗教领域没有很多或者任何机会，因为教会及其统治集团还不存在。因此，所有充盈的天赋在政治或者其他外在方式上找不到出口，被迫回到其自身的渊源，其内在的世界，由此毕生致力于理念、科学之耕耘。几乎所有的希腊科学思想家都是私人，没有任何显赫职位，通常其生活我们所知甚少。我们很少了解亚里士多德、忒奥弗拉斯特斯（Theophrastus）、康农（Conon）、欧几里得、阿基米德、埃拉托斯特尼（Eratostyhenes）。他们多少都是隐世的学者，其生活中很少或者没有什么显赫之事发生。他们生活的所有事件都

① 皇帝行省的前两级统治官员分别称为代执政官（Proconsul）和代大法官（Propraetor）。

是以一些科学术语、图表作为标志，比如阿基米德。这位最卓越的天才想把他的墓碑雕刻成圆柱形式，包含着棱锥体和球形体，因为他认为他的公式，即我们凭借其来确定这些几何形体的比率，是他生活中最伟大且最有说服力的事件。他和其他所有的希腊思想家都是在他们的问题中与他们的学徒度过。在古代希腊，科学传授多少是不需要的。他们没有学院、大学或任何其他的高等学校，除了修辞术和演说术之外。在罗得、雅典以及希腊其他某些城邦，宏大的修辞术学院早在公元前 2 世纪就已经建立了。在那里，讲授在集会中讲演的艺术，劝服大众、赢得投票人的青睐以及进行优雅谈话的艺术。不仅希腊人而且甚至罗马人也涌向这些学院，比如其中就有西塞罗，他在罗得岛接受了训练。古代文明的整体特征倾向于精心地培育修辞术，一个谈吐甚佳之人被认为是有着举足轻重意义的。关于说话的艺术，没有比希腊人更伟大的精通者了。像诗人荷马、历史学家希罗多德这样的讲述者，在两三千年的岁月中，没有失去他们丝毫的魅力。这种对于精致谈吐和演说的偏好，作为一个民族的性情，在所有现代民族中，只有在美利坚合众国能找到。或许，对你们中某些人来说，修辞术学院之类的事情在欧洲不存在叫人惊讶。

没有人想要建立这样的学校，那在古代希腊和罗马是如此习以为常的，在现代美利坚也是如此习以为常的。没有人想参与其中，没有人会关注它。注意到这样的事情是非常重要的，因为它们标示着国家制度方面的不同以及一个民族机体之政体结构的差异。美利坚的政治和社会结构本质上类似于希腊和罗马城邦的政治结构——当然，在宗教和某些习俗方面允许有不同之处——非常自然的是，我们会在希腊和美利坚极其频繁地遇到同样的现象。还是回到希腊科学上来。现在，我们已经非常习惯于这个事实：科学与诗歌或宗教没有关系，以至于，如果有人发表了一篇论几何学的文章，比如使用有着韵律节奏的诗的形式，在我们看来就太荒谬了。

类似地，把良好行为、纯粹良知与血液流动和循环的理论混在一起，看起来也是极其不恰当的。但是，在我们看来可能是非常不协调的这些事物，对其他民族或者在其他时期看起来并非如此。比如，婆罗门印度教徒在数学和诗歌之间没有感觉到任何不协调之处。

事实上，如果你们碰巧阅读科尔布鲁克爵士（Sir H. Colebrooke）①关于印度教徒的算术和几何学著作，你会对于最细腻诗歌和最严肃数学的奇特混合感到非常惊讶。比如说，婆罗摩笈多（Bramagupta）或者婆什迦罗（Bhaskara Acharya），或者任何其他的婆罗门数学家在开始他的问题时，首先会为你们描绘一位年轻美丽的迷人女子，站在一汪平静无痕的池水边上。在那里，她陷入冥思，望着一株忘忧花，花根深入到了池水底部，花冠从池水的表面伸展出来，以某种沉思状前后微微摇动着，就像我正要提到的印度教徒作品《莉拉沃蒂》（Lilivathi）②。过了一会儿，一阵轻柔的西风吹过，忘忧花的花冠轻轻弯折，慢慢没入水中，直到完全消失在视线中。

当你沉浸在这首极其轻快的梵文诗篇的意境时，这古怪的数学家在富有诗意的韵文中提出了这样的问题：你能告诉那位凝视着池水的漂亮女子那池塘有多深吗？事实上，众所周知，这富于诗意的描绘给出的信息，如果转换成数字，足以计算出池塘的深度。对于我们的现代品位来说，在一篇几何学的论文中，漂亮的年轻女子、池水以及沉思状的忘忧花的描绘是完全多余的。我们在诗歌中描绘年轻女子，或者我们将其谱写在音乐中；而忘忧花，我们会在植物学中描绘。但是，对于印度教徒的心灵，这些事物并非不和谐——他们的心灵太纯朴，察觉不到那不和谐之处。

类似地，其他民族把数学或物理与宗教或伦理主题放在一起探讨，比如，希伯来人试图在《列王纪（上）》第七章用一节来探求圆的周长及直径，在那里写到，所罗门铸造了一只铜海（molten sea），从边缘的一侧到另一侧有十肘尺（cubits），沿着其边缘绕一周是三十

---

① 亨利·托马斯·科尔布鲁克（1765—1837），英国东方学家。
② 原文如此，应为 Lilāvati。——编注

肘尺。这提供了一个非常不正确的比率,与众所周知的鲁道夫数(number of Ludolf)或者周长与直径之间的比率 3∶1 不同。但是,没有希伯来思想家敢怀疑圣书的正确性,因此,鲁道夫数不得不屈从。

将其与一个希腊人对待事物的方式比较。后者并不会反复提到一本有着宗教特征的书籍,他不会求助于任何权威,他纯粹依赖自身精巧心灵的力量,探索问题,除了科学的因素之外不会考虑任何其他的。我说的当然是阿基米德,他使用其所称谓的穷举法(method of exhaustion),得到了无法估量的更为正确的结果,正在谈论的数字等于在 $3\frac{10}{71}$ 与 $3\frac{10}{70}$ 之间的一个数字。

这种名副其实的科学方法,排除一个问题中所有不相干的、不一致的因素,追寻一个概念中真正的构成性内容,在我们将同时代其他民族的科学努力与希腊人的努力相比较时,会变得更为清晰。你们都听说过毕达哥拉斯定理,所有数学的根基,或者正如其被称呼的,数学之师(magister matheseos)。没有这一定理,在数学中寸步难行,在初级数学和高等数学中都是如此。它是整个大厦的地基。据说,毕达哥拉斯在发现其著名的定理后,对于众神赐予他的这一恩惠非常感激,以至于向他们献祭百头公牛。顺便提到,一位德国作家对此有着经典的评论:自那时起,所有的公牛都害怕毕达哥拉斯定理。

这一定理教会我们,当一个直角三角形的两边给定时,如何计算另外一边的长度。

埃及人不得不面对同样的困难。在他们的纪念塔建筑中,他们必须经常面对这个问题,当一个三角形的两条边给定时,如何计算另一条边的长度。不过,所有他们能够达到的止于此:他们知道,当一根木头三英尺长,另一根四英尺长,如果这样的话,那么一根恰好五英尺长的木头就会形成一个直角三角形;也就是说,这三根木头一起会组成这样的一个三角形。但是,如果两根木头分别是六和七英尺长,会出现什么状况呢——他们从没有成功地弄清楚。

另一方面，毕达哥拉斯公式能够使我们面对所有的可能，无论那木头变化的长度是六、七、八、九、十或者任何数字。简言之，毕达哥拉斯公式是普遍的，它不是一项纯粹的经验观察，它是一条普遍性的法则，包括了整个领域。正是在这一特殊的性质那里，我们必定会发现希腊科学的主要荣耀。借助我之前提及的那卓越的抽象能力，他们经常创造出的不仅有一些实践技艺的精巧小发明，而且还有事物的原理。

你们都记得阿基米德和叙拉古希罗（Hiero）国王金王冠的有趣故事。据说，希罗派遣阿基米德去调查，他交给一位艺术家为他制作王冠的金子是否混合了其他劣等金属。阿基米德茫然无解，直到有一天，当他走进浴室，观察到溢出的水，他想到，掺入合金引起的体积变大可以这样来测量：通过将王冠和同等重量的金子分别放进盛满了水的容器中，观察溢出量的差别。当这完美的想法浮现时，他兴奋异常，以至于没有穿衣服就跑回了家，喊着："我找到了，我找到了（eureka，eureka）。"

不过，阿基米德不仅发现了金匠的诡计，还深入到了远远超越这一应时问题的程度，并且建立了以其名字命名的基本原理，即，没入液体中的物体承受的向上的压力与溢出液体的重量相当。因此，一个纯粹的实践问题使得他发现了流体静力学的基本原理。其他著名的问题也是同样的情形。

德尔菲神谕不反对捐赠和礼物。事实上，希腊众神喜欢珠宝和黄金，那些想要寻求皮提亚神谕的人，如果在提出他们的请求时一起附上某些个人用品（paraphernalia），就会有更多机会得到令人满意的回复。

在雅典的瘟疫造成了城邦令人害怕的毁灭时，一些人被派去德尔菲求教阿波罗，这位神允诺结束那毁火性的灾难，条件是建立一座圣坛，比曾经为他建立的那座大两倍。迅速被调遣去扩充圣坛的工匠们认为，为了遵守神谕的命令，除了加倍其尺寸之外，再不能做任何事情。

不过，他们在这里遇到了几乎不可逾越的困难。加倍一根线条是非常容易的,但是所有各个边都相等的立方体的体积加倍就非常困难了。由这一祭品问题所引发,希腊数学家尤其是康农,着手工作并且发明了整个一系列的曲线和定理,利用它们实现了这一立方体的加倍。这些定理在今天依然是极有价值的,我们也在所有的高等教育学院中学习它们。不过,如我之前所说,我提及这些问题,仅仅是为了表明希腊思想的普遍特征和精神:永远倾向于从实践、临时的狭窄领域提升到抽象原则的高端领域,由此从最广泛的视野去看待问题。希腊的思想家中,没有谁比那位不朽的马其顿人亚里士多德曾经留给我们真正科学对待问题的完美样本。除了与宗教奠基有关的那些圣者的名字之外,在人类心灵的整个历史中,没有谁的名字像亚里士多德那样,对人们的思想和观念施加了类似的影响力。他的正确和真实见解,如同其最荒谬和错误的教导一样,对于两千二百年的科学产生了不可思议的影响。他曾经被捧上了天,曾经认为怀疑他的任何著作中的一个字都是十足的亵渎;同样,他的著作也曾被几所大学扫地出门,有时候,教皇还威胁,有谁敢公开讲授亚里士多德,或者哪怕阅读他的著作,就将开除其教籍。

直到最近,他的著作一方面被认为是所有智慧的滥觞,另一方面被认为是绝对无益的遗迹。

撰写亚里士多德哲学的历史、其科学著作在不同时代的命运几乎是不可能的,因为这包含了欧洲、阿拉伯、波斯以及其他国家所有文明民族心智发展的历史。亚里士多德是不是一位伟大的科学思想家——这个问题尚没有全体一致地解决。刘易斯(G. H. Lewes),歌德传记的著名作者,出版论述亚里士多德科学功绩的著作还是不多年前的事情。

这部作品展示了乔治·艾略特(George Eliot)的这位朋友的博学,自然科学的所有可靠知识,这对于《近海研究》(*Seaside Studies*)以及著名的《普通人生生理学》的作者来说是自然不过的。但是,刘易斯尽管在他的著作结论中,更多地倾向于公正评价亚里士多德无与伦比的伟大,但在其著作正文中,却非常严厉地指责了他。在亚里士多德科学著作的几乎每一部分，他都发现了错误，拒绝承认其预计的发现者的所有头衔。刘易斯不会建议任何人致力于亚里士多德研究；相反，他会建议所有人将其晾在一边，不如研究现代人，拉瓦锡（Lavosier）、比沙（Bichat）、卡伦（Cullen）、亨特（Hunter）、魏尔肖（Virchow）以及刘易斯本人。对此，我完全不同意。我的意思并非说，研究亚里士多德的动物学，比如《论动物的部分》（*De Partibus Animalium*），会比研究米尔恩·爱德华（Milnes Edward）或者华莱士（Wallace）的动物学著作让你更受益。然而，我会建议每位研习者，无论如何，在任何情境下、以各种方式阅读亚里士多德。

如果我必须在限定条件下做出任何选择，即我的整个图书馆仅存一百部作品，我会毫不犹豫地让亚里士多德的科学著作成为一百部著作中的一部；而且，如果限定更为狭窄的话，如果它被限定为五十部著作，亚里士多德依然占有位置；而如果我被允许拥有不超过十部的话，亚里士多德依然是十部中的一部。亚里士多德真正的学生会很容易理解这一高度评价。亚里士多德的激发性和综合性是无可匹敌的。他的错误也是生死攸关的，在一位常人心智的错误与一位天才心智的错误之间有着天壤之别。

一位常人心智的错误表明的只是犯错的可怜之人的软弱心智。它是浅薄的、受限的；它并非正确思想的丰裕源泉，它是荒芜、短命、无生气的。

但是，一位天才的错误充满了力量，否定性的力量，它表明的不仅是思想家心智中的缺陷、朝着错误方向的活动，而且是主题自身缺乏和谐；它是进步理念的富饶源泉，它就像是熔岩的喷发，展示了深处岩层的内在构成。确定无疑的是，亚里士多德犯了很多错误。两千二百年的经验教给我们太多他不可能知晓的东西。不过他的错误是天才的迷途思想，可以轻易地证实，现代科学的一些最有价值的成果就是这位马其顿斯塔利亚人（Stageirite）的错误直接、即时启示的。

特别是通过培根勋爵的著作，开启了贬低、轻视亚里士多德著作的倾向。这位名声显赫的大法官（Chancellor）倾其所有的能力（他的能力是相当了不起的）给他的时代和所有以后的时代灌输了这样的观念，即：亚里士多德在科学上仅仅是一个孩童；他和所有的希腊人在科学研究中比纯粹的新手好不到哪儿去。不仅如此，他说他们不仅是新手，而且还是犯错的新手；他们是些误入歧途的人：他们没有寻找到思想的正确路径；他们没能成功将正确的方法应用于他们的研究。因此，他们不可能取得任何真正有价值、永久性的成果。这位大法官以不同的方式表达了此项谴责判决，开玩笑、嘲讽、讽刺评论、博学地反驳。它出现在其无数著作中的几乎每一页；隐藏在最不经意或中立的注释中。他的观念根深蒂固：我们必须克服对待科学的希腊方式；亚里士多德的方式是贫瘠无用的；新的、全新的方法必须被创造；所有的科学必须被引向新的思想通道，我们的整个心智构造必须被更新、补救且重塑。他说，直到他的时代为止，人们一直受到亚里士多德错误指引、愚蠢方法的欺骗，而他（培根勋爵）承担着祛除人类身上这一令人羞耻的枷锁的责任，扫清通向真正的、名副其实的探查自然、科学的道路，他通向这一目标的方法就是归纳法。归纳法！这是伟大的字眼，这是培根以及培根的追随者，还有自负的诸多英格兰科学家的口号（parole）。归纳法是救赎之道；是我们能够希望借以得到宝贵知识的唯一方式、唯一工具。据说，在这一方法的反面正是亚里士多德的方法——演绎法，这种方法从未产生而且永不会产生除了虚幻之外的任何结果。如此有能力的著者频繁地断言，宣称亚里士多德的方法在科学中没有价值，以至于反驳这一断言几乎就是一件没有希望的任务。众多的著者会向你们证实，唯有培根是科学的圣人，而亚里士多德不过是理想的蛛网、虚缈的蛛丝的制作者，等等，我们共同的朋友麦考莱勋爵也是其中之一。当托马斯·巴宾顿（Thomas Babington）在世的时候，试图阻止他的滔滔雄辩是完全无用的。他在议会高谈阔论。事物的奇妙之处在于，十有八九的情形中，他也是一位悦人的谈论者，因此，他的听众不会感到无聊，相反却以越来越大的好奇心倾听着，快乐无穷。不过，它终究是一场智力的障碍赛（steeple-chase），于那屋舍、草地、塔尖以及沟渠间奔走喧嚷；比起令人满足，更多是让人困惑。麦考莱在他论培根的文章中开始谈论，毋宁说不停地谈论，培根方法相比较古人和（当然是）亚里士多德的方法相比的优越性。我蛮有把握地说，百分之九十的人依赖于麦考莱勋爵在这篇文章中阐释的、关于培根和亚里士多德科学的观点来形成他们对这二人的见解，而且，理所当然，百分之九十的人会站在有说服力的勋爵一边，他始终不变地贯彻他的主张，他的雄辩是无可战胜的，他的论辩总是如此地似是而非，而且总是裹着如此令人惊叹的言辞的外衣，以至于，我们没有冷静地去审视它们，只是臣服于它们的魅力中。不过，伟大的历史学家压根就不是一个能够判断科学方法价值的科学家。当沃尔特·白哲浩（Walter Bagehot）曾被请求撰写英格兰银行的历史时，他拒绝了，说："试图提高麦考莱已经做过的东西是荒谬之举。"这完全正确。涉及此类之事，麦考莱的判断是金玉良言。不过，当说到科学，说到数学或者生理学方法，那时，麦考莱的判断就无足轻重了。他尽管是一位不知疲倦的、永不满足的读者，却从不阅读除了文学和历史著作之外的任何内容。科学论著是在他的研究范围之外的。因此，他的心灵是被文学论辩而非科学论辩所滋养的。你可能经常阅读他的文集，尤其是它们中的精华（论弥尔顿的文章），不过，切记不要让他关于科学事物的判断支配你的观点，因为他不足以评判此类事物。事实上，在谈论古代科学，或者与此同样的事情，谈论亚里士多德的方法时，麦考莱和刘易斯都错过了正确的要点。他们似乎相信必然存在着一种一成不变的、非常重要的科学方法，所有真正科学的成果只有凭借这种方法才能够取得，这种方法的开创者是现代思想家，尤其是培根勋爵。这整个概念我会断然拒绝。不存在这样的方法，没有如此一成不变的方法，无论是归纳还是演绎，是唯心或唯物，或者无论你称它什么。不存在这般的事物，从来就不曾有这般的一种事物。当然，在所有的时代人们都渴望这样一种事物，这样的通向宇宙所有之谜的一般线索。因为这样一种一成不变的方法实际上不过是所有事情的密钥。如果我们必须解决一个问题，无论任何问题，我们仅仅应用我们的方法，门径就在那儿，我们就有了解决之道。对于所有心智疾病的此等普遍处方和疗治是成千上万哲学家的理想——大阿尔伯特（Albertus Magnus）、拉蒙·柳利（Raymundus Lullus）、坎培内拉（Campanella）、泰莱夏斯（Telesius）、笛卡尔（Cartesius）、斯宾诺莎（Spinoza）、培根的理想。这些人中的每一个都宣称拥有了此种方法，尤其是培根夸口说已经找到了唯一的、独一无二的方法，所有方法的方法。而且由于亚里士多德、泰奥弗拉斯托斯（Theophrastus）、迪奥斯克里德斯（Dioscorides）以及所有其他希腊科学家都忽视了这种培根式的方法；由于他们只掌握了亚里士多德的方法，因此，他们全都失败了，而且耻辱性地失败了。嗯，我对此断然拒绝。

如果事实上存在这样的方法，而且如果培根本人是这一方法的发明者、拥有者和传播者，就像德国人无可比拟地说的，这种唯一正确的（alleinseligmachend）方法，那么，为什么培根本人不曾涌现出诸多发明？为什么他只用一个新的教义、规则或发明来充实科学的贮藏室呢？培根尽管有其全部的实验、观察和证明，尽管有其荣耀的归纳法，为什么不能为既存的知识宝库中增添一毫呢？为什么贬低古人所有成果之人不能扩展现代科学？为什么他总是谈论科学，但不曾充实科学？另一方面，这又是如何实现的：亚里士多德尽管不知道培根的方法，尽管缺乏归纳法的所有助益，依然成功地为科学展示了大量毫无疑问有价值的补充物，因此，甚至刘易斯对他极为苛刻，在其论时代和发展的文章中也说："此君在科学中完成了所有这些令人惊奇的成就，如培根所说，是依赖其糟糕的方法，其无益、可怜的方法完成的。"

那不朽的培根同代人威廉·哈维（William Harvey），发现了血液循环，从未过多地关注培根的方法。英格兰科学的荣耀，艾萨克·牛顿爵士，通过一种完全相反的方法得出他的公理。他不是遵循培根的方法，而是完全将其弃之不顾，任何人读过他的《自然哲学的数学原理》（*Principia Philosophise Naturalis Mathematica*）

的一章,就会注意到与培根所有的箴言决然不同。因此,我们不得
不得出这样的结论:

一、不存在这样一种普遍、一成不变且独一无二的科学方法,
当遵循它的时候会导致所有的好运,而不遵循它的时候会引起所
有的不幸。

二、在亚里士多德与现代人之间根本就不存在任何相反之处。

他在其研究的许多方面都失败了,就像现代人一样,比如刘易
斯本人也非常频繁地失败,后者在其著作《生命与心灵的问题》
(*Problems of Life and Mind*)不得不改口收回他在其著作《哲学的
自传史》(*Biographical History of Philosophy*)极力宣称的。然而,
亚里士多德这些挫折并非基于基本的错误,其方法上的错误,它纯
粹是我们所有人的错误,也就是:作为凡人。

希腊人在科学中所做的正是我们所做的。他们提出一个问题,
并且试图回答它。困惑在于我们经常问的问题要么是完全不得要
领的或幼稚的,要么是在某些其他方面不恰当的。提出正确的为
什么的问题才是最困难的。困难的不是回答——回答是世上最容
易之事。有时候它要花上一些年,比如五十、一百、一百五十年提
供答案,但最终它会得到答案。然而,如果问题是错误的,不正确
的,就不可能提供科学的答案。

惠威尔(Whewell)在其著名的《论归纳科学》的作品中,对于希
腊人的科学问题做了如下评论。他说,希腊人在墙上画了一只壶
的手柄,想要在这上面挂上一只真正的壶。这一评论虽然机智,却
是完全错误的。

古人经常失败,因为他们没有提出正确的问题,正如我们一
样。我们现代的医学科学对于17、18世纪的伟大医生,对布尔哈
夫(Boerhave)或斯塔尔(Stahl)、迪格比(Digby)会怎么看呢?无足
轻重。我们现在会怎么看居维叶(Cuvier)诸多最知名的著作呢?
问问达尔文主义者,他们笑了。不过,我们之中没有人敢说居维叶
的方法是完全错误的,他的思考方式是极端错误的。

类似地,古人失败不是因为在他们的科学方法中的极端错误,

而仅仅是因为他们想要解决的问题那时或者到现在为止解决的时机尚未成熟。他们会问,比如为什么小指头比中指小一些? 为什么女人没有胡子? 为什么星星会发光? 什么决定着云团不断变化的形式? 性别是由什么决定的? 为什么我们不能飞? 你们在亚里士多德或者迪奥斯科里德斯那里发现这些以及许多类似的问题,当然,他们对这些问题的回答是不够令人满意的。

不过看看现代人的答案。阿拉戈(Arago)①能够解释星星为什么发光吗? 不,他不能。佩蒂格鲁(Pettigrew)能够解释我们为什么不能飞吗? 不,他不能。简言之——这些问题在古人的时代不适于科学处理,而且它们今天也不适合:我们依然不得不静候时机,等待着。不过,当问题的确适合科学探查时,那时的希腊人最终都成功了。比如在几何学、折射光学的基础部分、力学方面就是这样。欧几里得论算术和几何的著作直到今天也没有被超越,尽管现代学者付出了最积极的努力。

在全英格兰,它依然被用作教本,就像两千年前在埃及亚历山大里亚的学校一样。阿波罗尼奥斯(Apollonius)关于圆锥曲线的文章使得所有提高它的努力难上加难,现在和两千年前一样也是参考书。帕普斯(Pappus)的著作在我们读来就像帕斯卡尔(Pascal)或拉普拉斯(Laplace)或高斯(Gauss)的著作一样科学。丢番图(Diophantus)的著作也是同样的情形。希腊人有着最完美的天文学家,毕达哥拉斯(Pythagoras)、菲洛劳斯(Philolaus)以及叙拉古的尼塞达斯(Nicetas of Syracuse)教导说,地球是环绕太阳旋转的星球。

这一伟大学说的荣耀经常归于哥白尼(Copernicus)本人。嗯,哥白尼自己在他的著作序言中坦承,他的学说不过是复活了希腊哲学家的学说。萨摩斯的阿里斯塔克(Aristarchos of Samos)为我们留下一篇非常有价值的文章,论述太阳的大小和距离,估量了太

---

① 阿拉戈(Dominique François Jean Arago,1786—1853),法国天文学家和物理学家。

阳的直径，而他的结果与现代出入并不太大。埃拉托色尼(Eratosthenes)利用一种非常精巧的方法确定了地球的大小。喜帕恰斯增添了二分点岁差(the precession of the equinoxes)这样必不可少的发现，那是天文学中的根本要素之一。他发现了太阳轨道的反常，他对于太阳运动之明显不均衡的解释是，假定地球不是确切地位于太阳环形轨道的中央，由此，它与地球之间的距离变动不定。当太阳离得最远时，看起来移动得比较慢，而当太阳比较靠近时，移动就会变得较快了。喜帕恰斯还转向关注了月球的运动，对这一论题的研究他取得了同样的成功。

他通过比较迦勒底人不计其数最详细、正确的月食观察记录，从而确定月球公转的周期，相对于其他星球、太阳的交点(nodes)和远地点(apogee)。这些测定结果位居古代天文学最有价值的成果之列，因为它们证实了最最优秀的理论推演之一——月球平均运动的加速度——因此也成为牛顿引力定律真实性的最巧妙验证之一。他同样相当准确地估算出了月球的视差(parallax)。除此之外，他描绘了包含一千零八十颗星辰的一览表。在我们的纪元130年，托勒密(Ptolemy)(他被称为天文学家的王者)在亚历山大里亚炬赫一时，此人对于天文学做了难以估计的贡献。尽管他的天文体系被哥白尼的所替代，但他的功绩使其有资格得到全人类的敬重和仰慕。他的著作是天文日期(dates)和理论的瑰宝，而所有的文明国家都是从他的《至大论》(Almagest)中获得了最初关于天文学的知识。如我们考虑希腊数学和天文学的高度发展，我们对于这一事实感到非常惊讶：希腊人有着能想象到的最笨重、最笨拙的计数体系。他们没有使用我们现代的指代数字的方式——阿拉伯数字，而是使用他们的字母，他们字母表中的字母。因此，A指1，B指2，C指3，D指4，等等；I指10，K指20，L指30，U指90，等等，相应地300、400、500、600都用字母表中的一个字母来表示。简言之，我们只使用九个数字和零，就能够表达任何数字，而希腊人有超过四十个不同的字母和符号。用希腊数字相乘或相除是极其笨拙的。在这方面，婆罗门印度教徒远远走到了希腊人的前面。

我们通常所说的"阿拉伯数字"其实是印度数字；婆罗门哲学家们，尤其是阿耶波多（Arhia-Batta），使用这些数字要远早于阿拉伯人。相应地，婆罗门教徒在数字科学或者如现在所称呼的数论方面，以及方程式理论方面超越了希腊人。事实上，婆罗门教徒在这方面不仅超越了古代数学家，甚至超越了最高深的思想家。这一惊人的事实只是几年前才为人所知，它又是反驳所谓现代科学优越性的众多理由之一。

通过目前为止所说的这些，我试图为你们提供希腊科学的真正特征，这种理想的、纯粹客观和明达（philosophical）的科学，只关注理念之间彼此的关系，并不经常询问所有这些理念的实际应用是什么。

当然，在科学的许多部门——不是全部——我们当前了解的比希腊人曾经知道的多很多，我们的子孙也会比我们知道的多。不过依然还有一件事情是，我们，尤其是我们，这个时代的产物从来不能停止从亚里士多德、阿基米德、欧几里得、喜帕恰斯以及所有其他希腊思想家和科学家那里学习的——我指的是热爱，对真理的强烈热爱，无涉任何直接的用途、真理的任何实践应用。在我们所谓的实用年代，我们经常询问一个理念的实际应用。我们多少会倾向于嘲弄、怜悯这样的人，他们一生的时间都花在了普通之人会称为无用的理论、纯粹空想的事情上。但是，稍做思考就会向我们表明，这样的判断是多么狭隘和肤浅。我们现在都享受着电的极大用处，不过当斯瓦默丹（Swamerdam）、利希滕贝格（Lichtenberg）和伏特（Volta）起初研究电时，当他们毕生倾注于对电的无数实验和观察时，这些人做这一切抱有发明电报或电话的目的吗？他们可曾想过他们自己或任何其他人受益、物质上得到好处？他们想要、他们期待通过他们的实验和观察为自己致富？绝对没有。

我们还有斯瓦默丹、利希滕贝格、伏特男爵的私人信件和日记——我们能够清晰地看到，这些人从未想过把他们的研究转向物质效用。他们只是从事他们的探查，因为他们充满了对于真理的强烈热爱，那是思想家、真正思想家的唯一标志，将他与科学贩子、冒牌学者区分开来的唯一标志，后面这些人首先问的就是其中是否有利可图？如果伏特和利希滕贝格会更在乎钱而不是科学——我们没有人会享受电的恩赐。而电是自然唯一未知的力量吗？难道不能有上百的、上千的、上百万的类似力量，被恰当地研究之后会导致类似的有益结果吗？丝毫不用怀疑。不过，如果你想要即刻得到回报，如果你想要得到现金报酬，如果你想要避免孤独学者所有最初的辛劳——那你永不会是真理的情人，你就是一个纯粹的纨绔子弟、一个纯粹的花心大少——你最好离开所有的科学。希腊人是真正的、深刻的、投入的、热忱的爱好真理者，而非花花公子。他们从来不会询问其中有多少好处。当康农不懈地思索那今天承载着其高贵名字的曲线，瘦成了皮包骨时，他的一个公民同伴半嘲讽地问他，为什么他花了那么多的宝贵时间在这样抽象并且这样无用的一件事情上？这位哲学家极其鄙夷地看着询问者，回答说："我的生活只是沉思。"这样的公民同伴在希腊是极其常见的。他们经常用其关于线、面和数的用处这些常见问题骚扰阿波罗尼奥斯和阿基米德。

不可否认，在阿基米德的时代，他大多数的几何公理被证实完全没有用处，我的意思是，没有人能够将它们转向实践目的。但是，十三个世纪之后，科学在欧洲开始复兴的时候，变得越来越明显的是，科学和工艺中的最重要问题没有关于阿基米德和阿波罗尼奥斯公理的充分知识是不能解决的。那时，变得明显的是，这些公理，不是荒芜、抽象的真理，而是某些最有益工艺的伟大源泉，比如制造望远镜的工艺，所有种类的外科和科学器械，以及无数其他机械制造，尤其是船舶的伟大工艺。没有佩尔格的阿波罗尼奥斯或叙拉古的阿基米德两千二百年前倾尽其天才致力的公理，会有这宏伟的工艺吗？这些不计利益的希腊思想家奠定了此类工艺的基础，现在，如果我们在航海中比起五百年前感觉到更有把握，如果我们敢横渡最宽阔的大洋，如果我们能够提前预知天空中的诸多事情——所有这一切，我们首先归功于这些不切实际的思想家——古希腊的科学家。

罗马

Ⅰ 罗马——政治和社会制度

女士们、先生们：

我们现在的主题是罗马。这个词包含的不是一个城市、一个国家、一个共和国的历史，而是自我们的纪元以来所有城市、所有国家、所有共和国的历史。罗马是文明的基督教世界中几乎所有政治和宗教制度之滥觞、创造者。罗马是我们大多数家庭和社会制度的根源。

罗马是我们时代超过四亿人的立法者（lawgiver）。现代基督教国家操有的所有语言三分之二源自罗马。在曾经是整个欧洲、亚洲和非洲的军事和政治中心之后，罗马成为所有这些辽阔国家的精神中心，直到今天，她影响民众心灵与命运的力量是无边无垠的。

如此的影响力、如此的历史地位无出其右者。曾经有过宏大的城市，强有力的城市，伟大的政治、科学和艺术中心，比如巴比伦、尼尼微、北京、巴黎，但是它们的影响都只存在了一时、几百年的时间，在这一时之后，其他城市取而代之。而罗马从未有过堪与匹敌者。

可以说，罗马的所有伟大之处系于、寄于这一座城市。在希腊，几座城市轮流成为文明浪潮的伟大舵手。

在雅典，有伟大的哲学家，而在南意大利同样也有伟大的哲学家。毕达哥拉斯曾在克罗托内（Crotona）授业，芝诺（Zeno）和色诺芬（Xenophane）在埃里亚（Elea），阿基米德在西西里的叙拉古，赫拉克勒斯（Heraclitus）在小亚细亚的以弗所（Ephesus），宙克西斯（Zeuxis）在克罗顿（Croton），欧几里得和埃拉托色尼在埃及，德谟克利特（Democritos）在阿夫季拉（Abdera），诸如此类。但是，没有哪一个伟大的罗马作家、哲学家、法学家或政治家曾经在罗马之外的地方绽放光芒。

没有哪一个有着重要名头的罗马人不是罗马城的子嗣。他可能出生于这庞大帝国的其他部分；他可能曾经是一个西班牙人（hispanus），如哲学家塞涅卡（Seneca）、警句诗人马提雅尔（Martial）、诗人卢坎（Lucanus）、修辞学家昆体良（Quintilian），他们全都是西班牙人，或至少出生在西班牙，但是他们必须来到罗马，他们必须呼吸这座不朽之城的古典气息，他们必须由这座城市的精神食粮哺育和滋养，然后他们才能创生某些文学艺术作品，或者敏锐的思想。罗马有些伟大的法学家是腓尼基人，比如乌尔比安（Ulpianus）；或者有些是非洲人，比如阿非利加努斯（Africanus）；有些是希腊人，比如盖尤斯（Gajus）——但是，他们正是在罗马习得了解释法律关系的独一无二的技巧。

相应地，我们发现，在罗马文学中没有方言的歧异——这些作家从一个相同的中心延伸开来，因此，他们使用相同的习语——不像希腊作家，后者使用几种方言，伊奥尼亚的、阿提卡的、多里安的方言。在普劳图斯（Plautus）、西塞罗（Cicero）和格里乌斯（Bellius）的语言之间无疑有着巨大的差异，不过，这不是方言之间的差别，仅仅是风格的差异，是技巧的而不是实质上的差异。

因此，我们看到，罗马城是政治、文学、语言的绝对中心，是庞大帝国全部生活的绝对中心——一切依赖于这座城市，她是所有城市、所有大大小小的国家、所有的民族和人民的灵魂、大脑和心脏。

女士们、先生们，这是全部罗马历史的基点；这是在罗马直到今天的整个历史河流中重要、主要、首要的事实。

一座城市竟然获得了对百万人的命运如此无限的影响，这座城市的语言,这座城市的法律,这座城市的荒谬和错误竟然继续成为千千万万其他城市和国家的语言、法律、荒谬和错误——这是历史奇迹,这是罗马的奇观,同时也是罗马的魔力。这一魔力永不消逝。

在每一个国家都有伟大之人。在每个民族都有伟大的诗人和政治家,但是,罗马的魅力冠绝群芳。文明的基督教民族对于罗马和罗马制度的细枝末节付出了比他们自己国家的制度或伟大个体更多辛劳,投入了更多关注。在英格兰的所有学校,花在西塞罗身上的时间十倍于花在莎士比亚身上的;在德国公立学校,投入维吉尔的时间二十倍于席勒。

这一魅力、魔力从未消逝。天主教、耶稣会的最忠心拥趸拜倒在伟大的罗马异教徒的魅力面前,在他们的学校里,教授最优秀的拉丁语。教皇本人是古代异教罗马研究的最热忱支持者。在所有的新教国家,罗马研究是所有教育的根基。不过,我们对于罗马的强烈兴趣更多的依然是个人之举(personal cast)。

罗马历史的首要事实,即罗马城曾是一种无限权力和影响的独一无二的中心;这一奇迹般的事实对于历史学家、研究者来说足够了。除此之外,个人在罗马遇到了一种更为个体性的特征。如果在普遍历史中有一件事情,就其对于人类命运的强烈影响而言,超越了希腊和罗马,那就是基督教。

我会毫不犹豫地表明,基督教、基督教的起源和发展是欧洲历史独一无二的事件。就对于我们精神、心灵、我们的公共和私人生活的影响而言,没有什么可与其相比。

伊斯兰教对于整个亚洲民族的影响要逊色不少。基督教在科学、所有的艺术、行为举止、习俗、法律、所有事物中都留下了自己的印记。但是,如果我们不曾全面而确切地预先理解罗马制度,就永远不会理解基督教的兴起和进步。我想要你们明白,这是所有历史事件中最重要的。我的意思是,基督教的起源没能得到理解;即如果我们不首先了解罗马帝国的制度,它必然会被误解。因此,我关于罗马的讲演,也是关于基督教起源讲演的预备,这是我为什么花这么多时间讨论罗马的原因之一。

目前为止,我确定了两项主要原则——其一是全部罗马历史的统一性在于罗马城;其二是罗马对于理解全部欧洲和美国历史、基督教历史最伟大事件无与伦比的重要性。现在,我会继续讨论罗马制度。不过,如此讨论会极其无益,如果我们不先对我们参考资料的相对价值达成恰当共识的话。拿起三四本论罗马的不同著作,比如尼布尔(Niebuhr)、康沃尔·刘易斯(Cornwall Lewis)爵士、蒙森(Mommsen)和路德维希·兰格(Ludwig Lange)的。拜读这些论罗马元老院或者其他罗马制度的著作,你们会惊奇地发现,这些伟大的学者几乎在每个细节上彼此意见不一。他们都引用拉丁语作家,看起来都掌握了令人满意的相关主题的知识,都为你们提供了非常合理的论证,于是,你就自然而然地陷入了选择引路者的真正窘境中。你会追随尼布尔、蒙森,还是兰格?不过,可能你会认为,更为有益的是研究罗马作家本人,而不是论述这些作家的德国、英国、法国注解。非常不错。你会得知,论述王政时期以及共和最初三个世纪的古代作家主要是李维(Livy)和哈利卡纳苏斯的狄奥尼西奥斯(Dionysius of Halicarnassus)。你捧起李维的书开始阅读,但是,当你明白,尽管你懂拉丁文,却无法理解这位优雅的历史学家时,你几乎无法读到第二页。你会看到,比如非常简单的词"patres"——元老(the fathers)。嗯,当然你从不会怀疑 patres 意指元老。但是不幸的是,李维看起来用 patres 指的不是一般而言的元老,而是罗马贵族(patricians)、贵族阶层;同样,在其他篇章中,显然 patres 不可能意指整个贵族阶层,它必然意指的是其他内容,可能是元老院议员(Senators)。你现在该做什么呢? 或许,狄奥尼西奥斯会有所裨益。但是狄奥尼西奥斯用希腊语写作,他将拉丁字词转换成希腊词汇,他的作品并不能总是作为对某种见解的关键证据。或许你会发现,有些人提到了西塞罗(Cicero)或塔西佗(Tacitus)或波利比乌斯(Polybius)。而你会非常频繁地发现——很不幸西塞罗与塔西佗相互抵触,塔西佗与波利比乌斯意见相左。这样,你不得不寻求假设以摆脱困境。一项假设不会必然背离事实;我的意思是假设和事实并不是相对的。从来没有这样的事情:关注一项事实而不同时使用假设。我明白,在日常生活中,我们说:这是一项事实,与此相对,这是一项纯粹的假设。不过,这仅仅是言谈的习惯。事实上,我们所有的思考都借助于假设来进行,伟大的思想家都是触及正确假设的人——没有假设我们谁都寸步难行。因此,将这一点适用于我们正在讨论的问题:在尝试解释某种罗马制度时,我会频繁地使用假设,不仅如此,还会持续不断地使用;也就是某种设想。有时这一设想取自于尼布尔,有时候取自于蒙森,或者胡施克(Huschke),或者卢比诺(Rubino);我会一直细致地交代我的文献来源。有时,我会使用我自己的一项假设。因此,你无须惊奇,我经常与一般在罗马史中所教导的不一致。因此,其他暂且不提,我最基本的原则之一是:古代罗马人既不是野蛮人,不是未开化之人,也不是离奇、怪诞或古怪之人。他们和我们一样,他们感受,他们思考,他们受苦,正如我们感受、思考和受苦一样。这一非常简单的观察一直被绝大多数的历史学家所忽视。忽视这一简单观察的后果是,难以置信的诸多学问弃而不用了。像托马斯·巴克尔(Thomas Buckle)这样有着超凡心灵禀赋的人,说罗马人是一个粗野、半野蛮的民族,他认为原因是他们对女性严重地不公正,他们将女性置于习惯性的监护(tutelage)中;女性不过是她们的傲慢夫君或者父亲的奴隶。嗯,我并不否认,在罗马,女人就法律而言,被视为如同孩子一般,就像是不听话的孩子。

罗马法学家使用了最不和善的字眼,痴愚的女性(imbecillitas sexus)、脆弱的女人,就像称呼的那样,他们将女性置于监护、未成年人的地位中。但是,这证明罗马人就是野蛮人吗?我知道,许多人,更多地主要是很多女性历史学家,大胆地宣称,文明的程度可以由和善对待女性以及女性的高等社会地位来衡量。女性得到的尊重越多,文明就发展得越高级。不过,如果事实真是如此的话,那么我们必须将荣誉献给古代德意志人,裹着兽皮、生活在图林根(Thruingia)或黑森(Hesse)森林中,他们对女性有着极高的尊重。女人被认为是半神圣的存在,她不会为她未来的丈夫带来嫁妆,而是接受足够的结婚礼物。至少，这是在塔西佗鼎鼎大名的著作《日耳曼尼亚志》(*De Moribus Germaniae*)中所记载的他们的德性。

另一方面，对待女性，美国法是极端严酷的，没有比此更甚者。美国法看起来遵循了哈姆雷特的感叹："女人啊，你的名字是弱者！"这恰是罗马法学家的口吻。听一听这个国家[①]最伟大的法学家之一的论断很有趣：

> 不过，当一名女子结婚时，我们称她的状况为已婚妇女(coverture)，并将其作为已婚女子(feme covert)来谈论。老一辈作家称丈夫为郎君(baron)，有时候用直白的英国话称为老爷(Lord)。事实上，现在情况完全变了。她的名字并进她丈夫的名字象征着她所有法律权利的消失。这种理论是婚姻使得丈夫和妻子成为一个人，而那个人就是丈夫。他是实质性的，而她是附属性的。简言之，几乎没有一项任何类型的法律行为是她有资格作为的。如此这般剥夺妻子法律权利的普通理由是，可能存在着当事人之间不可解除的利益联合体。换言之，唯恐妻子可能有时候倾向主张权利，反对她的丈夫，法律仁慈地剥夺了她的权利。对于这种学说得以辩护的理由，我必须为你提到某些参考著作。我的职责是表明法律是什么，而不是评判它。

还能有什么比这些法律言辞更可耻、更严酷的吗？还能有什么比美国普通法中的这些尖刻之语更加贬低女性的尊严和高等地位吗？嗯，那么，这些法律形式对于美国妇女的真实地位有任何影响吗？女性不是享有所有的社会和家庭权利，她们不是受到每个人的尊重和敬仰吗？绝对是的。这里，从法律论断中推导出社会特权是愚笨的、没有价值的。

罗马法学家或许曾经给他们的法律命题包裹上了如此令一名

---

① 作者是在美国讲演，这里意指美国。

女性刺耳的措辞——这些命题只涉及法律,它们几乎对社会生活没有丝毫影响。罗马已婚女性(matrons)与美国夫人(lady)享有同样的社会权利。因此,由于他们的法学家使用了关于女性法律地位(legal standing)的粗野言辞就将罗马人称为野蛮人纯粹是荒唐可笑的,你在美国和英国的法律著作中也会发现这些粗野的言辞。

不过,还是回到我的主旨。我们关于罗马的资料来源有着非常不可靠的特征,造成这一点的主要原因是,它们都是在罗马建立之后很多世纪才撰述的。现存最古老的拉丁铭文可追溯到我们纪元之前的第三个世纪,而罗马的建立则要回溯到我们纪元之前的第八个世纪。古代罗马的伟大历史学家李维在奥古斯都时代撰述,即罗马建立之后八百年,第欧根尼(Duiogenes)大致是在相同的时间。不过,尽管缺乏这种同时代作家的直接文献,我们能够通过在较晚世纪中的观察和研究来恰当地评判罗马的第一个世纪。这是罗马历史的最令人瞩目的特征之一。它贯穿于那同一模型的全部发展历程中,它几乎没有改变其外在的样子。在寻常的著作中,你会发现罗马历史包含了三个大的时段:王政时期(从公元前757年到前510年)、共和时期(从公元前510年到奥古斯都时代)以及直到罗马帝国衰落的君主时代。但是,罗马历史的这种划分是极为表面的。所谓的罗马诸王(kings)就不是国王,所谓的共和国(republic)也不是共和国,君主(emperors)一点也不像现代的君主。把"rex"(勒克斯)这个表达罗慕路斯(Romulus)或者图鲁斯·霍斯提里乌斯(Tullus Hostilius)之荣耀的拉丁词语翻译成我们英语中的"king"(国王),是完全错误的。

罗慕路斯不是国王,图鲁斯·霍斯提里乌斯也不是,塞尔维乌斯·图利乌斯(Servius Tallius)也不是;他们是罗马共和国(commonwealth)的主要政务官(magistracies)之一。我说之一,因为还有其他的政务官,唯一的区别在于,他们是终身选任的。公元前510年,当所谓的共和国(Republic)建立时,没有什么可见的变化被引入——一切保持如从前。它能够被这关键事实非常容易地证实:罗马宪制的灵魂,我指的是他们的百人团会议和部族会议

（comitia centuriata and tributa），他们的立法机构，不是共和（republican）的产物，而是王政（regal）的产物，它是由勒克斯塞尔维乌斯·图利乌斯（Servius Tullius）建立的，保持长达八或九个世纪。你会在李维那里发现，对于王政制度和共和制度之间差异被极为精细地阐述——但是，这些阐释并不反映罗马最初三或四个世纪的精神，它们是奥古斯都时代的一个罗马人的思考。在现代，我们在法兰西这里碰到了极其类似的情形。法兰西一般被称为共和国（Republic）。但是，法兰西不像共和国更甚于美利坚不像君主国。在法兰西，所有事情都是由最高总部（top head-quarters）来处置的。法兰西人民并不选举其法官（judges），也不选举其治安官（sheriffs）或者审计官（auditors），或者郡委员（county-commisioners），或者校董事会（school-boards），或者地方长官（provincial governors）。所有这些官员必须由巴黎政府来定期任命。

　　法兰西的教士从国库中获得报酬——没有私人的会众机构（school congregations），没有任何民主影响。民众的唯一权利大体上就是选举立法机构成员的权利。由此，事实上在共和的法兰西和君主的德意志之间没有任何本质性的差异，除了国家首脑之外，法兰西的首脑被称为总统，德意志的被称为君主。如果某时法兰西可能恢复到诸多君主式篡权者之一的状态，不会发生大的改变。只是替换了总统先生（Monsieur le President），旧体制的首脑被称为陛下（Majesté l'Empereur）。顺便指出，那是因为这一引人注目的事实，即在法兰西，政府的变化发生得轻而易举——在不到百年的历程中，法兰西有四次是共和国，两次是帝国，两次是王国。

　　古代罗马共和国（Republic）有着民主根基，这一点是完全真实的，不过只是就法律而言、就理论而言。事实上，它远非民主的，因此，它与王政时期的差异极小。我会在后面关于罗马的其他讲演中，讨论所有的要点。现在，我只想陈述历史事实，即在罗马文明的发展中只存在两个大的时期：一是君主（the Emperors）之前的时期；二是君主时期。这两个时期本质上具备相同的特征，帝国罗马中所有伟大之处的根基，在公元前5或6世纪就已经奠定了。我说它们有着本质上相同的特征,更多的是特指时代的德性(morals)。下面这一点是几乎所有历史学家最大程度上抱有的主张之一：颂扬共和罗马的德性,而谴责帝国罗马的罪恶。在共和时期,经常会说到,一切都是荣耀的,女人是贞洁的,男人是勇敢的、谦逊的、有德的、自我奉献的。在君主时代,女人因为各种下贱的放荡堕落了,而男人是浪荡子、荒淫的罪恶之徒,沉溺于卑劣的恶行——谎话连篇、卑鄙贪婪——简言之,那个时期的世界陷入了异教的邪恶深潭中。这是普遍的看法,这是你会在成百上千的关于罗马历史的著作中会遇到的主张,在学者的作品中,还有在神学家、传奇作家(romancers)、政治家和哲学家的作品中。现在,女士们、先生们,我最热忱地请求,站在我这边,不要相信他们的论断。这些可憎论断的真正根基不会比一根发丝更宽一些。比如,哥尼斯堡(Konigsberg)的弗里兰德(Friedlander)教授众所皆知的作品《罗马帝国早期的生活和习俗》(*Darstellungen aus der Sittengeschichte Rom's*)。这部作品被翻译为十种不同的语言,被认为是关于罗马文明史的主要权威之一。在那里,你会发现最令人震惊的故事,是关于提比略(Tiberius)或尼禄(Nero)或图密善(Domitianus)时代的罗马淑女和绅士的不道德私人生活。那些故事会让你血液凝固,你绝不会相信这样的事情是可能的。你绝不相信,或许你绝不会让自己相信,整个民族(请注意要点——整个民族,不是少数不法个体),整个民族都被如此令人发指的罪恶之无法消除的污点浸染了。不过,这位教授引用了他的权威,他看起来对他的论断提出了充分的证据。在那一系列名单中(under the line),充斥着几位拉丁作者的名字。这些值得信任的权威都是谁呢？马提亚尔(Martial),一位专业的讽刺诗人；尤维纳利斯(Juvenal),一位专业的讽刺作家；普罗佩提乌斯(Propertius),一位阴郁不定、病态的诗人；塔西佗(Tacitus),一位令人困惑的(baffled)政治家。这些人就是做出判词裁定整个民族有罪的审判官吗？这些作家能被认为完全摆脱了偏见、不偏不倚吗？为了写就一句有趣的诗行,为了成就其讽刺诗人的名头,一个幽默作家会牺牲他自己的姐妹。为了给其强有力的讽刺必要的收尾，一个讽刺诗人会使用最为浓重的黑色，最搅乱人心的暗色。我们会通过亚历山大·蒲柏（Alexander Pope）或约翰逊（Johnson）的讽刺作品评判18世纪的英格兰吗？我们会通过马克·吐温（Mark Twain）的诙谐形象或者佩克的淘气鬼（Peck's bad boy）①来评判科学吗？我们会通过民主分子的诋毁来评判共和国的特征吗？反过来也会这样吗？一篇有着各种难以形容的错误的马提亚尔讽刺诗足以控诉罗马的高贵夫人吗？荒谬！马提亚尔、尤维纳利斯和普罗佩提乌斯写下了非常好的诗篇，但又是非常糟糕的历史。还是考察一下这些教导者的另外一项理由吧：

> 罗马人没有报纸。也就是说，在那个时候，报纸的发展非常低端，我们可以恰当地说，他们几乎没有任何报纸。因此，公共桥梁、墓碑、廊柱以及类似的被用作宣示公共事务的工具，这些事务用其他方式无法传递至普通公众。因此，意大利一座城市的墓碑到处刻写着各种各样的铭文。庞贝古城的屋舍大多依然存在，满眼皆是不计其数的各类铭文，即如意大利的学者所称呼的涂鸦。这些涂鸦和类似的铭文触及罗马生活的每个方面。它们泄露了最隐秘的私人生活记录，它们诉说着爱恨、嫉妒、冒险、轰动事件，一切一切。简言之，这些铭文替代了我们的报纸。

不过，这是它们的真实特征吗？任何有理智之人会将思想大厦的根基建立在纯粹的新闻报道上？一些嬉闹的孩童随意涂写的这些涂鸦能成为一位历史学家的严肃理由？这样的资料来源能被用作如此泛滥地充斥于帝国罗马的那些经典作家的头脑中压倒性放荡指控的根据吗？无稽之谈。

---

① 19世纪美国小说家乔治·W. 佩克（George W. Peck）笔下的角色，后用以代指爱做恶作剧、捣蛋的人。

我再说一次,帝国罗马,图拉真(Trajan)、提图斯(Titus),甚至图密善时代的罗马与卡米拉斯(Camillus)或雷古鲁斯(Regulus)时代的罗马一样地好,也一样地坏。这些例外的怪物,像尼禄或黑利阿加巴鲁斯(Heliogabalus)是极其例外的,因此,他们只能用以证实某种普遍性。我会在另外一次讲演中相当程度上扩展这一主要的问题,因为它对于另一个大问题有着最重大的影响。现在,这些评论只是用来阐释罗马历史的这些基本原则,没有它们就不会有这一历史的真正知识。你必须首先对于整个主题采取一个正确的视角,你必须首先将自己放在一个适当的角度上、放在正确的立场上,接着你就可以读李维、狄奥尼西奥斯、波利比乌斯,或者任何现代的学者。迄今为止,这些原则中我提到了一些。我说过,整个罗马文明的统一在于那一个城市,进一步在于罗马民族关于德性以及罗马全史的统一模型的一般特征。不过,还有另外一项基本原则,毋宁是一项普遍事实,在进入罗马文明的细节之前必须仔细地界定和探讨。这是一项重大事实,最重大的事实,遍及罗马的整个构造,政治制度,还有社会制度,军事组织,还有宗教组织。我在讨论希腊的时候提及过这一普遍事实。我尝试对其深远的影响提供详细生动的描绘——只因为这一项事实的分量如此重大,因此我必须一再地重新对其进行详细的论述,并且阐明其尽可能多变的运行方式(working)。我指的是这一普遍事实,罗马是一座城市,不是乡野、田地。事实上,甚至在这些时候,即当罗马帝国囊括了巨大的乡野延伸之地时,当它包含了路西塔尼亚(Lusitania)、西班牙(Hispania)、高卢(Gallia)、大不列颠(Brittannia)、比利时(Belgica)、莱提亚(Rhetia)、诺里库姆(Noricum)、意大利(Italia)、伊利里亚(Illyria)、亚加亚(Achaia)、马其顿(Macedonia)、色雷斯(Thracia)、小亚细亚(Asia Minor)、叙利亚(Syria)、亚述(Assyria)、埃及(Egypt)、利比亚(Lybia)、毛里塔尼亚(Mauritania)时,即使在这时,除了罗马城之外,什么都没有。以北美洲的巨大联合为例,在美利坚,有着巨大的、富庶的、重要的城市。但是,它们不能赋予自身特别的公民权(citizenship)。你不可能是纽约或芝加哥或辛辛那提之自主权（freedom）的领受者。在这个国家只有一种公民权，公民权与一座城市毫无关系，这个国家的公民是美利坚的公民，而不是一座城市的公民。在美国没有诸如州公民权（state-citizenship），更没有城市公民权（city-citizenship），只有一个国家公民权（national citizenship）。另一方面，在欧洲，存在着国家公民权和城市公民权。然而，在古代罗马，只有城市公民权，没有国家或州公民权。当某个人来自俾斯尼亚（Bythinia）或者巴勒斯坦（Palestine）时，比如当众人皆知的历史学家约瑟夫斯（Josephus）成为罗马公民时，他不是成为罗马帝国的公民，就像我们说美利坚的公民一样，他是成为罗马的公民，罗马城的，一个罗马公民（civis Romanus），就像是纽约城的公民一样，而非美利坚的公民。这是提纲挈领之要义。事实上，它是所有古典时期的要领。

如果我被要求用寥寥几句指明希腊和罗马文明与中世纪或现代文明的差异，我会简单地说：希腊和罗马文明是完全地生活在城市之民族的文明；中世纪和现代欧洲主要是同时生活在城市和田野、村庄、村落、城堡、公地、氏族等之民族的文明。

美利坚合众国展示了一个城市民族（city-people）的文明，生活在田野中的农夫的数量也未改变这一论断，他们是城市民族。比起像城市民族一样思考，他们更多地像城市民族一样穿衣，像城市民族一样生活，他们并不是像欧洲的乡村居民一样与城市居民本质上不同。因此，正是美利坚的文明有许多特征类似于、等同于古典时代的希腊和罗马。这是为什么研究这些古典民族引起了这个共和国每个公民强烈兴趣的众多理由之一。在我们日报上争论不休的这些问题相当一部分也是在罗马讨论的主题。他们之前就有这些棘手的问题：委员会制度，对民众负责或者服从上级机构，法官的选举或任命，节约法、宅地法问题，等等。

我会详尽地讨论所有这些要点，时常拿它们与现代制度相比较，因为只有通过这样的比较，人们才真正能够理解这些制度。在罗马历史中还有另外一点、另外一项普遍事实，在进入我们的主题细节之前需要被思考和论述。不过，我很抱歉地说，关于不同寻常的这一点,我不了解任何有价值的东西。我的无知,这不是因为我的懒惰,我已呕心沥血搜集关于这一点的若干信息;它是因为我的权威的无知。我指的是普遍事实——罗马军队无与伦比的优越性。为什么这一城市的军队整体上近似于无法战胜,我不知道原因。那不可能更多地是因为个人勇敢,因为萨谟奈人(Samnites)、马西人(Marsi)、翁布里人(Umbri)、皮切尼人(Piceni)同样勇敢。这一事实必然存在着某些其他的原因,某种军事的理由——不过,我抱歉地说,迄今为止,没有人曾经探查这一重要的问题,因此,我只能陈述这令人吃惊的事实,即罗马人尽管被击败了很多次,总体上被证实是不可战胜的。但是,我不能阐释这一事实。在对罗马制度的讨论中,我会多多少少按照纪年顺序进行;也就是说,我会首先处理更古老的时代,接着才是比较近的时代。但是,这样一种对于制度的纪年式处理绝不是必须的。对于编年史作者或者纪年表编者而言,根据年代序列安排他的故事是职责所在。真正的历史学家关注的只是事件的缘由,而这些缘由有时候源于不同的时代。首先——罗马最古老的历史。我们在维吉尔优美的诗篇中、在李维和狄奥尼西奥斯迷人的描述中读到过它。那里我们知道了埃涅阿斯(Aeneas),他逃离了特洛伊及狄多(Dido)的爱恋,抵达了拉丁姆(Latium)海岸,成为这个国家的国王。我们读到了罗慕路斯(Romulus)和雷穆斯(Remus)的故事,他们奇迹般的保姆、罗马的建立、雷穆斯的谋杀、罗慕路斯独掌权位、抢夺萨宾妇女以及罗慕路斯的暴毙。我们读到了智慧且虔诚的努玛(Numa)、凶残的图鲁斯·霍斯提里乌斯(Tullus Hortilus)、审慎的安库斯·马基乌斯(Ancus Martius)。我们读到了与比邻城镇民众长期的摩擦,与坎尼尼亚人(Caeninians)、费德奈人(Fidenates)、奥尔本斯人(Albans)的。所有这些美妙的、有时打动人的故事,一个世纪接着一个世纪地传到了天真听信者渴望聆听的耳朵中,当某些学者最初开始怀疑这些故事的可信性时,它简直是极其轰动性的。正是一个意大利人乔万尼·巴蒂斯塔·维柯(Giovanno Battista Vico)和一位法国人波弗特(Beaufort)最初表示了对于这些故事真实度的些许怀疑,不过，对于这些古老记述的纯粹神秘特征提供无可辩驳的证据，这是一位德国学者尼布尔（Niebuhr）不朽的功绩。他证实了埃涅阿斯及其特洛伊的追随者，关于伊万德（Evander）和他的阿卡迪亚人（Arcadians）在信史中没有位置，这在今天也得到了普遍认可。也就是说，罗马最初的四位王，罗慕路斯、努玛（Numa P.）、图鲁斯·霍斯提里乌斯、安库斯·马基乌斯也不是真实的历史人物。他们或许存活，不过就我们对他们所了解的全部而言，我们没有资格说他们曾经存活。我们对于最后三位王有好很多的了解，关于塔克文（Tarquinius Pr.）、塞尔维乌斯·图利乌斯和塔克文·苏佩布（Tarquinius Superbus）。毫无疑问他们存活过；他们是"reges"，或者如我们所称呼的，罗马国王，最有可能是伊特鲁里亚人（Etruscans）或者是伊特鲁里亚血统，因为塔克文这个名字是纯粹伊特鲁里亚人的。不过，尽管尼布尔的大厦梁柱经受住了后来所有的批判，依然还有相当重要的一处，他是错误的。尼布尔教导我们说，关于埃涅阿斯、努米托（Numitor）、阿卡·劳伦缇雅（Acca Larentia）、罗慕路斯、雷穆斯等等，都是源于普通民谣，一代一代口头流传下来。但康沃尔·刘易斯爵士（Cornwall Lewis）成功地从根本上反驳了这一理论。他表明，甚至是在公元前 9 和 10 世纪，在意大利的人群就拥有着比尼布尔猜测的更多评判和批评精神，在意大利的现代发掘物与在希腊一样，毫无疑问地表明了这一点：在意大利，不同人群的文明有着非常久远的年代。在想象的罗慕路斯时代，拉丁姆或者意大利的中心地区居住着同种的人群。

关于罗马是违法之徒的庇护所、其他城市渣滓的避难地这样的故事缺乏丝毫的可信度。此类故事与这种观念相当，即拉丁语言是一种混合语言，是奥斯肯语（Oscan）、塞贝里语（Sabellian）、伊特鲁里亚语及其他语言的一种复合语。不过，这一理论已经被完全抛弃了；我们现在知道，拉丁姆的语言正如拉丁姆人本身一样，有着清一色的风格、独立的起源。

罗马城的起源，正如埃纽斯（Ennius）所称呼的罗马方城（Roma quadrata），必定出现在公元前 9 世纪。这一古城巨大城墙的某些遗址依然还保存着,其工艺的完整特征展示着令人肃然起敬的神圣久远。李维和狄奥尼西奥斯讨论了很多被认为是罗马人主要构成因素的三个部族。这些部族的名字是:罗慕奈斯(Ramnes)、梯提埃斯(Tities)和卢凯列斯(Luceres)。我们关于这些部族的信息非常缺乏,不过在德国学者的著作中,你会发现关于这些部族之特征、构成和影响没完没了的讨论。

普赫塔(Puchta),德国典籍研究(book lore)的伟大人物之一,会告诉你,罗慕奈斯是市民法(jus civile)、罗马普通法的创造者,梯提埃斯(Tities)源于萨宾人(Sabine),是一位英格兰法学家会称之为衡平法的创造者。另外一位伟大学者哥特林(Goettlling)密切地关注着伊特鲁里亚人、萨宾人或奥尔本斯人种族特征的影响。

某些罗马制度,比如农神祭祀团(the fraters arval),他会追溯到萨宾人的种族特征;其他的,比如 jus fetiale,现在会将其称为国际法,他会立刻追溯到伊特鲁里亚人的种族特征。不过,凭借的是什么权威,什么样的最初铭文,或者可靠的文献,导致他得出如此大胆的结论,我并不知道。那投其所好,这就是全部。那么很自然的是,蒙森碰巧在口味上与哥特林或普赫塔不同,将哥特林选择归因于萨宾人影响的东西归因于伊特鲁里亚人的种族特征。

在这个国家①你会发现类似的事情。这个共和国的国父以及更多的、尤其是这些伟大且仁慈地表述了美利坚宪法的人,毫无疑问受到了那些革命理念的影响,那是法国的百科全书派所宣扬的,是爱尔维修(Helvetius)、狄德罗(Diderot)、伏尔泰(Voltaire)、卢梭(Rousseau)等等之人宣扬的。这一事实的真实性无可怀疑。但是,仅仅这一点就足以证实这个国家的宪法主要是法国式的吗?绝非如此。这个国家的宪法是这个国家的成长,其与法国哲学的某些理念相一致只能证实,美国人和法国人一样抱有相同的理由,没有更多的了。而这正与罗马人的情形相同。

毫无疑问,罗马人的某些制度与伊特鲁里亚人或萨宾人的制度

①　指美国,作者的演讲是在美国完成的。

相似。比如，非常有可能的是，占卜的神秘技艺与伊特鲁里亚城邦奇人异士的相应技艺是相同的。但是，仅仅这一事实并不能证实罗马的占卜师（augurs）和祭司团（haruspices）的秘学就是源自伊特鲁里亚。

吸收其他族群习俗的行为并不是一项纯粹的机械行为，它不像是拿来一块木料或钱币。它是一种内在的接纳，有机的吸收，而且如果被拿来之物不能完全地适合且适应接受民族的状况，整个行为就会完全失败，这个民族也永不会得享惠泽。另一方面，一个民族总是知晓如何满足其需求，不会被迫去寻求其他民族的建言。假定杰斐逊（Jefferson）或麦迪逊（Madison）不曾听闻法国百科全书派，你会认为美利坚的宪法因此就变得略逊一筹吗？绝然不会。

一个民族的需求总会诱使产生恰当的制具（vehicles）。因此，我们必须让自己习惯于将罗马看作是一个一致的、原初的社群。罗马人创造了他们的文明，没有借助他人的帮助，也没有受到任何人的侵扰。他们之中不存在种族差异。这主要适用于众人皆知的在贵族（patrician）与平民（plebeji）之间的对比。关于这个问题：谁是、什么是平民——著述已然汗牛充栋了。自从塞尔维乌斯·图利乌斯时代以来，我们经常读到贵族和平民之间的抗争——整个罗马国内史（inner history）就是由这些抗争的记述构成的——这些抗争从来都不是血腥的，尽管有时候双方都激起了最凶残的激情。不过，我们在李维、狄奥尼西奥斯或波利比乌斯那里寻求对于这些平民之本性的清晰阐述，却是徒劳无功。他们是外来的移民吗？或者是受奴役的农民？或者是地产保有人？或者是平民？或者是客民（clients）？真是不可思议，这么多不同的理论一直致力于回答这些问题。我会提到尼布尔的理论，因为它在历史学家中间得到了广泛的接受，也因为它最适于证实我的观点。尼布尔说，平民是与贵族完全不同的一个族群，因此，贵族轻视他们，拒绝给他们完整的公民权。这里我们又见到了。在我讲演的系列中，我不得不频繁地抱怨通过简单地归因于种族特征来解决所有事情的幼稚行为。这里又是此类事例之一。由于不知道如何阐释贵族和平民之间无法否认的差异，尼布尔诉诸种族特征的解围之神（deus ex machine）。作为一个不同族群的贵族必然敌视平民。至少这是尼布尔的理论。不过，这里论证的说服力何在？一个种族总是会憎恨另一个种族吗？种族之间没有友好交流这样的事情吗？或者，将这一论证颠倒过来，人们不是曾臣服于他们自己的种族成员吗？德意志的贵族在种族上不同于德意志的农民吗？英格兰的贵族在种族上不同于中世纪英格兰的佃农吗？丝毫不是。因此，完全没有必要预设两个族群之间的敌意一定得有种族差异在先。罗马的贵族（patrician）和平民（plebian）之间肯定是存在着敌意的，而且，毫无疑问，贵族自认为自己较高贵、更优秀——时至今日，"平民"（plebian）一词还是带着点儿劣等、低微的意味。不过，这样的词义对于历史学家没有任何价值。它们仅仅是憎恶的表达，而憎恶是不明智的。事实是，在欧洲几乎所有的城市，我们都会发现这两类族群，可以说是平民（commoners；Buerger）和贵族（nobles；Herrenleute）。我们在希腊也遇到同样的情形，在雅典贵族被称为"eupatridae"，在斯巴达平民被称为"periokoi"，在西西里、阿尔戈斯被称为"likeursi"。对于一个美国人来说，很难描述同一个州、同一个城市的公民之间有着如此武断的区分。不过，这样的区分在所有历史之中都是惯常情形。在所有的国家、所有的城邦（states），存在着两个或三个不同的阶层群体——一个更为高贵、更为强大、更为富裕——另一个更为贫穷且更没有影响力。美利坚的阶层秩序（order of things）完全是例外，我意指的是这一事实，即所有公民都享有同等份额的特权，相同的权利。

不要让"共和国"（republic）这个词欺骗我们。古代的共和国完全是贵族制的，所有欧洲的共和国也是。比如，在瑞士，存在着强有力的贵族公民族群，找不到美国权利平等的踪迹。在罗马，贵族是国家的真正代理人，他们拥有所有的权力、所有的影响力，还有，如我们稍后看到的，贵族是国家真正的立法者。对于罗马政治体中的这两种因素只有一个解释。贵族是罗马城最初的居民。一个城市在那个时代，如我在之前的讲演中所证实的，只是一处避难之地。一个人不得不居住在城市,否则他会暴露在所有邻邦之人的洗劫式掠夺危险中。不过,当新来者想要被收留在罗马城的保护性区域(the protecting precincts)时,他们不得不满足于较低份额的政治权利。更早的罗马居民不情愿将他们的权力分割给异邦人,这些异邦人又没有其他机会和平地生活或处于有效的保护之下。如果一个美国城市较早的居民主张类似的特权,较晚的居民只有离开那座城市,聚集在另一个城市之中——在这个国家,数百万的人有着自由的活动空间。但在古代意大利并非如此。就我们的文字记录所及范围而言,我们经常听到无数的城市和城镇。早在公元前12世纪时,在意大利至少必然有五百个不同的城镇。事实既然如此(this being the state of things),在同一城镇,两个或者三个阶层(orders of people)的兴起,其中一个地位较高,另一个地位较低,这不过是纯粹的事务进程而已。我非常清楚,这样的一个假定在德意志被接受是极不情愿的。因为,在德意志有这样一个既定的习惯,通过罗马或希腊作家的明晰论断来证明所有之事。

我的意思是说,当有些人试图通过推测或者假定来解释一项历史事实时,德国学者会要求拉丁或希腊作者清晰且明确的章句,通过它们来充分地证实上述假定。但是,这样的一项要求是极其不恰当的;不止如此,它还是完全错误的。因为,拉丁作者甚至不曾想到那么多的关于他们自己历史的问题会引起我们最强烈的好奇心。

一个民族很少会深思自己的制度,即使这种情形发生了,这个民族的成员也很少会细究习惯之事的缘由。比如,我敢说,没有美国人曾经让这一点成为他的思考内容,即细究美国人的一项普遍习惯的原因——咀嚼烟草。一个美国人这样说就可以解决整个问题:"这是一项习惯。"或许他还会补充,"一项令人讨厌的习惯";或者,他会反驳说:"人们为什么吸烟?"

另一方面,一位外来者会对于这一习惯十分惊异,他试图寻找这一习惯的原因,以多少令人满意的方式来解释它,不过,这一事实的通常解释,即这是一项纯粹的习惯,他会坚决弃绝。这正是罗马制度许多问题的情形。罗马人自己从来不会探究他们制度的终极原因，或者，如果他们这样做了，他们将其归因于他们自己的智慧、他们自己的天才。当然，这是解释制度的最轻松方式。

李维不断地提到平民和贵族，但是从来都没有发现他要探究这两个阶层的缘由。他将这两个阶层的存在视为理所当然，它们构成了罗马国家的要素，它们之间的争斗是国家生长的重要部分。他从来没有解释过这两个阶层的存在，他从未想过要解释它。狄奥尼西奥斯、波利比乌斯或塔西佗也没有。只有外来者，我指的是现代研究者，他们不愿意将所有这些事物当成理所当然的，他们对于它们感到极其惊讶。

柏拉图说过，令人惊异是知识的开始。因此，显而易见的是，没有罗马作者直接且明确的章句能够被引证来支撑我的假设。但是，这对于假设的价值有丝毫的贬损吗？一点也没有。谈到这些直接且明确的章句，一位伟大的美国作者，刘易斯·摩尔根（Lewis Morgan）先生持有同样的立场。我在第一次讲演中提到过已故的摩尔根先生。我说过，他为信史做出了相当大的贡献，他成功地奠定了我们的家庭制度历史的基础。

与这一制度相关，他对氏族（gens）的起源做了非常广泛的探究。Gens 是一个罗马、拉丁词，最初意指一项罗马制度。罗马贵族家族合成几个氏族，由此，一个氏族包含了十到十五个，有时是五十个不同的家族。所有的这些家族都有一个共同的名字，即表示氏族的第二个名字（nomen gentilicium），比如西塞罗的第二个名字是图留斯（Tullius），恺撒的第二个名字是尤里乌斯（Julius）。

一个氏族的成员联合在一起凭借的既是法律纽带，也是血缘纽带。他们必须彼此支付赎金，他们必须加入共同的崇拜，他们必须为自己的女儿承担嫁妆，他们被赋予了某些继承权、监护权，有资格在一块共同的墓地入葬。整个氏族只是由父系之人（agnates）构成的。这个词意指的只是男性的亲属。女性的亲属，比如儿女的舅父或者外祖父不会是氏族成员。

氏族，氏族的起源、意义和衰落是罗马史最困难的问题之一。

关于这一点，我们在罗马作家那里，发现的信息少得可怜。他们从没有想起要调查这一制度的原因，他们只是将这当做理所当然的，即一位贵族以及稍晚地还有平民，都属于其自然的家庭，我指的是他的父母亲，也属于人为的家族，属于氏族。西塞罗提到过这一点，格里乌斯(Gellius)和某些法学家也提到过。但是，他们从未想过要给这一制度的源起提供一种历史论断。然而，对于现代的研究者，一个氏族是一件非常奇特的事情。事实上，我们几乎不能理解，为什么我的外祖父就应该比我的祖父与我有更少亲属关系。我们没有理解，为什么我没有使用我的父亲家庭的名氏，而接受了远房亲戚的名氏；为什么疏远的堂兄弟应该比我们自己母亲的兄弟拥有更多的权利和特权。

因此，现代研究者努力解决这一难题，并阐释这一制度。但是，这些现代研究者却在罗马和希腊作者那里寻找解释性章句；他们修改文本，他们歪曲并且误解这些词句的含义，都属徒劳。最终，摩尔根先生发现了这一难题的某些线索。他没有向这个问题发起直接攻击，他首先研究了美洲印第安人的部落关系，而且他得出结论说，氏族不是罗马或者意大利部落的一项特殊制度，相反，它是遍及地球每个角落的人类最初制度之一。因此，他说，比如研究易洛魁人氏族可能有助于我们更好地理解罗马氏族。

摩尔根先生扩展了我们对罗马氏族的知识，提出了一项引人注目的特征：通过与其他国家的氏族比较和推断，他证实了罗马氏族的成员被禁止与同一氏族的女性通婚。

最后，我会给你们摩尔根先生关于这一制度起源的见解：

氏族是否是在一定的社会状态之中自发地发生的，因而在不相连接的地域中自行重演？或是只有一个单独的起源，从一个原来的中心，经过逐次地迁徙，而传播于地球上的各地的？这是在理论的思考上一个很好的问题。后一假说，若予以简单的修正，似乎是一个较优的假设，其理由如次：我们发现在氏族制之前有两种婚姻形态及两种家族形态。这需要一种特别的经验来达到婚姻的第二种形态及家族的第二种形态,并且要借氏族的发明来补充这一经验。

家族的这种第二种形态,是由自然的淘汰,将包围野蛮人的并以强大的把持力将其握住的一种庞大的婚姻制度,缩小到较为狭窄范围以内的最后的结果。野蛮人之从这种桎梏而得到最后的解放,是太特异了,似乎太难相信它能在不同的时代中及遥相隔离的地域中得到多次的重演。

血缘集团,为了互相保护及生存而结合,无疑地从人类的幼稚时代即已存在;但是,氏族却是一种十分不同的亲属集团。氏族只吸收一部分,而排斥其余者;它将这一部分在一共通的名称及共通的权利与特权之下,在亲属的纽带上组织起来。氏族内通婚的禁止,是为了获得和氏族外无血族关系的人结婚的利益。这是这种机体的最重要的原则,同时也是最难于建立的一个原则。氏族并不是一种自然的和明显的概念,它在本质上是深奥难解的;因此,从氏族制所发生的当时的时代而言,它是一种高度智能的产物。甚至当这种概念发展到具有生命以后,还需要长久的时间以发展其功用而将其带到成熟的地步。坡里内西亚人(Polynesians)具有这种群婚家族,但是没有发明氏族;澳大利亚人有同样形态的家族,并具有氏族。氏族起源于群婚家族之中,所以任何达到群婚家族的部落,都具有从之而形成氏族的要素。这是上面所提示的后一种假说的修正。在以前的一种以性为基础的组织之中,即存在有氏族制的萌芽。当氏族制的原始形态有了充分发展的时候,它必将借其所创造的进步种族的优越力量,将其本身广扩于极其广泛的地域之上。氏族制的传播,较诸其建立,要容易说明得多。这些考察,倾向于表明氏族制在各自互相隔绝的地域中屡屡重演的不可能性。另一方面,它造就了一批野蛮人,较地球上那时现存的都优越,这方面的良好作用是必得承认的。在野蛮生活的法则下,当迁徙即是逃避,或是找寻较好地域的移动时,这样的种族,必将一浪一浪地向前推进,直到广被地球的大部分位置。现在能确定的关于这一问题的主要事实的考察,似乎是有利于氏族组织的单一起源的假说的,除非我们回返到澳大利亚的级别制(classes),由这种级别制产生出群婚家族,由群婚家族中而发生氏族制,并视这种级别制是古代社会的原有基础的话。在这种情况中,凡属有级别制确立的地方,氏族制即可能地存在。①

II. 罗马——立法机构——元老院——奴隶制

女士们、先生们:

我们现在讲演的主题是探讨罗马人的三项伟大制度:立法机构、元老院和奴隶制。这三项制度恰位于整个罗马大厦的底座。

第一,关于罗马的立法机构。对于罗马立法机构提供一个恰当的定义轻而易举,但是,我必须承认,恰当地理解这一定义毋宁是困难的。在罗马,立法权是批准法律的权力。不过,在罗马,法律有其自身特殊的含义。我说的是其自身,而且还可以补充的是,很少有民族曾经达到那种特别的法律概念,它构成了罗马法(Roman lex)的典型特征。很少有民族具备了罗马法意义上的法律,也很少有民族具有类似于罗马立法机构那样的制度。

法律的创设或批准模式在希腊、以色列、罗马、现代德意志、英格兰和美利坚之间有着巨大的差异。一个民族的性格之最纯粹精髓展示其自身的方式就是其立法机构的形式和本性。比如,古代希伯来人,正如在我的讲演中我试图就这个有趣的民族所表明的,古代希伯来人根本就没有人间立法机构(human legislature)。没有自治机构(municipal corporation),没有城镇,没有人群划分(section of the people),不仅如此,甚至全民,所有希伯来人的集会都不具有批准一项严格律令(ordinance)、一则法律的权力——因为这个国家

---

① 译文参见《古代社会》商务印书馆中译本,第 649—651 页。

的法律已然由上帝一劳永逸地安排、制定完备,他永不会改变,他的法律无需改变或矫正。希腊人有立法机构,每个公民都被期待着对于提交给公民大会的议案进行投票。不过,这样投票的一项议案远非一则有拘束力的法律,它必须首先经过立法委员会(board of nomothetae)、法律修订者的批准,因此,不是人民、不是选举人是真正的法律创制者,而是立法委员会。

在现代欧洲,立法权一分为三,在有些欧洲国家,划分为四到五个不同的组成部分、国家机构。在美利坚合众国,不同州制定和废除法律的权力划分为三个要素:一、能够立法的州立法机构;二、能够立法的州最高法院;三、联邦最高法院,它能够推翻州最高法院的判决。在任何伊斯兰国家,都没有任何类似制定或废除法律的机构。阿富汗(Afghanistan)或俾路支斯坦(Beluchistan)最野蛮、最残酷的专制埃米尔(emir)或者苏丹(sultan),或是印度任何独立的酋长(rajahs),尽管他经常屠杀他的臣民,没有受到惩罚,也没有引起他的臣民的反叛仇恨——甚至那最残暴的暴君也从不敢通过关于财产转让或者有效缔约的新法。如果存在前述新的环境,一个文明国家的成员会热切地接受新法,我们乐意称为野蛮民族的成员会最暴烈地憎恨对他们法律、习俗的任何革新。

在开罗或者巴格达最开明的法律学校(伊斯兰教徒有着令人惊奇地发达的法律科学),传授者没有立法机构的观念。因此,这种立法机构的观念完全是罗马的。罗马人独一无二地践行这样的理念,即民众的意志将成为法律。他们以一种极其充分的形式塑造了这一理念。不存在任何的干扰。没有法律修订委员会,没有矫正性最高法院,没有总统否决,没有女王(queens)或皇帝(kaisers)的监督——没有这些东西。民众被恰当地召集,议案被恰当地投票——结果就是一项绝对的、有拘束力的法律——而且,只有民众本身才能改变它,能够撤销它。这样一种特征、这样一种来源的法令被称为 lex。罗马人说,法律是民众的命令(lex est quod populous jubet)。因此,所有的公职,至少重要的那些,所有的条令(regulations)、所有的形式判决都源于立法机构。最共和的美国人认为这是非常恰当的,即将军、上校,简而言之,军事显赫人物应该由任命而不是民众选举来创设。但是,罗马的大将军、凯旋将军(imperatores exercitus)必须由立法机构、公民大会来选举。因为,公民大会就是一切,它同时是国家和民众。因为在罗马,民众和国家之间没有区别。罗马的国玺铭刻着:"元老院和罗马人民"(Populus Romanus Senatusque),不像俄亥俄州的印鉴(或者其他任何州的)——"俄亥俄州大印",不曾提及俄亥俄的民众。民众就是国家,不过这里的民众也是一个城市——罗马城的居民。在现代,城市和国家是两类不同之事,因此,市政管理的困难并不增加国家治理的复杂。但是,在罗马,这两种机构合二为一——城市就是国家,国家就是城市,或者毋宁就是城市居民。显而易见的是,几乎不可能有比这更危险的事态了。如果一个城市的居民不受任何其他制衡或权力的控制,就能够处置法律和条令,如果凭借多数投票,任何方案都能够被贯彻实施,如果贫穷的投票人——总是多数人——凭借纯粹的投票就能瓦解阶层、产权、财富的任何安排,那么这样的一个城邦不过就是无法无天的强盗巢穴。

罗马人很好地意识到了这种迫切的危险。一方面,罗马人有着"法律是民众的命令"的原则;另一方面,他们不想、事实上也不能剥夺其公民投票权,以至于实际上,贫穷阶层和富裕阶层一样对于创制法律施加了同样的影响,不止如此,是更大的影响力,因为贫穷阶层总是居于多数。既要挽救普选原则,又要同时让其贯彻到底,这是一个大题目,而罗马人极其出色地解决了它。他们说:"每个罗马公民都有投票权,毫无疑问。我们不会剥夺他这珍贵的对于世间任何事物的权利。他会拥有它。"

那么在社群的富裕成员和贫穷成员之间就没有区别。然而却加上了这样的限制,即富裕成员会首先投票,接着是贫穷的公民。不过,这一限制实际上使得贫穷阶层的选举权名存实亡。

但是,为了理解这一限制的影响,我们必须首先呈现罗马立法机构的内在结构。立法机构的罗马名字是 comitia(会议)。这个词意指集会(convention),投票者的集会。

在罗马存在着三类会议：库里亚大会（comitia curiata）、百人团会议（comitia centuriata）、部族会议（comitia tributa）。在塞尔维乌斯·图利乌斯之前的世代，库里亚大会是罗马的立法机构；接着三四百年的时间，百人团会议是罗马的立法机构；部族会议是罗马几个区（部族）纯粹的区集会（ward-conventions），最终，部族会议融入百人团会议。由此构成了罗马的立法要素。

君主作为立法者，我会在下一个讲演中说到。

对于最古老的会议，即库里亚大会，我根本就不会触及。专业学者对于它们抱有极大兴趣，但对于普通的智识公众来说就微不足道了。百人团会议，接着部族会议，是我打算描绘的。

罗马民众被理解为一支军团，因此被划分为两部分——骑兵（equites）和步兵（pedites）。有时候他们的确在军营中集会。骑兵划分为十八个百人团；步兵划分为五个级别（classes），或者如狄奥尼西奥斯所记载的，划分为六个级别，因为他将那些财产达不到第五个级别数目的全部民众视为第六个级别。

第一个级别的成员必须是拥有价值十万阿斯铜币财产的所有者；第二个级别的拥有七万五阿斯铜币；第三个级别的拥有五万阿斯铜币；第四个级别的拥有两万五阿斯铜币；第五个级别的拥有一万一阿斯铜币。

在这种情形下，财产主要是指地产（landed property）和奴隶。现金（cash money）不会列入统计。地产指的是罗马邻近地区的不动产（real estate）。因此，罗马城四周几英亩地（几英里之外就是其他城邦的疆域界限）实际上是真正统计的财产。基于投票的目的，在会议中，每个级别再分为许多个百人团，以百为单位（centuriae），其中一半作为资深者（seniores），另外一半是资历较浅者（juniores）。

这样的百人团有一百九十三或一百九十四个。进一步，每一个百人团拥有一个投票权，因此，一个级别有多少个百人团就有多少投票权。这是最重要的一点。当你考虑到美国的总统选举和其他选举之间的差别时，你会轻松地理解它。这个国家的普通选举中，每一个成员的投票被视为一个投票权，如果在一个郡有一万名投票人,他们能够提供一万个投票权。但是这个共和国的总统不是由每个美国公民直接投票选举的,而是通过三百余选举人代表来投票,因此,事实上,三百余投票的多数选举美利坚的总统。

类似地,在罗马不是投票者的直接选举决定提案,而是所有的投票者一起,骑兵和步兵有一百九十三个投票权,换句话说,所有的罗马投票者被分为一百九十三个百人团,以百为单位,每一个百人团有一个投票权。

不过,这不是全部。在这一百九十三个百人团中,第一个级别,最富裕的级别有八十二个百人团;第二、第三、第四分别有二十个百人团,第五个级别有三十四个百人团。

因此,如果第一个级别的八十二个百人团,加上骑兵的十八个百人团,他们首先投票,并且达成一致,就在贫穷阶层召集起来投票之前就构成了多数。通过这一策略,就会使得普选权发挥不了作用,只有最富裕的阶层才是真正的投票者。

关于百人团会议的作用,如下所述:

一、选举政务官员(magistrates)。由百人团选举的政务官员是执政官(consuls)、裁判官(praetors)、有着执政官权力的军事护民官(military tribunes)、监察官(censors)和十执政官(decemvirs)。

二、立法。当一项提案由百人团会议批准之后,它就会成为法律。不过,这样一项提案,或者如我们所说的议案是不能由立法机构的任何成员提出的,就像是美国立法机构。它是由主政的政务官员向百人团会议提出的;立法机构只是接受或者拒绝议案。

三、决定开战。

四、最高裁判权。百人团会议一开始是最高上诉法庭。

百人团会议可在投票日(dies comitiales)或者审判日(dies fasti)①举行,在这些日子,处理民众事务是合法的,这些日子的数量

---

① 在罗马古历中,每一天都有某种"特性",会在岁时纪(fasti)中标示。最重要的比如:dies fasti,用字母 F 标示,这一天中,可以进行审判事务;dies comitiales,用字母 C 来标示,这一天中,可以举行公共集会。

在每年大致是一百九十天。选举会议每年只举行一次,百人团聚集的地方在城外,战神广场(Campus Martius),这一处宽阔之地包含着隔板,投票人的隔离空间,司仪(president)的帐篷,占卜师的公共庄园(villa publica)。交给司仪的主要职责之一是求占卜,那是在举行百人团会议前必须履行的。接着,他将需要议决的事务呈交给民众,从而开始议事,他们正是为此而召集,他的阐述以这样的语句结束:"velitis jubeatis quirites?"你们期望它,想要(command)它吗,公民们?投票者可以发表赞成或反对的言辞。当议题得以充分地讨论之后,司仪要求民众预备投票。如果出席集会的公民数目被认为太少的话,决议可以被延迟到其他日子,但是,这很少出现,一个问题经常会提交以投票,即使每个百人团只有少数公民代表。投票用书面形式提交。监票人(rogatores)收集木简,上面要么标记着 U,意思是投票者赞同(uti rogas),要么是 A,意思是投票人不赞同(antiquo)。接着,这些木简交给计票人(diribitores),他整理并且计票,接着将它们交给保管人(custodes),他再一次地通过木简上的标记对其加以清点。标记最多的议案或者候选人成为胜利一方。关于百人团会议就这么多。

关于部族会议,它们最初只有地方权力。不过,它们的影响力逐步增长,因为平民远比贵族数目多,受到活跃的、雄心勃勃的护民官的指引,部族的内部管理逐渐具备了共和国内部事务管理的特征,而百人团会议更有意在与其他国家的交往中代表国家。

这些会议批准的法律早在公元前 4 世纪就被认为对于全部民众有拘束力。不过,随着时间的流逝,百人团会议和部族会议逐渐混合成为一类集会。这一变化什么时候以及以什么方式发生,没有罗马或希腊作家提及过,以至于我们只有从零星的间接引述中形成我们的观点。你会在尼布尔、蒙森、哥特林和聪普特(Zumpt)那里发现无尽的猜想;但是他们都没有对于这两类会议的混合提供清晰且令人满意的论述。

就我们现在而言,注意到罗马立法机构的显著要点就足够了,即这一事实,民众的意志就是最终的法律,较富裕的阶层在法律的创制中目前为止有着最具决定性的影响。因此,罗马立法机构是这一事实的又一次证实,即所谓的罗马共和国远非一个民主性的组织。

在罗马,元老院有着独一无二的位置。拿它与一个美国州参议院或者华盛顿的参议院相比较或甚至等而视之,是天大的错误。此类情形中的相似性仅限于这两种制度的名称,其他所有一切都完全不同。罗马元老院相继(by turns)拥有所有政治权力。它是一个立法、行政和司法机构。当然并非没有例外,也非一直如此。罗马元老院也有着几乎没有任何权力的时候。在其他的时期,它是整个共和国最高领袖。罗马元老院并不扮演英格兰贵族院的角色,因为贵族院总是具备着毋宁是否决性的权力,所有重要的议案源自平民院。另一方面,罗马元老院是许多最重要国家议案的最初来源。英格兰平民院的提案必须得到贵族院的认可,但是,罗马的会议很早就独立于元老院的权力,他们的议案无需元老院的同意就成为法律。因此,在现代没有相似的制度,不是法兰西的参议院,也不是意大利的参议院。或许汉堡(Hamburg)或吕贝克(Luebeck)或不来梅(Bremen)的参议院与古老的罗马制度最接近。

讨论王政时代的元老院纯属浪费时间。我们关于这一点的信息极其贫乏。在号称的共和时代,我们要留意,元老院是公民大会的竞争者,在第六个世纪结束、第七个世纪开始的时候,元老院是罗马唯一的统治者。正是元老院挫败了显贵格拉古兄弟(Grachi),他们想要恢复公民大会的古老权力。不过,在那个时代以前,在罗马第四、第五、第六个世纪,元老院是国家第二大根本制度。元老院的成员由执政官、护民官(consular tribunes),后来是监察官选定。不过,这些政务官员拥有的选定元老的权力绝不是一项武断的权力,因为,元老一直都是从那些精英人物中择选,或者是从那些先前担任政务官之人中择选,因此,这些人自己任命元老院的候选人。他们一经任命终生任职,不过,如果他们行为不端,监察官可以将其资格褫夺。褫夺之行事仅仅是忽略其名字,在人口普查的时候不会将其录入草拟的元老名单。

元老院逐渐地演变为代表民众的集会,不过,元老院尽管有这种显而易见的公众特征,但它从来都不是一个公众的或者民主的集会,因为,它的成员来自显贵,他们和贵族一样高人一等。元老院的候选人来自两个阶层,来自贵族,也来自平民,因为有两个世纪的时期,所有的国家官员是向平民开放的。事实上,在公元前 2和 1 世纪期间,多数元老都是平民,不过是显赫的平民,即他们是罗马特别显贵的成员,他们的资格奠基于更为高贵的地位,奠基于这样的事实,即他们的祖先曾经担任显赫官职,因此拥有 jus imaginum,即有权利将他们祖先的塑像用蜡装饰,摆放于居所的门廊处。

注意这双重的显贵是非常重要的。贵族(patricians)是基于出生的显贵,新贵(nobiles)是凭借担任职位,因此,获得罗马显贵的尊严是任何雄心勃勃的公民可触及的。没有针对元老的元老院人口普查;至少在罗马前七个世纪没有。然而,在君主时代,确定的财富是必要的。关于一个人可以成为元老的年龄,在共和时代,我们没有确切的记述,尽管看起来某些习俗或法律确定了它。不过,我们可以通过归纳,发现大概的年龄。我们知道,根据护民官维留斯(Villius)的法律记述(lex annalis),度支官(quaestorship)的年龄确定在三十一岁。因此,我们可以推测,一个人可能成为元老的最早年龄是三十二岁。奥古斯都(Augustus)最后将元老的年龄确定在二十五岁。元老不允许经营任何商业事务。然而,从西塞罗的许多描述中显而易见的是,这一禁令经常被违反。

共和时代,元老院的定期会议在罗马古历每月的朔日(calends)、上弦月日(nones)、望日(ides)[①]举行,不寻常的会议可以

---

① 古罗马人一直通行的是阴历。十二个月一共只有三百五十五天,大月三十天,小月二十九天,多出的十天放在一年的最后。最初,开始能望见月亮的那一天(永远只出现在月头)叫 calends;当月亮出现四分之一的那一天叫 nones(一般情况下是每月的五日;三月、五月、七月、十月因月差的关系则被放在了七日);满月的头天叫 ides(一般情况下是每月的十三日;三月、五月、七月、十月则是十五日)。尽管罗马人后来已不再使用纯粹的阴历,但上述计日习惯却一直被沿用下来。

在其他任何一天举行,除了晦暗(atri)①的日子和举行会议的日子。召集元老院的权利在共和期间授予显赫的政务官,最后也授予护民官。

如果有元老在会议日未出席,他会受到罚金惩罚,对此有抵押担保。元老院举行会议的地点都是由占卜者谕示确定的。最古老的地方是赫斯提利亚政区(Curia Hostilia),最初,只有在这里才可以制定法律。

不过,后来有几处神殿被用作这个目的,比如和谐女神殿(Temple of Concordia)和其他神殿。勒克斯或者执政官,在借助占卜问询诸神的意愿之后,召开元老会议时,他的开幕辞是"愿罗马公民和客民安好、吉利、富饶和幸运,谢谢"(Quod bonum, faustum, felix fortunatumque sit populo Romano quiritibus),接着向会议提交他所提议的内容。之后,主持人要求会议讨论议题,在讨论结束之后,每一位元老投出自己的票。某个问题总是由多数票来决定。多数或者是计数(numeratio)或者是分类(discessio),即主持人或者计算票数,或者计算联合起来站在同一立场的成员,由此将他们与那些投给其他主张的成员分离开来。后一种投票方法是晚期经常使用的。

在两个阶层处于充分的平等地位之后,元老院的权力如下所述:元老院继续拥有所有宗教事务的至高决定权,比如,元老院决定接纳一位新神或一种新的崇拜;它决定战事进行的方式,什么军团交由一位指挥官带领,是否征集新的军团,它决定执政官和裁判官被派遣到什么地方。经常被派遣去解决新征服国家行政事务的专员都是由元老院指定。与外邦媾和或缔约的所有使节由元老院派遣,这些使节经常就是元老自己,数目是十位。元老院单独与外国使节谈判,会受到附属邦或者盟邦的埋怨,后者总是将元老院当作是共同的保护者。甚至在罗马,裁判官将重要案件,既有公共的,又有私人的,递交给的法官(judices)是从元老中选择的。

---

①　此亦与月相有关,指月亏的黑暗,时人以为晦气,诸事不宜。

当国家处于危急之时,元老院可以依据格言"为了共和国不受损失,执政者应该警惕"(videant consules ne quid respublica detrimenti capiat)授予政务官无限权力,这等同于城邦内部战争法的宣告。这种对于共和国内外战争的一般关注包含了基于这些目的所必需的调拨资金的权利。

因此,共和国的所有收入和支出受元老院的直接管理,监察官和度支官只是其执行者或代理人。维持军队必需的所有费用要得到元老院的批准,且在任何可能行动之前,还有,通过拒绝划拨必要的金钱,可能会阻止一名将军凯旋归来。

需要多少成员构成法定人数是不确定的,尽管看起来在这一方面存在着某些规则。最后,关于罗马的元老享受的荣誉和特权如下:

一、丘尼卡(tunica)①前面缀有宽阔的紫色条纹,那是编织进去的,而非一般所认为地缝补上的。

二、一种短靴,在靴子的前面有字母 C。C 被认为是指 centum(百),指的是百位元老的最初数目。

三、有权利就坐于剧场和竞技场贵宾席。

四、一年的某一天在都城中为朱庇特献祭,这种场合下,元老在朱庇特神殿享用美食。

我会首先考察奴隶制的事实,然后思考这一制度的意义、特征和历史地位。

奴隶最充沛的来源是罗马持续不断的战争。掳回国内的俘虏成为奴隶的数量有时候看起来令人难以置信。俘虏连同战场上的战利品一起被瓜分,每个士兵都收获了分配给他的奴隶。因此,奴隶贩子(mangones)随同军队以便购买俘虏是司空见惯的。那个时候的价格非常低廉,有时候低到了四得拉马(drachmae),大概是七十五美分。根据约瑟夫斯(Josephus),随着耶路撒冷的毁灭而来的是九千七百个俘虏。在罗马,最高阶层的人从事这一荣耀的事业,

———————————

① 丘尼卡,古罗马服饰,在外袍里面穿着的一种较为紧身的衣服。

他们组成了一个强大的组织。奴隶的子女总是受制于母亲的地位。抚养奴隶直到罗马后期都受到鼓励,喂养比起购买成本要低些。在迦太基(Carthage)、得洛斯(Delos)和希俄斯(Shios)有巨大的奴隶市场,不过交易的中心是在罗马。特别美丽且罕见的奴隶会隔离开来,私下出售。奴隶的出售一般是拍卖的方式,站在一块石头边上,便于他们可以被仔细地审查。新进的奴隶会在他们的腿上用石灰涂白。那些来自东方的奴隶耳朵上被打了洞。所有的奴隶都有一个卷轴(titulus)挂在脖子上,提供了他们的年龄、出生地、优点、健康等等,出售人要确保这些描述的真实性。他有责任发现所有的缺陷,尤其是关于健康、小偷小摸、逃跑倾向,或者自杀倾向。如果出售人不愿意担保,替代卷轴的是,他将一顶帽子(pileus)搁在奴隶的头上。头戴冠帽意指战争中的俘虏。出售人会让奴隶跑、跳或者展示某些其他灵敏行为。他们拥有使得他们的四肢看起来正常、他们的肌肤年轻并且遮掩岁月容颜的技巧。

奴隶的出生提供了其特征的些许暗示。由此,弗里吉亚人(Phrygian)是胆怯的;非洲人是无用的;克里特人(Cretan)爱扯谎;达尔马提亚人(Dalmatian)凶残;布立吞人(Briton)愚蠢;叙利亚人(Syrian)强壮;爱奥尼亚人(Ionian)漂亮;亚历山大里亚人(Alexandrian)娴于交际且骄奢淫逸。

一位富裕的罗马人的私人奴隶区分为两种类别:乡村奴隶和城市奴隶;同一个主人拥有的许多奴隶被称为 familia(仆从)——familia rustica(乡村仆从)和 familia urbana(城市仆从)。这些奴隶会依据他们的职业进一步细分,从这些职业中他们得到了自己的名字;比如 ordinarii、vulgares、mediastini、literati,等等。罗马奴隶的数量在任何时期都不可能被确切地弄清。他们非常多,比自由人要更多,这一点是无可争议的,而且在共和晚期和君主时代,数目还在增长。一个人拥有的数量几乎是不可思议的。阿忒那奥斯(Athaeneus)①认为达到两万。他们主要从事于农事耕作,或者力

---

① 原文如此,应为 Athenanaeus。

气活儿。然而,在那时,许多奴隶被用作私人侍从,一位有身份之人被看到没有一众侍从,会被认为是不光彩的。一位陌生人从穿过门廊进入一座罗马居所门厅之时起,在接待室,在餐桌,他处处都有不同的奴仆伺候,每一个奴隶从他们的特殊职业中得到自己的名字。

在家庭生活的每一方面,都发展出相同的制度。女奴以类似的方式被区分,每一种想象到的需求都会由一个独立的奴隶来照应。最微不足道的服侍都有其恰当的奴隶。结果是,打伞(unbelliferae)、扇风(flabelliferae)、穿鞋(sandaligerulae)等等都赋予特别的奴隶以名字。由此,整理衣物、修补牙齿、描画眉毛需要不同的侍从。一位显赫的罗马人总是有一个通报姓名的侍从,即告诉主人大街上过路人姓名的奴隶,因为说话时叫出每个人的名字被认为是举止高雅的。妻子结婚时总是会领到一名贴身奴隶(dotalis servus),他属于妻子,而主人控制不了他。他经常获得妻子的信任,比她自己的丈夫还要更胜一筹。甚至学童都有一个小奴仆跟随着他,背着他的书包去学堂。年龄长又奢华之人由强壮的麦西(Mesian)奴隶用轿子或扶椅抬着。

罗马的竞技总是粗野且暴力。角斗士的争斗比起悲剧的哀伤和喜剧缪斯的风趣更令人激动和吸引人,尽管特伦斯(Terence)和普列奈斯(Plantus)已经迎合了他们的口味。培育、造就一些奴隶,为了此等危险且凶残的争斗,也为了与凶猛的野兽搏斗,成为司空见惯的做法,尤其是在君主统治期间,君主在民众中鼓励这种竞技,为的是将他们的心思从他们自身的奴役中转移开来。不过,我们不应该太苛刻地判断这种残酷性,因为不时有自由人、骑士、元老,甚至还有皇帝,比如康茂德(Commodus)下到竞技场,投身于这致命的争斗。有时候,甚至女人也会加入格斗之中。

在罗马不同的时代,奴隶的价格根据奴隶的品质变化很大。在帝国治下,巨大的数额用以偿付漂亮的奴隶,此等尤物吸引了购买者的一时兴致。我们获悉他们卖出的价额从十万到二十万塞斯特斯(五千到一万美元)不等。在贺拉斯(Horace)时代,一个普通奴隶相对公正的价格是五百得拉马(大约一百美元)。小丑、弄臣和漂亮女奴价格走高,尽管一般女奴比男奴卖得便宜。汉尼拔(Hannibal)在坎尼(Cannae)战役之后,为他的俘虏所累,承受了赎回的代价,骑士(equites)是七十五美元,军团士兵是五十美元,奴隶是二十美元。

在某些盛会期间,奴隶被给予完全的自由,其中最引人瞩目的是农神节(Saturnalia),那时存在着这般完全的平等:主人在餐桌边等候奴隶。这一盛会是在十二月的下旬,持续七天。(贺拉斯在讽刺诗的第二卷,对于他和他的一个奴隶在农神节时机的一次谈话做了有趣的记述。)另一盛会是纪念塞尔维乌斯·图利乌斯,罗马第六位国王的,他自己是俄克里西娅(Ocrisia),一名俘虏和奴隶的儿子。

这一盛会从三月的望日,即其出生日开始,持续到四月的望日,即其在月神殿任职的日子。

家神节(Compitalia),为了纪念拉尔(Lares)即家庭守护神的盛会,也是奴隶的自由季。

奴隶因为违法行为遭受的惩罚是各种各样的,有些非常严酷。它们必然是不同于那些为自由人犯下同样的违法行为规定的惩罚的。轻微的不法行为会交给主人来矫正。

监察官加图(Cato),在他的农场设立了一种奴隶之间的陪审裁判,罪行和惩罚都交给他们。法庭只接受严重的指控。将城市奴仆黜至乡村奴仆是一种轻微的惩罚,却也是一种令人更为恐惧的惩罚,因为,在这样的情形下,他们会戴着镣铐干活。磨坊也是惩罚之地。有时候他们在被暂缓手戴镣铐和腿缚重物之后,受到鞭笞。另外一种惩罚方式是在脖子上戴上木枷(furca),并将臂膀束缚在两边。每一座罗马农场都有一个私人监狱(ergastulum),桀骜难驯的奴隶被关押其中。不过,在哈德良(Hadrian)时代他们都被赦免了。

有时候会诉诸特别的、残酷的惩罚,比如因为盗窃而斩断手指,钉死在十字架上。不过,这些非常少见。为了保护主人,罗马法是非常严酷的,规定如果主人被发现在他的家中被杀,没有找到行凶者,所有的家庭奴隶都会被处死。在塔西佗《编年史》的第十四卷记有这种残酷正义的一起耸人听闻的例子。

奴隶没有与众不同的衣服。元老院曾经提议给奴隶提供一种特别的服饰,不过这被否决了,因为透露他们的数量被认为是危险的。男性奴隶不许穿戴托加(toga)①或垂饰(bulla),女性奴隶不许穿斯托拉(stola)②,不过,在其他方面,他们的穿戴几乎与穷人一样,黑色的衣服和鞋子。然而,葬礼的权利不曾将奴隶排除,因为,正如罗马人将奴隶制作为一种政治制度,死亡被认为是终结了自由人和奴隶之间的区分。

在罗马的制度中,一般而言在古典时代,奴隶制占有最重要的位置。没有奴隶制的古典时代只是个空壳。

奴隶制,大多数人口的奴役,是罗马伟大性的必备条件(conditio sine qua non)。它们的优点与它们的罪恶一样必然与奴隶制共存。它们的优点与它们的罪恶一样,我这样说是经过了最大的深思熟虑。

你们有些人或许对于这样一个论断感到吃惊。你可能会想,优点和罪恶有什么关系?罪恶以及耻辱、低劣的奴隶制能够产生纯粹的优点?这些完美的罗马人,穆修斯(Mucius)、斯凯沃拉(Scaevola)、卡米卢斯(Camillus)、辛辛那特斯(Cincinnatus)、雷古鲁斯(Regulus)、加图,他们与罗马奴隶制有任何关系吗?我对此的回答是肯定的,他们有。奴隶制在罗马,如同在希腊,在巴勒斯坦、埃及,在所有的古代国家一样,都是整个文明大厦的根基。为了解释

---

① 托加,男用外袍,用一块非漂白的大羊毛织物做成的,早期是长方形,后来为了穿着方便,改成椭圆形。起初男女及儿童都可穿托加。到共和时期,除了最低阶层的妓女可以穿一件表示她们职业的粗毛料托加外,只有男子才可以穿托加。

② 斯托拉,女式外衣,通常被穿在丘尼卡的外面,长及脚踝或脚,有碍行走,因此,多余的长度被提起来,在腰间系带。有时在乳下和低腰处各系一条带子,裙摆有褶,在斯托拉外面会披不同式样的斗篷。

这一现象,即宏伟文明的令人同情又令人厌恶的这种现象,如果不同时考虑奴隶制,就会是完全没有希望的任务。

奴隶制在古典时代就像是文明的一项特征一样自然,正如欧洲现时代的常备军一样。欧洲的常备军,意味着几百万年轻、强壮且有几分聪明的民众是他们军队领袖手中的纯粹工具。他们没有自己的意志,他们没有自己的荣耀,没有自己的居所,他们可以从一个城市派遣到另一个;当逃离其长官的暴虐时,他们又被视为逃亡的奴隶,他们没有主张,没有独立的思想。然而,不存在对于这种现代暴政的抱怨,相反,欧洲的所有议会欣然赞成这严酷的军事奴隶统治。

一个罗马人会厌恶这种暴政,他们认为他最卑微的奴隶与这些不幸的军事奴隶比起来就是一位国王。为国家献出他的生命——这是每个罗马人仅有的自然意愿,不过和平时期在严厉的奴役中服务他的祖国,就像所有的欧洲士兵那样,是将其和平时期所有的公民权利剥夺掉,屈服于某种毫无限制的束缚,这是一种剥夺公民权的方式,它即使对于一个罗马奴隶来说也被认为是太残酷了。

另一方面,所有宗教中最仁慈的也从未想过要废除古典奴隶制,《旧约》没有,《新约》也没有,任何教父的著作也没有,殉道者查斯丁(Justinus Martyr)没有,亚历山大的克莱门(Clemens Alexandrinus)也没有,俄利根(Origines)、德尔图良(Tertullianus)、奥古斯丁(Augustinus)或希罗尼穆斯(Hieronymus)都没有一丝试图废除奴隶制的痕迹。

相反,宗教作品劝诫奴隶要忠于他的主人,所有的教父也是如此。

在我们的时代,我们的现代奴隶制也是如此。在欧洲,天主教没有,新教也没有反对欧洲常备军这糟糕的奴隶制。因为,每个人都感觉到,在欧洲这些常备军实在是绝对必需的。就像所有的基督教父对于废除罗马的奴隶制所感受的一样。奴隶制是绝对必需的。罗马人从未怀疑奴隶制的非自然、荒谬性。你在他们的法律著作中可以读到这样的语句:"本性上所有人生而自由。"(Jure naturali omnes liberi nascunter.）或者："奴隶制是一项有悖于自然的国家制度。"（Servitus est constitutio gentium contra naturam.）他们对此一清二楚，正如我们任何人一样。读读塞涅卡的文章《论怜悯》，你就会让自己明白，罗马人毫无犹疑地认识到，人性必须在所有人那里被尊重和热爱，对于我们所有人是相同的，不论他是奴隶还是自由人。不过，命运（circumstance）的力量如此之大，以至于脆弱的思考无法取得优势。成为一位罗马公民是弥足珍贵的事情。成为国家的一个自由公民，这一纯粹的事实几乎是坚实的生活、保护、荣耀的保证。战争非常有利可图，国家非常富裕，因此罗马的公民不太情愿将他们的优越权利与许多人分享。

因此，他们和古代所有其他的民族一样，确立了人群的两种基本划分，（1）自由人，liberi（自由民）、cives（市民）、ingenui（天生自由人）；（2）奴隶，servi。他们承认，也很坦率，多数人必须被征服，受到奴役，为的是让某些少数人将其灵魂提升到完美的高度。如果我们所有人经常被琐碎的、艰辛的劳作，被日常生活乏味枯燥的辛劳所束缚，那么我们必须放弃我们对于生活的所有高级要求，那时，艺术和科学、发明与诗歌、文学与神灵的宗教文化必然还是原始的性质。如果你拿中世纪或者现代的制度状况与古代文明相比，你会轻易地发现，如果没有奴隶制，希腊和罗马文明哪怕是一天也不能存在。

中世纪如同现代一样，欧洲国家的多数居民生活在半自由的状态中，不过当然前者受到的束缚要较后者更多一些。他们并非真正的奴隶，他们也并非牲口，就像古罗马的奴隶（尽管直到 14 世纪，意大利和欧洲其他国家都存在着定期的奴隶市场），而是封臣（vassals）、佃农、仆役（Gesinde）、农工（Koetter）、农奴（serfs），或者无论他们被指称的任何名字。这些半自由人——他们的历史构成了目前为止中世纪最有趣的部分——是乡野之人。我的意思是，生活在乡村、村庄（villages）、村落（hamlets）和公地（marks）的人。佃农（villain）这个词表明了这一事实，villa 意指一位士绅在乡村的庄园。仅这一事实就会向你展示，半自由之人与生活在村庄、村落的可能性有着紧密的联系。但是,在古典时代,村庄、村落、乡村生活是不可能的。在希腊没有,在罗马帝国的任何地方也没有不是城市居民的。居住着半自由之人的村庄,所谓的 coloni(隶农),是罗马历史最晚的现象之一。

萨维尼(Savigny)曾经证实,这些隶农与中世纪的农民类似,也就是说,他们比绝对奴隶制的层次稍微高一些,这在我们纪元的 4 世纪之前未曾出现过。另一方面,经常被当作现代村庄的希腊 Komoi 或者 demoi,不过是城市居民许许多多的夏季小屋。这一点由埃米尔·库恩(Emil Kuhn)得到了确切无疑的证实。我并不是说,在罗马时代的意大利,不曾有人主宰乡村,或者意大利或西西里没有村庄。毫无疑问有,这种地方的罗马名字是 vicus。但是,这种地方的居民总体上是城市人群。换言之,这些 vicus 的居民必须前往他们所属的城市,必须在那里的公民大会投票,担任法官,或者以其他一些官方身份——他们只是在空间上居住在 vicus,而在政治和道德上,他们仅仅是城镇居民。另一方面,一个欧洲村庄的居民没有权利在其邻近城市投票,他从来都不会在城市中担任法官,他从来都不会成为市议会的成员——总而言之,他在空间和道德上,都是一个 villicus,一个乡村之人,一个农民。

那时的情形正是如此,罗马人必须在两种可能性之间选择:要么赋予每个人完全的自由,要么坚决拒绝赋予某些人,没有第三种可能性。不存在中世纪这类半自由人的可能性,此种半自由形式的创造拯救了人性原则,却不曾在本质上损害自我主义原则的需求。在这两种可能性之间,罗马人和希腊人、希伯来人、埃及人等一样,选择了后者,拒绝了自由,维护自由需要他们不断从事于战争。因为罗马自由是代价高昂之物,它必须由汩汩流动的最珍贵鲜血来换取,需要锲而不舍地在最艰难和最危险的战事中坚忍不拔。罗马人完完整整地接受了亚里士多德的学说。这位举世无双的思想家在他的政治学著作的第一卷中说到,奴隶制是无可避免的必然性。他由此被谴责没有人性、异教徒的、粗鲁的,天知道还有什么。但是,这样粗野的责难纯粹是胡扯。如我们思考一下,在希腊,还有罗马,没有半自由的空间,也没有人的普遍完全自由,我们就不得不赞成亚里士多德,认为奴隶制在那个时代是不可避免的。

西塞罗,还有瓦罗和老普林尼,都是有着最精致感受的人士。我是说,所有这些理智的、仁慈的、聪慧的人都同意奴隶制的绝对必然性,而对于我们,在一千八百年的时间流逝之后,在数百个其他民族各式各样的经历之后,有能力做出清醒判断的人,只是理所当然地认为,像罗马人那样的民族是被迫建立奴隶制的。不过,奴隶制在罗马人那里远不是我们在某些伊斯兰国家和美洲国家所发现的那种最令人发指和骇人听闻的制度。不要让你的判断力被尤维纳利斯的某些显眼的引述,或者众所周知的关于罗马奴隶主残酷无情的一个故事给误导。毫无疑问,曾经有过某些暴虐的罗马人,某些悲惨的奴隶,比如那个坡利俄(Polio)①的奴隶,他经常将被杀死的奴隶的尸体拿来喂食凶残的鱼,或者弗拉米尼乌斯(Flaminius)的例子,他杀死了一个奴隶以满足一个从来没见过被杀之人的客人。但是,所有的此类故事能够盖过成千上万的奴隶墓碑铭文的证据吗? 在那里,他们的主人对于其卑贱的奴仆表达了最温柔的情意。它们能够掩盖这许多的事例吗? 奴隶是其主人最贴心的朋友,是孩子的教师,是家人的医生,是全部收入的管理者和老板,是总管、代理人、船舶主人(exercitores domini)。

阅读两页法典,这罗马生活真实和忠诚的反映,字里行间你都会见到对于罗马奴隶的怜悯之意。他就是一切。他的主人将最难以处理的差事托付给他,将其所有的钱财托付于他,从他那里借钱,实际上就是自己奴隶的债务人,派遣他从罗马到亚历山大里亚运送最珍贵的货物,优先于任何自由人,让他履行最要紧的合同、契约(stipulatio)。经常出现的是主人遗留给他相当份额的遗产,更加司空见惯的是,使他成为其财产的唯一继承人。我的奴隶斯提

---

① 原文如此,应为 Pollio。

枯斯①将成为我的继承人（Stichus meus heres esto），是《法典》中最经常出现的事情。其他一些例子中，主人想要和他的奴隶合葬在同一墓穴。成千上万处这样的墓碑铭文已被发现。

在罗马，奴隶称呼他们主人时用的是第一个名字，比如马库斯（图留斯·西塞罗），在对主人的称呼中没有耻辱的谦卑之痕迹。他们被允许成婚，他们有自己的妻儿，女奴的孩子不会与母亲分离。这些出生在其主人家庭中的奴隶（vernae），尽人皆知是骄纵跋扈的，他们在对待他们的主子时，最大限度地使用并且滥用自由。在普劳图斯的喜剧中，奴隶扮演着非常突出的角色，他们几乎虐待自己的主人。

毫无疑问，如果我们应该只凭借罗马法学家的描绘来判断，我的意思是，凭借他们描绘的字面含义，我们会得到一幅不同的画面。在法律上，一个奴隶就是一头牛、一具骷髅（mortuum caput），压根就不是活物，他是物件（res），只不过是一头牛，没有能力占有、拥有、作证，命运系于其主人的仁慈，后者可以卖掉他、折磨他、杀死他，无需担心受到惩罚。不过，就法律而言，许多事情与他们在社会方面的状态有着完全不同的一面。在我上一次讲演中，我曾经证实了这一突出的方面，涉及美利坚合众国女性的法律地位和社会地位之间的差别。这里是另一起对古罗马原则极为有趣的证实。在罗马，家子（filius familias），罗马公民的儿子，在他的父亲在世其间，几乎完全被剥夺了其所有的经济和道德（不是他的政治）权利。罗马人只要他的父亲依然健在，就不能为自己获得一分钱的财产。所有他的收入都会成为他父亲的财产，无论儿子是十五岁、二十五岁、三十五岁，还是四十五岁。如果他的父亲不曾解放他，他会持续地处于其父亲的权力之下，无需考虑这一事实：父亲或许只是一名杂货商人，儿子却是一位元老或执政官。但不仅如此，父亲对于儿子的生命有着绝对的支配权——生杀权（jus vitae acnecis）。在法律上，他可以杀死他，他可以卖掉他，他可以撵走他，

---

① 奴隶的常用名。

没有任何进一步的约束。

李维讲述了一则关于罗马儿子的感人故事，他的父亲想要杀死他。有些旁观者试图阻止暴怒的父亲，但儿子愤怒地大喊："我不是他的儿子吗？他不能随心所欲地处置我吗？"简言之，一个罗马家子的地位在法律上几乎等同于奴隶的地位。相应地，我们发现罗马法学家通常把这两个术语连在一起，servus sive filius familias，由此表明，针对奴隶的法令同样适用于家子。不过，所有这些法律规则对于儿子的社会地位产生作用吗？罗马父亲真的经常使用他们的生杀权，他们卖掉、杀死儿子的权利吗？他们真的剥夺掉他们挣来的每一分钱吗？他们现实中真的只是奴隶吗？绝非如此。法律规则有着完全不同的意旨。我会在关于罗马法的讲演中，处理这最令人瞩目的一点——罗马父权（patria potestas）的起源，现在，我只想表明，罗马法学家和一个历史学家关于奴隶低等、悲惨地位的表述总体上是一种法律形式——它与真实生活的其他方面没有关系。法律并不覆盖我们自己生活的所有方面。法律只表明了我们生活的一小部分。因此，我们在采用法律文本来评价历史事件时，必须非常谨慎。

Ⅲ. 罗马政务官——皇帝及其所谓的荒淫

女士们、先生们：

我们现在讨论的主题是罗马政务官（magistracies）。罗马政务官是罗马人严苛权力的代表者；他们被授予一种不可思议的权力，这种权力似乎与共和制（republic）或者君主制（monarchy）的精神迥然不同。因为共和制有一种倾向，缩减其官员的权力，以便将所有的权力保留在民众那里；而君主制有着同样削减其官员权力的倾向，为的是将所有的权力保留在君主首脑那里。

不过，如我在关于罗马的第一讲中所说，这个独一无二的共和国（commonwealth）既不是共和制也不是君主制，它是一种城市国家（city-state），也就是说，某种独特的国家，与其他任何现代或者亚洲的政治体不相似。罗马只有少量的政务官,事实上,不超过六七个。因为,针对某些特殊目的而设立的两人、三人、四人、五人小型委员会,或者如罗马人所称呼的两人团(duumviri)、三人团(triumviri)、四人团(quatuor)、五人团(quinqueviri),不属于一般的政务官系列,或者说,他们只是基于一种紧急情况、一种临时需要而创设的。

主要的政务官是执政官、监察官、裁判官、民政官、度支官和护民官。然而,这些官员享有无限的敬仰和尊崇。有点类似于某种光环环绕在每一位罗马政务官身上,一直延续到我们纪元的第五个世纪,也就是延续到罗马国家的第十一个世纪,职位的荣耀是那些最富裕、最高贵之人所渴望的。这种尊崇不是因为某种宗教信仰或迷信,它是因为那不可抗拒的必然权力。罗马人、罗马城只有一个避难所,只有一种救济,只有一处港湾,就是罗马城本身。

城市之外没有国家,没有像英格兰或者法兰西一样生活在乡村的贵族,这或许最终证实了民众的强大联合和互助;没有像中世纪教会一样的精神帮助;没有像英格兰自耕农或德意志农民一样有影响的农村人口——除了那个城市之外什么都没有。

因此,所有人,罗马最自私的公民也怀有这样的信念,即他的国家的政务官同时也是他自己私人生活的政务官,是和平、安全的唯一堡垒,是荣誉、财产和家庭纽带唯一的护佑者。所有现时代分割在欧洲教会、贵族、严格意义的政府、军队、市民(burgesses)、农民各处的权力——所有这一切都集中于罗马的政务官上。

他们握有教会的精神权力,因为比如监察官有权谴责公民的私人道德,就像我们的牧师或教士一样;他们握有所有的军事权力,因为每一个罗马政务官同时是民政和军事政务官——因为,罗马人从未使用我们今天众所周知的区分,我指的是民政官员和军事官员之间的区分。这两个分支被合并为集中的权力。他们握有决定我们的贵族等级的权力,因为这一事实,他们担任职位使得他们成为显贵。要我说,这些政务官是所有权力的陈列所,不曾有其他的保护关注罗马公民的生活和财产。平民护民官最强有力的保护,既赋予贵族也赋予平民,从来不曾扩展至城市大门一英里远。城市是所有保护的根据和界限,因此,这个城市的政务官当然被视为每个公民天然的保护者,就像父亲和元老,他们被赐予祖国之父(pater patrice)的名号。

在罗马政务官和罗马习语、拉丁语言之间有着一种决定性的相似性。在这种奇妙的语言中,言语(speech)的五六个组成部分承载着思想的整体交流。言语的这些成分每一个的特性和表现是固定的,同等发展的,他们的结构美是完善的。在现代语言中,名词经常被用作动词,动词用作副词,而副词又被用作连词。在现代语言中,术语(terms)的词尾和变格的方式已经瓦解,介词不再决定格关系。语言的字词彼此之间表现出某种灰暗的中立,不会相互隶属,也不会依赖于彼此,它们彼此不喜欢,也不讨厌。不过,在西塞罗流光溢彩的语言风格中,可以说我们看到了极佳平衡状态的反映,其中,向心的力量,如同离心的力量,彼此之间呈现出一种稳固的、显著的、清晰可辨的均衡。我们看到,不是灰暗的中立,相反,执政官在拉丁语句中扮演着威严名词的角色,元老院扮演着拉丁动词的角色,监察官扮演着温和形容词的批判角色,护民官扮演着连词的消极性控制角色。波利比乌斯,古时最伟大的历史学家之一,阐释罗马国家的性质,对于其民主制、贵族制、君主制的幸运混合满怀敬意,那是罗马国家最显著的特征。不过,这一幸运的混合也是强大的罗马政务官的一个产物,他们,正如护民官是极为民主的,同时也如元老一样是高度贵族的,还像执政官一样是颇为君主的。

这也是罗马治国才能的原则之一,从来不会增加职位的数量,毋宁是增加同一职位任职者的数量。例如他们主要政务官之一的职位,裁判官。一名罗马的裁判官是国家几个部门的首脑。他必须签署法令,这是立法职能。他还有司法职能,因为他必须谕令(instruct)所有的法律诉讼,他必须签署英国法律家称之为令状,罗马人称之为程式诉讼(formula)的内容,除此之外,还要裁断诸多其他法律事务;他必须主持会议,有时要主持元老会议;他必须作为军队首脑指挥作战;他必须监管相当多的其他公共机构。因此,他的职位包含了立法、司法和行政职能。

这看起来与我们现代的政治见解相悖。我们认为，针对可能的侵犯国民自由的最强有力护卫之一是国家中枢体系的三个分支完全分离：立法、司法和行政中枢。但是，罗马人对于这样的一种分离全然不知。这些政务官通常践行所有这三项职能的两个或三个。随着时间流逝，人口的迅速增长，裁判官无法公正地完成他所有的职责。但是，罗马人没有将他的职责分解成几部分，并在此之上设立一些新的政务官，而是采用了其他的方法：他们只是增加了裁判官的数量，由此，裁判官的职位（praetura），在数量上和质量上都保持不变，改变的只是任职者的数量。

因此，我们发现，如我曾说的，相对而言在罗马有着非常少的政务官。没有任何一个是有报酬的职位：它们全都是无报酬的荣耀，罗马人称之为 honores，由此而意指它们完全是荣誉。执政官、监察官、元老或裁判官都不允许领取报酬。相反，这些职位都是代价极高的荣耀。因为，职位选举，正如选举之后的庆典，都需要非常昂贵的花费。报酬只付给低级官吏，付给书吏、扈从、仪仗官。通常这些职位任期只有一年，任期短是为了弥补授予政务官权力的强度。关于这一点，如我在上一讲所说，元老是例外。他们是终身任职的。两次以上被推选担任一个职位并不是很容易。

在罗马，政务官的所有事务都是口头表达。不曾有这样的痕迹，以繁重、累赘的文书形式来实施所有的国家事务，那会将我们的档案馆充塞为纯粹的文山的。每一个政务官都有他的顾问班子（consilium），是由练达之人组成，深谙国家法律和宪法。他根据其顾问班子的建议和判断发布决定或命令。罗马政务官要么具有至高权（imperium），要么就没有至高权。罗马人将司法和军事权力的大部分份额理解为至高权。还有其他一些分支的罗马政务官；其中一些像执政官、裁判官和监察官一样具有最高占卜权（auspicia maxima），其他一些具有低级占卜权（minore auspicia）；相应地，执政官、裁判官和监察官被称为高级政务官（majores），其他的被称为低级政务官（minores）。还有一种区分是显贵专席政务官和非显贵专席政务官。显贵专席政务官是独裁官、执政官、监察官、裁判官和显贵专席民政官,后者之所以这样称呼,是因为他们有权就座于象牙椅。这些座椅没有扶手或靠背。

现在,我只论及执政官、监察官、护民官和君主。裁判官将是我关于罗马法的下一讲的部分主题,因为他与罗马法律发展有着最为紧密的关联。就独裁官而言,其任期只持续六个月,而且是在紧急情形下被任命的,没有必要再去详细阐述。它只是一个例外的职位,仅仅关涉军事利益。度支官和民政官多少是从属性职位,明确度支官是财政的,而民政官是治安管理的就足够了。我会首先勾勒罗马执政官的地位和特征。

执政官是在罗马废除王政之后即刻设立的共和政体的政务官,其共和政体的性质表现在这一情形中,即它的权力分配给两个人,而且只有一年的任期。整体上,这一原则在整个共和时期都得到遵循,唯一的例外是有时候独裁官被任命替代两位执政官,还有,在少数情形下,当一位执政官去世,另一位独自担任职务时,要么是由于一年余下的时间太短,要么是出于宗教顾虑,要不然习惯的做法就是,如果执政官在担任职务期间去世或在届满之前放弃职位,另一位不得不召集会议,以便选举一位继任者。在最早的时代,首要政务官的头衔不是执政官,而是裁判官,他们被描绘为共和国的军事首领,或者居于国家首脑的官员。在最后一位国王塔克文·苏佩布(Tarquinius Superbus)被废黜之后,所有曾经属于国王的权力被转移给执政官,除了构成国王大祭司的部分之外。关于执政官的选举,始终都是在一位执政官或独裁官的主持下于百人团会议中进行的。一般而言,它遵循的规则是,政务官应该在朔日或者望日走马上任,除非特别的情形使其不可能;但是,月份本身在不同的时期变化不定,[①]执政官履行职务的时间不少于八个月

———————————

① 罗马古历采用的是阴历。最初的时候一年只有十个月,以三月开始。自努马王开始,在十月之后添加了两个月,此后罗马古历一年变成了十二个月。直到公元前153年历法改革,才将现在意义上的一月当作一年的开始。

或者九个月,其中很多情形,变化的原因也是我们知道的。

直到公元前366年,执政官仅仅向贵族开放,但是在这一年,基于李锡尼法(the law of C. Licinius),绥克斯图(L. Sextius)成为第一位平民执政官。在整个共和时期,执政官被认为是能够授予一个人的最高职位和最大荣耀,因为,独裁官虽然具有较高的权力(majus imperium),如我曾说的,却不是常设性的政务官,而监察官尽管只授予执政官,却在权力和影响方面远逊于执政官。一直到共和末期,尤其是在尤里乌斯·恺撒时代,执政官失去了其先前的荣耀;因为,为了赋予其友人荣誉,他会使得他们选任,有时任几个月,有时甚至是几个小时。关于执政官权力的性质,我们必须从一开始将其分为两部分,他们既是最高的民政权威,同时也是最高军队首领。只要他们身处罗马城,他们就是政府和行政的首脑,所有其他政务官都服从于他们,除了民众的护民官之外。

他们召集元老,正如总裁处理事务,他们必须执行元老院的决议,有时在紧急状况下,他们甚至以其自身权威和职责来行事。他们作为媒介,外交事务借此被提交至元老院;所有的急件和汇报在呈给元老院之前都要经他们手;他们将外国使者介绍给元老院,他们独自安排元老院和外邦的谈判。他们还召集公民大会,并且担任主持,由此主持选举,将立法提案付诸表决,并且必须实施大会决议。事实上,共和政体的整个内在机制就由他们来执掌牛耳,深入他们的行政权力之堂奥,他们具有传唤(vocatio)和逮捕(prensio)桀骜之辈的权利,唯一受到的限制是对他们的判决提出上诉(provocatio)的权利,这种上诉权可比肩英格兰或美利坚的人身保护权(the right of Habeas Corpus)。他们施以刑罚的权利甚至可以加诸于低级政务官。他们权力的外在标记同时也是他们行使权力的方式,是手持束棒(fasus)的十二个扈从。没有他们,执政官不会公开现身,他们一个接一个排成一行,走在执政官前面。不过,在城邦之内,斧钺不会和束棒一起出现。在他们通过之时,每一个人都有义务为他们让道、下马、起身、脱帽,或者表达某些类似的尊重仪式。不过,执政官的权力在他们于军队最高首领的身份中要广泛得多,彼时,他们不属城邦辖区之内,手握无限的至高权。

当元老院发布决议征召士兵时(因为罗马人在共和时期没有常备军——他们只在必需之时才征集军团),执政官付之行动,首先,他们任命所有下属军官——这项权利在后来由他们和民众共享,士兵必须宣誓效忠执政官。他们还决定由同盟提供分遣队;在委派给他们的行省中,他们具备无限的支配权,不止是所有的军事事务,而且还有其他所有事务,甚至有生杀大权,唯独除去缔结和约。

从一开始,执政官权力的滥用就被避免了,凭借的是每一位执政官都要依赖于其同僚,后者被授予同样的权力,因为,如果我们将外部行省除外,每个执政官在那里都赋以无限的行动权力,那么两位执政官除非达成共识,否则就一事无成,针对一位执政官的判决可以在其同僚那里提起上诉,不止如此,一位执政官可以主动地否决另一执政官的事项。不过,为了避免所有不必要的争议和敌对,从一开始就有应对之道,这一职位真正的职能应该按月轮流由其中一人履行,某个月份实际履行执政官权力的那一位会有十二扈从走在身前,基于此,他通常被李维用这样的语句来描绘:penesquos fasces erant(束棒为其开道)。在这种情形下,他的同僚就压根不会有扈从,或者一名下属官员(accensus)走在前面,而扈从则紧随其后。

最早时期,惯例似乎是一位执政官作为军队首领出征,而另一位为城邦安全之故留在罗马。不过,当罗马遭遇令人生畏的敌人时,两位执政官一起出征。然而,权力以这样一种方式在他们之间平等地分配:每一位统领两个军团,轮流在每一天掌管最高权力。在帝国的最后一个世纪,创设荣誉执政官成为惯例,由元老院推选,皇帝批准。尽管这些荣誉执政官仅仅是名义上的,却依然在帝国被尊奉为至高无上者,而且受到大富大贵之人最热切地追逐,尽管与此一职位相关的花费巨大,其原因在于我前面提到的公共娱乐。罗马最后一位执政官是公元536年的得西穆斯·忒俄多里乌斯·泡利努斯（Decimus Theodorus Paulinus）[1]。

下一类主要政务官是监察官。监察官是罗马两位高级政务官的名称。他们的官职被称为 censura。在国王被驱逐之后，便改由执政官来出任。直到公元前 443 年，才任命特殊的政务官来担任。这种变化的理由是之前一年任命的军事护民官替代了执政官的某些权力。而这些护民官可能是平民，贵族夺去了这些执政官——由此也剥夺了他们的替代者护民官——进行人口普查的权利，并且将其授予两位政务官，被称为监察官，他们是完全从贵族中挑选的，直到公元前 351 年，此类政务官一直都是贵族成员，那一年，马尔西乌斯·卢提鲁斯（G. Marius Rutilus）[2]是第一位平民监察官。监察官在一位执政官主持下由百人团会议选举。作为一项普遍原则，适合这一职位的唯一人选，正如我之前所说，是曾经担任执政官之人。

监察官与其他所有罗马政务官的不同之处在于其任职期限。最初，监察官被推选任期的时间是整个五年的时间（lustrum）；但是，早在这一制度设立十年之后，他们的任职就被限定为十八个月。在地位和荣耀方面，监察官同样具有非常特殊的位置。不曾授予他们至高权（imperium），相应地他们没有扈从。不过，尽管如此，监察官仍被认为是国家最高荣耀之一，它是一种神圣政务官，得享最深的敬意。监察官获得的高级地位和荣耀，是因为逐渐授予他的各种重要职责，尤其是因为其掌握公共道德的指导（regimen morum），或者说对于公民行为和私人道德的全面掌控。在这一权力的践行中，他们仅仅受到自己关于良俗之见解的规制，不用对国家的任何权力负责。这种公共道德的指导构成了监察官的三大职责之一，其他两项是人口普查（census），或者说登记公民及其财产，对此我在上一讲中简短提及过，还有就是在元老院的监督之下管理国家财政。

---

① 原文如此，应为 Theodorius。
② 原文如此，应为 Marcius。

公共道德指导或者监察公民的私人道德是监察官职责的最重要分支,这也使得他们的职位成为罗马国家最受尊重和最令人恐惧的。监察官这部分的职责授予他们一种特别的裁判权,它在诸多方面起到类似于现代公共舆论的作用。因为,有着数不清的行为,尽管每个人都认为它们是有害且不道德的,但依然不能归于一个国家实定法律范围之中。即使真正犯罪了,实定法经常也只处罚个别的违法行为,而在公共舆论看来,违法者甚至在承受惩罚之后,依然没有资格接受某些荣誉和嘉奖,这些是只能授予有着完美品格之人的。因此,假如某人在日常的法律审判中被判有罪,而且也因此接受了惩罚,罗马监察官可以凭借他们的叱责给这个人打上烙印,或者就像所称的监察官印记(nota censoria)。这样一种印记的后果并非丧失公权(infamy),用罗马人的专门意义的术语来说是 infamia,因为萨维尼已经毫无异议地证实,infamia 意指丧失政治权利,而监察官是不能剥夺这些权利的。这样的印记带给公民的只是耻辱(ignominia)。不过,其后果能够被下一任监察官,或者一道法令抹去。

一个人可能在很多情形下被打上监察官印记的烙印,详细列举是不可能的。最主要的触犯行为如下:那些发生在个体私人生活中的,比如当某人应该成婚时却过着独身生活。不过,这当然只是指男子。还有,以某种不正当的方式或者基于不充分的理由解除婚姻关系或者婚约。针对某人妻子或孩子的不正当行为,孩子不顺从他们的父母亲。放纵、奢华的生活方式,或者挥霍无度。许多此类行为被记录下来。某人耕种田地马马虎虎、粗心大意。做买卖或干营生声名狼藉。还有在公共生活中的冒犯行为,要么是在一位公共官员的资格,要么是冒犯政务官。

监察官施予的惩罚一般根据某人的身份而不同,然而,有时最高等级的某个人可能突然遭受惩罚,被贬至公民的第五等级。上一讲我已经讨论过这些等级。监察官适用的最残酷惩罚是 Motio 或者 ejectio e senatu,即将某人从元老中剔除,上个周六我已经讨论过这一点。还有 ademptio equi,即从一位骑士(eques)那里夺走公共的马匹。还有,那可怕的惩罚,motio e tribu,即将某人从他的部族、他的政区中驱逐出去,这意味着政治上的死亡,或者毋宁是无法行使其政治权利。

监察官职位持续存在了 421 年,从公元前 443 年到公元前 22 年。这一独特的政务官是历史学家最感兴趣的。它是一个好干涉的职位,干涉私人情感、人们的想法和动机,在这方面,它与我们的教会有着显著的相似之处。罗马其他所有的公职都不关心行为的动机;这一职位超越了纯粹的行为,纯粹外在的行为。它深入内心世界,对某些事务做出严厉的评判,而那一般说来被认为是排除在民政官员的权力之外的。我们可以正当地提问:为什么 pontifices,宗教团契中的大祭司或其他任何祭司、祭司(flamines)、占卜师(augurs)、阿瓦尔兄弟会(fratres arvales)不曾被授予这般对于公民行为的道德控制?为什么这样一种控制、一种就其性质而言是绝对宗教地控制,被授予纯粹民事特征的官员?我对此的回答已在关于希腊和罗马的系列讲演中给出。

这两大文明都不曾拥有我们现代认为最原初的事物,最显而易见的事实。我指的是,人、自然人与政治人、公民之间的截然区分。在这个时代,人区分于其民事和政治特征的纯粹人性不存在。罗马人深谙这一点。他们寻找到了一个非常有表达力的词来形容它。他们说:最初,只有自然人(homines naturalis)。这些自然人没有奴役、没有国王、没有国家、没有政治——他们就像某些动物群居,群体中的每个成员支持其完全的自由。不过,随着文明的进步,自然人(homo naturalis)变成了文明人(homo civilis),他的所有行为和情感服从 civites 即国家的命令。先前的自然人浸没于文明人,从此以后,他凭借并且基于国家而生。他必须根据国家的命令婚配,基于类似的理由他必须与自己的妻子离婚;他必须为这新神(moloch)即国家,牺牲他的财产、他的生命、他的家庭。国家之外,别无其他。国家拥有所有的权力,因此,道德控制的权力也不能排除在外,由此,监察官、纯粹的政治官员是罗马的传教士和教徒。这一不同寻常的制度的真正意旨正在于此。它绝对是罗马最深刻的特性之一,我以最大的恭敬提请你们关注它,因为它对那基督教起源的大问题产生了强有力的影响,对它的讨论会让我们对这个问题有更好的理解。关于监察官就这么多。

按照次序,下一个是护民官。任命护民官的目的只在于针对贵族政务官滥用权力而提供保护,他们能够提供此种保护在于他们的人身被宣称是神圣的、不可冒犯的,人们一致认为,无论何人有冒犯之举,都应该被绳之以法,他的财产应该被没收,上缴克瑞斯(Ceres)神殿。因此,护民官有能力为任何诉求于平民大会之人,或者需求其他任何协助之人提供保护。他们本质上是平民等级的代理人和机构,发挥作用的领域是部族大会。他们与贵族及其会议没有关系。然而,护民官不是法官,不能施予刑罚,只能向平民团体(commonalty)提出罚金建议。由此,护民官在其最初只是保护平民的政务官,不过随着时间的流逝,他们的权力扩展到了这样的程度,即它超越了所有其他的政务官,于是,如尼布尔所论,护民官成为整个罗马民众反对元老和一般寡头人物的政务官,尽管他们与行政或治理没有关联。

在共和晚期,他们成为真正的僭主,类似第一革命时期的法兰西国民大会。不过,尽管个体之人对于护民官权力的滥用巨大且不可计数,但伟大的历史学家和政治家坦承,罗马的伟大及其长盛不衰在很大程度上归因于这一官职制度。在美利坚共和国,没有类似的职位;不过法院训令(writ of mandamus)和证明令状(quo warranto)——一种在君主制国家未知的令状——行使着一位罗马护民官的职能,由此,在美利坚每一个体公民可能偶尔扮演一位罗马护民官的角色。

关于罗马人的护民官数量。所有古代作家达成一致的是,起初他们只有两位,尽管关于第一位平民官的名字,记载有分歧。然而,不久之后,护民官的数量增至五名,每个等级各提供一名。根据狄奥尼西奥斯,选举护民官的日子一直是十二月十日。这样说几乎就是多余:除了平民没有人有资格任护民官职位。因此,在临近共和末期,当贵族联合起来想要获得这一职位时,他们不得不首先放弃他们的等级，成为平民；因此，同样在帝国时期，人们认为元首（prince）不应该成为护民官，因为他是贵族。但是，属于这一职位的影响力太大了，皇帝不会不觊觎它。因此，奥古斯都（Augustus）终生享有护民官权力（tribunitia potestas）。

尽管看起来没有什么比下面这一点更自然的了：护民官最初应该由罗马公民的机构来选举，也就是作为代表的部族会议，但问题依然相当地隐晦不明。由于护民官是公众守护者，这一点就是必要的：每个人都可以在任何时刻拜访他们，因此，他们官邸的大门对于所有需要帮助和保护之人日夜开放，此种帮助和保护是授权给他们，可针对任何人提供，哪怕是针对最高政务官。他们的保护就是由那一个词构成的：否决——如此被否决的所有行动都会终止。基于同样的理由，护民官不允许有一整天不在城市之中，除了拉丁大典（Feriae Latinae）期间，那时全部民众都汇集于阿尔班山（Alban Mount）。

护民官有权在元老院决议时出席，不过，他们并不就坐于元老席位，而是坐在元老院议事厅敞开之门前方的长椅上。他们也在部族会议中提出议案。公元前374年，在护民官众僚的内在组织上发生了某种变化，这有瘫痪其权力的危险。在这一年之前，所有事务都由多数决定；但是这一次，我们不知道这一变化是如何引入的，它使得一位护民官的反对（intercessio）足以使得其同僚的决议无效。在他们和其他政务官之间的关系方面，我们可以观察到，否决权不是局限于终止政务官的权力行使，相反他们甚至可以命令他们的执达员（viatores）逮捕执政官或监察官，拘禁他，或者将其从塔尔皮亚石崖（Tarpeian Rock）①上投下。

平民护民官一直存续到基督纪元的第五个世纪，尽管他们的权

---

① 相传萨宾人进攻罗马时，罗马维斯塔神庙的贞女祭司塔尔皮亚（Tarpeia）贪图萨宾人的臂上金环而叛国，打开城门。但萨宾人入城后却以臂上的盾牌，杀死塔尔皮亚，并从卡皮托山的一块巨石悬崖上扔下去。悬崖因此得名。罗马人后将叛国者从这个悬崖上投下处死。

力当然地受到很多限制，尤其是在尼禄统治时期。然而，他们一直都具有否决元老院决议的权利，代表受害个体的利益。执政官、监察官、裁判官和护民官是罗马人的主要政务官，在罗马共和时期尤其如此。

以基督纪元的前四个世纪，罗马的最高政务官是君主。君主或者皇帝（imperators），执掌所有事务，民政的、军事的、宗教的，而且他们集合了，或者至少试图集合其他政务官的所有权力。为了能够形成关于罗马君主的一种恰当、正确的观念，我们首先必须抛弃关于国王或君主的所有现代观念，因为，这些现代观念不适合罗马制度。一位现代君主从来不会放弃的诸多特权在罗马皇帝那里都轻易地放弃了。另一方面，罗马皇帝极端想要保留的某些权利却被现代君主认为毫无价值。其结果是，比如没有哪个现代国王或甚至是公爵想要解散他的宫廷——诸多宫廷式官员、宫廷显贵，还有王室的皇家侍从，或者王室的皇室管家、皇室门卫等。这些廷臣，连同服侍国王或王后的无数淑女和绅士，被认为是现代宫廷必不可少的部分。不过，没有哪个罗马君主曾经想到过这样的显贵。他们这样的宫廷、寓所与罗马富人的居所没有不同之处。罗马人没有特殊的宫廷礼仪，令人头疼的序位问题从未出现，也不曾意识到现代宫廷那种堂皇而奢华的陈设。他们仅仅是国家的最高政务官之一，即最有权力的政务官。他们同时是执政官、监察官和裁判官。不仅如此，他们与其国民中的任何一人分享这些职位，比如提比略（Tiberius）、韦帕芗（Vespasian）等霸王（Tryanus），或其他任何一位君主在过去一年期间与其他某些贵族或平民被选为执政官。

他坐在法官席上，就像一名法官，我们读到过，奥古斯都或者哈德良（Hadrian）经常像法官一样审理普通民事诉讼案件。需要即刻表明差异所在。在现代欧洲，所有的判决都是以君主的名义宣判的，即使在某些诉讼中，有人对君主本人提起告诉，比如要求赔偿损失，判决是这样起首的："以君主之名。"而在帝国罗马，正义不是以君主名义得到践行，而是有时由君主亲自践行。最初的君主从未想过要建立一个世袭帝国；他们甚至没有掌握所有的权力；他们必须被选举,再选举。比如,奥古斯都必须使自己每十年再被选举,尽管他确信会全票当选,却依然坚守旧的观念。事实上,在共和国所谓的自由和帝国声称的僭主统治之间没有太大的差异。一般的说法是,罗马古老的可信赖的自由在皇帝攫取权力之际就结束了。不过,几乎没有比这更没有意义的历史判断了。关于在君主时期自由衰退、德行不再、道德沦丧这些老套的慷慨陈词,都属闲扯。这些慷慨陈词的根基在于少数罗马历史学家,谴责帝国的一切并且鼓吹共和的全部正是他们的职业。

在这些历史学家中,塔西佗(Tacitus)首屈一指。现在我不会讨论他的著作作为文学作品的伟大、超凡价值,我也不会讨论他某些评论的洞察入微和见解深刻。毫无疑问,他是一位伟大的作家,文学或者语文学的行家里手,在其举世无双的简洁风格、布局谋篇的艺术美感方面可以恰当地享受荣耀。不过作为一个历史学家,塔西佗有着非常不确定的价值。他属于贵族阶层,他们对于失去共和时代发号施令的权力无法释怀。此等丧失是由皇帝引起的,因此,塔西佗的内心充满着对于所有君主、所有帝国制度的无比仇恨。他不是在写历史,而是在写党派史,他在写政治宣传册,他所哀恸的不是自由的丧失,而是权力的旁落。事实上,在皇帝治下,罗马民众享受所有类型的自由。城市几乎是完全地自治;行省的总督受到严厉的监控;正义极其出色地得以践行;不存在可憎的卫戍部队,因为罗马军团驻防在帝国的边疆,而不是帝国的城市。罗马君主远没有侵蚀罗马自由的根基,毋宁是由于忽视了并培育贵族而削弱了自身权力的根基,而贵族被证实是现代君主制最好、最安全的根基。

如我曾经提及的,罗马君主没有宫廷、没有廷臣。他们忽视了扶植一个独立的民众阶层的成长,就像欧洲的贵族,其利益天生与他们自己的利益是连在一起的,那会是对心怀恶意的军队和喧嚣的群氓强有力的制衡。这一点他们忽视了并不曾去做——这是他们主要的、致命的错误。他们未能建立这种良性的区分,男爵、伯爵、公爵、侯爵、纯粹的公民、农民之间的区分——凭借这种区分,欧洲的君王之位获得了坚实的根基，长达十一个世纪屹立不倒。在罗马君主时期，不存在此等区分，还不如在罗马共和时期。最卑微的公民称呼他们的君主都是直白的"你"，就像他是在和自己的奴隶说话一样。君主与普通的平民女子成婚，她们没有勋章、没有冠冕、没有权杖、没有侍从，一无所有。君主不是其子民的僭主，他们只是某种官员，那在彼时是唯一的可能。

在一个高度发达的文明国家，这个民族的某些重要政务官必然是被排除在选举机会之外的。一个民族可能会非常民主，一个民族可能会对于这一事实引以为傲：所有的权力寓于民众，所有的权力都服从民众的选票；尽管如此，必定还是存在着某些高级的、某些重要的官职，是绝对免于民众的选举的。举个例子，比如这个共和国，美利坚合众国。最确切无疑的是，这个共和国一项骄傲的原则是，所有的权力属于人民，美利坚合众国的人民是统治者。但美利坚合众国的人民不是将巨大份额的权力授予一部分官员了吗？他们不是完全不用人民选举的吗？美利坚合众国最高法庭的法官不是拥有巨大的权力吗？他们不是能够撤销国会通过的法律吗？他们不是能够并且的确有时推翻整个立法机构吗？另一方面，美利坚合众国最高法庭的这些法官不是完全免于选举的任性吗？他们不是被授予终身任职的巨大特权吗？这正是与罗马皇帝相同的情形。

在基督纪元的第一个世纪，越来越显而易见的是，共和国每年一度的、短期的、不断变换的官职不再适合于这庞然大物的国家。因此，有必要设立永久性的职位，正如美国人觉得有必要使得他们的最高法官成为永久性制度，免除所有的选举。在罗马，他们不是设立了最高法官，而是设立了最高执政官，或者毋宁是君主。这是确切的事实。所有孩子气的自由衰落之言谈都是纯粹学究式的夸夸其谈。君主是罗马最大的福祉之一，不仅是作为一项制度，而且就他们个人而言。因为，除了极个别的例外，他们都是正直的有德之人，他们倾尽全力，履行他们的职责，为他们自身和他们的职位赢得荣耀。

我知道，充斥着无穷的关于君主卑劣放荡行迹的故事。不过，如果你哪怕只是一度去追寻这些故事的源头，你就会对于这些叙述令人诧异的不名一文感到吃惊。我不是想要为卡利拉古（Caligula）这样的蠢人、或者埃拉伽巴路斯（Heliogabulus）①这样的淫人辩护。毫无疑问，存在一些可耻的例子。但是，这四五个单独事例证明了什么呢？什么都没有。在所有阶层的人中间都有愚蠢和放荡之辈。而大部分的罗马君主多少都是诚实、勇敢、聪慧之人，由于这是一个颇为新奇的问题，我会择选两个例子，罗马的两位君主，他们被普遍描绘成令人发指的僭主，无恶不作，犯下骇人的罪行，教唆残忍卑劣的行径。我指的是提比略和尼禄（Nero）。我在这里要讲述的关于提比略的内容会证实，二者都不是传说中的怪物。

通常提比略被描绘为一个残忍且专断的奸淫之徒。然而，为了验证这一断言的真实性，我们必须首先探查这些历史文本来源的性质，关于提比略的普通观点就是以它们作为根据的。这些文本主要源自三位历史学家，塔西佗、苏埃托尼乌斯（Suetonius）和狄奥·卡西乌斯（Dio Cassius）。我已经提及塔西佗。苏埃托尼乌斯不过是一个淫佚野史的搜集者，狄奥·卡西乌斯也是如此，他坦言自己只不过是一个说书人。提比略激起了强大的骑士阶层无法化解的敌意，后者是公共税收的包税人，他们巧夺豪取，却通常不会受到惩罚。当受到指控时，都是由帮凶和同党来审判。但是，提比略终止了他们的抢劫行为，骑士阶层连同许多其他贵族，就散播提比略生活和性格的最可耻的流言蜚语。不过，如果我们阅读这些文本来源，尽管它们都被党派的敌意所毒害，但我们不得不冷静地坦承，提比略是其国民的一位明智、正直、真诚且热忱的友人。塔西佗本人也不能掩饰这一事实：提比略经常在审判中坐在次席的位置上，预防贿赂和腐败。不过，塔西佗当然会评论说，尽管正义由此得以促成，但自由却被损害。此等自由之损害是塔西佗的嗜

---

① 原文如此，应为 Heliogabalus。——编注

好,甚至是没有明智之人注意它的时候,他也会察觉到。

提比略的主要禀性就是道德真诚。奥古斯都的戏谑之辞(并不总是非常适宜)在提比略靠近时就会锁在唇齿之间。在对待个人或者整个元老院的方面,他表现得过分尊重。在元老院中,他与昆图斯·哈特里乌斯(Quintus Haterius)有分歧。"抱歉,先生,"他说,"如果我作为一位元老,颇可直抒胸臆,而与您意见相左,还请原谅。"如果没有侍从陪伴,他从不会走进元老院,有一次他不修边幅地来到那里,因为他生病了,在门口遣散了他的侍从。所有公共性质的事务都由政务官以古老的共和形式来实施;执政官的权威依然相当了得,以至于一些非洲的使者与他们接洽,并且抱怨无法完成提比略分派给他们的事务,而他们是被派遣到他那里的。这无需惊奇,因为人们注意到,当执政官驾临时,提比略通常会起身,并且为他们让出道来。

他对于谄媚极其反感,因此绝对不会忍受任何元老把他的不修边幅视为文雅或者时髦。曾经有些人称呼他"阁下",他希望不会再以那种方式受到侮辱。提比略试图教导人们节俭,但不是凭借暴力,而是凭借规诫和示范。他在金钱方面极为慷慨。埃米利乌斯·莱克图斯(Aemilius Rectus)是埃及的总督,有一次送给提比略远超过指定的贡赋,后者回信说:"我希望你剪羊毛,而不是刮羊毛。"他对于头衔深恶痛绝。一般会以恺撒称呼他,偶尔是日尔曼尼库斯(Germanicus),但他自称是首席元老(Primate of the Senate)。他说:"我是我的奴隶的主人,我的士兵的长官,但只是其他人的首席同僚。"肉体惩罚在他那个时代不为人所知。塔西佗和苏埃托尼乌斯告诉我们,这一次没有狄奥·卡西乌斯附和,提比略退隐至卡普瑞亚(Caprea)岛,那时他已届古稀之年,长年累月地荒淫无度,卑劣无耻,以至于此时已然毁坏了他的记忆。但整个说法都是无稽之谈。那个岛的名字,卡普瑞亚或者卡普里(Capri),致使某些人称提比略为卡普里尼乌斯(Caprineus),它的意思要么是卡普里的一位居民,或者是通过某种双关语,意指一个极其荒淫之人。随后这则传言又被派系的恶毒之意添油加醋。没有一例历史事实证实这淫佚掌故，提比略的形象，至少在那些没有偏见的心灵中，不曾被这些卑劣的行径所污染，那是绝望的党派之徒怀有恶意的诅咒加于他身的。

据说，第二个恶棍是尼禄。总体上，我不认为尼禄是堪称典范的儿子、爱意绵绵的丈夫、英明的治国之才，或者非常值得尊重的君主。的确，人们无法拒绝这样的印象：他是一个爱慕虚荣、荒淫无度且智力低下之人，不仅没有良好的禀性，而且还沾染了诸多道德恶习，又处在这样的一种环境中，他的邪恶行径在那里极其可怕地疯长。他可能是一个比他的恶名更胜一筹的怪物。我不知道他是怎样的，我甚至不想猜测他是怎样的，但是我在这样一种情形下或许确定无疑所知的是，支持针对他的主要指控、毫无疑问普遍接受的指控，对于那理性的审问者的心灵不曾提供任何证据。

加诸于尼禄身上的主要罪恶行径有四项：（1）谋害亲人布列塔尼库斯（Britannicus）；（2）谋害他的母亲阿格里皮娜（Agrippina）；（3）火烧罗马城；还有（4）谋害他的妻子波培娅（Poppaea）。如果能够表明，这四项指控的证据从各方面来看都是不值得信服的，甚至有时是幼稚的荒谬，那么就没有必要再去探查那些一般的指控。第一，关于谋害布列塔尼库斯。苏埃托尼乌斯叙述道，一个职业的制毒人洛库斯特（Locusta）奉命备好毒药。随后在一次宴会上，布列塔尼库斯吃了这种毒药。这位亲王服下之后当场毙命。宾客大为惊诧，有些起身尖叫，不过尼禄冷静地安抚他们，确信这不过是癫痫症发作，布列塔尼库斯患有此症，过一会儿就没事了。但是，布列塔尼库斯真的死了，第二天就草草埋葬了。据狄奥·卡西乌斯所言，尸体的脸部因为毒药的缘故完全成了黑色。传言就是如此。现代医学提供的第一个看法是，布列塔尼库斯的暴毙非常有可能是由于癫痫，不可能是中毒所致，因为，古人还不知道有如此迅捷药效的毒药。我们今天所知的在几秒钟就会产生效果的有限毒药是氰化氢（prussic acid）、草酸（oxalic acid）、士的宁（strychnine）、箭毒（woorara）和某些毒蛇的毒液，而这些罗马人并不知晓。据说有着充分理由相信在罗马普遍使用的一种毒药是乌头草（aconite），需要一到三个小时产生致命的效果，而大多数矿物质毒药需要好几个小时。第二，现代医学尚不知晓什么毒药能够迅速使得死者的脸部变黑。有些矿物质毒药，慢慢食入，会慢慢使皮肤变色，但是没有一种表明其可以迅速使皮肤变色。

至于指控尼禄谋害了自己的母亲，科学和常识不会有什么分歧反对这一点。苏埃托尼乌斯让我们相信，尼禄三次试图毒害阿格里皮娜，但是三次都失败了，因为后者采取预防措施，服用了解毒剂，挫败了这种企图。对于罗马人的心智来说，这是完全不可信的。对于现代科学来说，这是完全荒谬的。由于对于毒药的性质以及它们如何影响机体没有清晰的认知，古代生理学会轻易相信一种普遍的解毒剂的存在。然而，在提到某种解毒剂时，除了在某种特定的条件下针对特定毒药的特殊救治之外，现代生理学会哑然失笑。

此外，也没有任何信服的证据表明尼禄纵火焚烧罗马城。塔西佗亲口告诉我们，尼禄那时在安提乌姆（Antium）；苏埃托尼乌斯也不能添加任何更有利的证据；同时代的其他作家没有提到尼禄犯下了这般滔天罪行。恰恰根据指控者的证据，尼禄完全不是一个残酷之人，还从元老院的迫害中救下了许多人。我们不曾读到像史书记载的奥古斯都那样大规模的屠杀，后者一天处死了三百名元老和贵族。罗马的君主掌握着巨大的权力，自然经常滥用这种权力。但这是所有时代的共同感受。不曾有掌握权力而不滥用之人。这不是个体之人的错误，而是普遍人性的。因此，在我们不能赞颂每一个罗马皇帝的德性之际，也一定要仔细警惕，无法提供任何一种可靠形式的证据，却笼而统之地谴责他们。

IV. 罗马法

女士们、先生们：

如果我们遗漏了罗马人最令人惊叹的创造物，那么对于罗马文明的任何讨论在本质上都是有缺陷的，它或许远远超越了其全部的伟大武功,命定了会使他们青史留名,也使得他们成为最晚近之人的良师和恩主。我指的是罗马人的法律,对这一主题的讨论构成了我现在讲演的主题。对各位说在给我这非常有限的时间内,我甚至都无法触及这一科学的所有原则,这纯粹是多此一举。历史学家的罗马法不是法学家的法律学说。其纯粹教义性的方面是等而次之的考虑。我不会关心罗马人法律学问的阐释,我关心的是阐释这一科学的历史起源和历史意义。

当我论及希腊文明时,我将两次独立的讲演分别投入到了希腊人的哲学和艺术。我这样做,是因为希腊哲学和艺术是希腊文明的典型产物。他们内在于希腊心灵,他们无法抑止地发展它;不曾有人襄助他们(原因我已说明),埃及人、亚述人都不是希腊艺术家的师父。希腊艺术和哲学因其自然必要性的力量生长和发展,凭借的是那种命运的力量,根据希腊人的宗教,众神本身也臣服于这种力量。不过,哲学和艺术在希腊之所是,正是法律、法律科学在罗马之所是。它凭借的也是自然力量,无法预料的、无法祈求的、无法抑制的力量和生机。我所说的无法预料、无法祈求是这一不可思议的科学的诸多奇迹之一。

直到奥古斯都时代,罗马人不曾将心思专门放在法律的耕耘上。事实上,在公元1世纪之前的罗马城,没有人是职业的法学家。没有律师,罗马人没有律师。我的意思是,至少在尼禄时代之前,罗马人没有独立的律师职业,凭借法律职业行为谋生。共和时期以及基督纪元最初的两个世纪,最伟大的咨询律师,斯凯沃拉(Scaevola)、苏尔皮奇乌斯(Sulpicius)、奥菲里(Ofilius)、特雷巴求斯(Trebatius)、特斯塔(Testa)、加卢斯·阿奎琉斯(Aquilius Gallus)、马库斯·安提斯提乌斯·拉贝奥等等,他们从未收过一文咨询费用。成千上万的人每天聚集在他们的住宅寻求某些法律建议,但是,他们从没有想过因为他们的辛勤付出、专业学问而得到起码的补偿。所以,他们没有人将谙熟法律作为一项职业。他们是士兵、官员、地主,只是将其部分的时间投入法律行当。另一方面,没有法律学院,至少直到罗马建城的第八个世纪之前没有。伟大的法学家通过拜访著名的法律家以及仔细研究法律,还有一些法律书籍来获得他们的法律教义。法官也非熟练的法律家。因为裁判官,也就是罗马的这些政务官,他们将处理的法律问题以诉状或者程式的形式确定下来,从而准备好提起审判的诉讼,这些裁判官并非熟练的法律家,就像我们大部分的法官;他们是雄心勃勃的贵族或平民,碰巧被选来担任这一职务,他们居于其位只有一年,因此,获得深刻的法律知识和经验的所有机会都绝对排除在外。成为一名优秀法官或者一名优秀律师要花不止一年的时间。

现在,如果我们思量所有这些条件,如果我们记得,罗马人没有特殊的法律训练学院(当然我现在提及的是在提比略时代之前,那时全部罗马法的根基已然奠定),我指的是,罗马人没有特殊的法律学院、没有职业的法官、没有职业的律师,他们经常投身于战事,陆战以及海战,他们鄙视所有的商业和产业,这些法律最本质性的因素,完全与一个自由人不匹配,只应交给一个奴隶来做——如果我们考虑到这一点,我们应该自然预料到罗马人是极其不值一提的法律家。因为已得到很好验证的是,所有的事务要么全情投入,否则就不可能做好,不是此般自明之理还能是什么?不过,罗马人就是以某种勉强为之的方式来耕耘法律的。只是到了基督纪元的第二个世纪,在哈德良的时代,我们才听说职业的法学家,比如萨尔维乌斯(Salvius)、尤里安(Julianus)和盖尤斯(Gaius)。在此之前,罗马人几乎或者从未想过要建立法律科学。反之,如果他们这般做了,将会以一种绝对错误的方式进行。

罗马伟大的演说家西塞罗对于法律知识有着相当的造诣,他留给我们一部珍贵的论著,论及他如何思考法学艺术、法律科学。在这部奇特的著作中,他不过是在嘲笑当时的罗马法学家,他称他们是法律贩子,一些没有能力将自己提升至超越庸者层次、流俗想法之上的人,他们没有能力上升到哲学学科的清澈境界。由此,他也下定决心要撰写一部真正科学的法律论著。不过,后人对于这些法律贩子的评价迥然不同。后人认为,西塞罗的那部科学著作是非常优秀的文学作品,但却是非常糟糕的法律著作,而这些法律贩子的作品尽管在风格上乏善可陈,但就法律而言相当出色。西塞罗,综合了他那个时代的所有文化,在一个开明的时代中位列最开明的心智人物之首,甚至都不曾估量到其祖国法律影响深远的重要性。尤里乌斯·恺撒也没有,在基督纪元第二个世纪之前的任何罗马人都没有。所有这些事实证明,法律科学的发展在罗马是自然生长的,没有人刻意培育,没有人精心耕耘,直到它具有了如此雄伟恢弘的形式,以至于我们现代文明中的最伟大数学家之一,即戈特弗里德·莱布尼兹(Gottfried Leibnitz)毫不犹豫地将罗马法学家的著作与高贵的数学科学的上乘之作相提并论。

现代国家尽管花费了巨大费用培育、教授法律,现代法学家中的很多人尽管毕生致力于法律研究,然而,没有哪个国家以及哪个个体曾经成功地堪与罗马法学家比肩。他们的著作是法律知识取之不竭的宝藏,每一行、每个词都具有最珍贵的价值。在本世纪之初,在 1816 年,一部手稿或者毋宁是一部小册子在维罗纳被发现,当人们得知那是罗马法学家盖尤斯的遗失作品时,全欧洲和美国的学者欣喜万分。这部篇幅不大的著作令大批法学家付出了艰辛的劳动,而盖尤斯最近的编者也坦承了这一令人沮丧的事实,在朝着令人满意地理解盖尤斯的路上,才刚刚起步。不止如此。大概五十年前,一位植物学家恩德里克尔(Englicher),那时是维也纳帝国图书馆馆长,在一部古书的背面发现了一张薄薄的皮纸。那上面大概有二十行文字,被证实是乌尔比安法律作品的一部分。这二十行被视为是非常珍贵的发现,它们构成了我们为数不多的罗马法文本来源的显要内容。这一科学的财富令人不可思议,甚至那些破旧的残篇,它们历经岁月的侵蚀存活下来,当然只提供了关于罗马法最初范围的极不充分的认识,但那些破旧的残篇也包含着超越所有时代的取之不竭的宝藏。因为,我们现代拥有的罗马法学家的所有作品,也只是这些法学家实际撰写的千分之一的内容。

这一书卷(展示《法令大全》[Corpus Juris])包含了所有的罗马法。这一书卷是千千万万部著作的本源。这部作品的每一行、每个词都曾经被十个世纪以来的最智慧头脑讨论、探查过,这一作品中零碎的内容足以为基督纪元第六个世纪到现在的无数个体、无数案例提供正义。这一部作品可以替代德意志、法兰克、西班牙、葡萄牙和其他许多民族的法律书籍。当这一法律书籍开始被引入德意志的时候,也就是在 12、13 世纪时,德国人就有了编纂合理的法典,比如《萨克森法镜》(Sachsenspiegel)、《士瓦本法镜》(Schwabenspiegel),还有他们各式各样的城市法(Stadtrechte),就像索斯特(Soest)、马格德堡(Madgeburg)、科隆(Cologne)的城市法(city-law)。不过在外来的罗马法和本土法之间的竞争中,本土法失败了,罗马法保持着其支配性,一直到我们当下的时代。

在德意志,听闻一名法官引用基督纪元一世纪一位罗马法学家的判决,是最为司空见惯的一件事情。不过,他不仅援引它,而且还遵从它。一个城市的法律这般不可思议的影响力、这般难以置信的影响力,是罗马法的伟大历史意义。因为,所有的罗马法都起源于罗马城。我在前面关于罗马的讲演中提到过这一事实,与罗马所有的伟大之处完全集中于罗马城有关。所有的罗马法学家是罗马、罗马城的智识产物。如果你思考我不断在关于罗马的讲演中提到的内容,你就不会对这颇为奇特的事实感到吃惊。因为,在罗马时代,没有国家(state)、没有田野(land)、没有乡土(country),只有一座城市,罗马城。

以英格兰为例。英格兰法不是仅仅在伦敦城发展起来的,它是英格兰许多城市、许多乡村和地区中长成的,正如我们所称呼的,它是英格兰的普通法,不是伦敦或者爱丁堡的普通法。我在关于罗马的一次讲演中,提到过这一事实:在罗马,唯有在罗马,一种严谨、精确的法律、lex 概念才能被发现。如果我们将罗马法的渊源与其他民族的法的渊源做一比较,我们就会理解罗马法这一最重要的特征。盖尤斯说:"Constat autem jus civile populi Romani ex legibus, plebeiscitis, senatus consultis constitutionibus principum edictis eorum qui jus edicendi habent, responsis prudentium."换言之,罗马法源自 leges 或者 plebeiscita,即源自民众的决议,在立法会议中通过,也源自这些政务官的训令,民众授予他们立法的权力。

这样做是极富启示意义的,即比较罗马人的法律渊源与亚洲和北非地区伊斯兰教国家的法律渊源。一位伊斯兰教的法官遵守的法律权威次序是(1)《古兰经》;(2)逊奈(Soonut),即圣行(Traditions);(3)萨哈巴(Sahabah)的一致见解或者先知的结论;(4)塔比尔(Tabieen)或者当前继承者的一致见解;(5)艾布·哈尼法(Abu Huneefa)、艾布·优素福(Aboo Yoosuf)和穆罕默德的见解;(6)现代法律家的见解;(7)格雅斯(Kiyas),即类比(analogical reason)(尼尔·E·拜里耶[Neil E Baillie],《伊斯兰买卖法》,第21页)。在这些法律权威的次序中,不曾提及 lex 意义上的、民众决议意义上的法律。他们在他们的圣书《古兰经》、关于这部经书的圣徒注解中寻找到了一切,不曾有法学家想过民众的立法权力本身。在美利坚,法律也被划分为成文法和非成文法。我们所理解的成文法就是宪法、条约和法令。不成文法我们指的是普通法和衡平法。成文和不成文法之间的一般区别是,前者通常是由适格的权威机构制订和颁布的;而后者是由没有任何形式规则的司法判决构成的。这样的一种区分与罗马法的品性全然不合。在罗马法中没有这样的区分。在美利坚,可以说宪法是基本法,所有法律必须与其一致。在美国,如果州立法机构或者国会通过的一部法律,与这个州的宪法或者联邦宪法的文字和精神不符,它会被宣布违宪或者无效。换言之,1851年的俄亥俄州宪法可以使得1851年之后通过的任何法律无效,如果后来的这些法律与上述宪法的精神和旨趣可能背离的话。不过,就罗马法律理念而言,这是完全不存在的法律可能性。根据罗马法学家,在一部法和另一部法之间不会有如此本质性的差异,它们都处于同样的序列,属于同样的种类,而且都受如下普遍原则的支配: lex posterior derogate priori,即后法优于前法。由于罗马法的这一重大原则完全不适用于美国法,因此,通过这个例子,你们可以轻松看到,美国的法律观念与罗马的法律观念迥然不同。

在作为一方的罗马法和另一方的英格兰-美利坚法律之间,还有其他的巨大差异。诸位都意识到这一事实：先例，也就是由先前法官判决的案例在美国法中扮演着非常突出的角色。美国法律家的藏书通常是由几百卷，有时是几千卷判例汇编构成的，包含了过去若干世纪以来无数的法官判决，最远可回溯到 13 世纪。这般巨大的藏书是每个法律家的忠诚助手、庇护之所，几乎在每一单个的案例中，他都会诉诸于它，无法摒弃。罗马人从未想到过这一点。先例于他们无足轻重。他们不曾收集单独判决的案例汇编，相反完全忽视它们。这是非常引人注目的一点。对这一点的讨论将会对我们更好地理解罗马法的真实禀性助益良多。

在罗马没有法官。我意指没有像我们拥有的那样的法官。在罗马，政务官，更多的尤其是裁判官，并不做出判决，他只是筹备诉讼，签发某种程式（formula）、令状（writ），其中涉及的整个法律问题得以恰当地阐释。判决本身是交给承审员的，被称为 juedex，即法官，或是交给三名法官，被称为仲裁团（recuperatores），从来不会交给十二个陪审员。不过这些承审员都是私人，而他们的判决尽管是最终的，却不能作为法律学问的主题。另一方面，裁判官不能做出判决，不过，他们被允许做出关于未来处理法律问题的告示，而这些告示在得到其继任者的确证之后，构成了所有裁判官的永久告示。罗马裁判官的这些训令，是目前为止罗马法最充盈的渊源，替代了美国法中先例的位置。

基于我不得不说的关于罗马法的特性，诸位会明白，这一独特的法有着其自身的禀性，有着最确定形式的特质。揭示这一特质的秘密，三言两语就展示其精髓几近于不可能。不过，我却要尝试为诸位提供我所认为的罗马法最突出之处，它将罗马法与其他所有的法律区别开来，就我所能看到的而言，它构成了其令人印象深刻的优越性。不过在进入这一主题的讨论之前，我们先概览这一法律的历史。

罗马法的历史通常划分为四个时期，这一划分是由历史学家爱德华·吉本（Edward Gibbon）提出的，被法国和德国罗马法学者接受。第一时期截止到共和政体建立；第二时期到西塞罗时代；第三到塞维鲁(Severus);第四时期到查士丁尼(Justinian)。第一时期的遗迹非常贫乏,它们只是王政时期某些法律的残篇。第二时期的遗迹也不是特别丰富。它们主要是著名的十二铜表法(lex duodecim tabularum)的遗迹。这些铜表铭写着罗马人最早编纂的法律,包含了政治的和民事的法律。直到罗马最后一个世纪,十二铜表法都被认为是所有罗马法的基础,乌尔比安(Ulpianus)或者帕比尼安(Papinianus),基督纪元第三世纪的法学家,将十二铜表法作为他们时代通行的法律来引用。这十二铜表的遗迹被德意志最聪慧和最博学的罗马法专家收集并加以整理,对于其总体内容,我们现在能够形成一种相对公正的论断。当然,现在详细阐述其内容是不可能的;不过,关于这十二铜表法,有一点要讨论,这也是我作为历史学家的职责之一。

萨梅纳·梅因(Sumner Maine)爵士论古代法的著名作品,一部被广泛阅读并得到多数读者普遍赞赏的著作,其中你会发现关于十二铜表法的如下评论:首先,这些铜表展示了某些系统化整理的痕迹,不过,这必须归功于铭板(tabulae)的希腊渊源;此外,这些铜表编纂之际,习惯依然是强健的,而一百年之后它可能就太迟了,至少比较确定的是,因为十二铜表法,罗马人得以避免如此不幸的命运,印度人因为忽视了编纂类似的法典而不得不承受不幸的命运。我必须坦承,这些话全然是胡言乱语的展示(Dimemuseum)。它们不只是谬见,谬见本身不会有太大的遗毒;它们远甚于此,它们遮遮掩掩、半真半假,而且用耀眼的哲学光泽掩盖了深刻的无知。

首先,下面这一点已经被舍尔(Schoell)、迪尔克森(Dircksen)和胡施克(Huschke)毫无怀疑地证实了:希腊法与罗马法没有关联,将铭板、十二铜表法的部分归结为希腊法的影响意味着一本正经地坦承对于罗马法和希腊法全然无知。其次,在这些铜表中,不仅存在一些体系性条理,就像萨梅纳爵士屈尊承认的,而且存在很多、在这些古老的铜表中存在着非常多的体系性条理,比英国教授的著作要有条理得多。铜表法展示了老练法学家们的极高智慧,如果你阅读了耶林(Ihering)对于这些铜表法的体系性条理所说的内容,就会对作为这一法典创作者的古罗马人的深奥智慧怀有最高的崇敬。最后,关于梅因对于罗马人的这一评论,即由于其法典是在习惯依然强健之时编纂的,得以避免了印度人那样的悲惨时运。但萨梅纳爵士所说的强健的习俗是什么呢?伊斯兰教徒期盼且接受彩礼的习俗是强健的习俗,而美国人拒绝彩礼的习俗就是病态的习俗吗?"强健"这一特性完全与法律制度无涉。一项制度对于某个民族或许是如此的不强健,然而,并不能排除对于另一个民族,那同一制度或许会显示最有益的特性。

比如,罗马人很少或者从来不曾要求现代人的所有必要之物中首先需要的,我指的是书面合同。在法律上,一项口头契约就是有约束力的,对于任何种类的法律事务正如一纸书面契约一样有约束力。这是一例强健或不强健的习俗吗?谁敢断定这个问题?审慎的思考者不会愿意。罗马人对于这一法律规则或许具备非常有说服力的理由,而我们无视这些理由并不能使我们有资格声称反对这一规则本身。关于萨梅纳爵士论及罗马人从在这样早的时期就将习俗编纂成法典的事实中得到了巨大好处的见解,我必须坦言,这本身就不是什么好处。德意志人很早的时期就有了他们民族的法典,法兰克人也是,勃艮第人、卡斯蒂利亚人、阿拉贡人都是如此——但它们都完全归于忘川,而它们的位置也被罗马法所替代。惊异之处不是罗马人有十二铜表法典,而是此法典从来不会被废弃不用,在于它一直到查士丁尼时代为止,构成了所有法律科学的基础,换言之,延续了一千多年的时间。

大约在这一时期,即罗马法历史的第二时期结束之际,这一法律的两类主要渊源显现了,我指的是裁判官的告示(edicts)和法学家的学说(teachings)。我已经提及裁判官的告示。每一位裁判官,在履行其职责时,必然会发布其一般的法律原则,根据这一原则来解决诉之于他的案例。这些裁定或者原则,他会公布在广场(Forum)附近的一块白板上。这一白板被称为 album。(顺便一提,这就是我们现代"相册"[album]的起源。)这些告示在哈德良的时代被汇集为某种宏大的永久告示——这种告示连同法学家的著作,构成了罗马法学的主干。罗马法学家的著作主要是对于告示的阐释。他们接受了告示的简洁措辞,对其加以分解、扩充、对照和比较;通过这般一种微观、化学分析的奇妙过程,他们精心演绎出无数的法律原则,最精致的区分、最具实践性的劝诫、最清晰的结论。他们极擅拉丁语。最严谨的语法学家都会赞扬他们的风格;然而,只需相当适量的拉丁语知识就能够读懂罗马法学家。他们的用词极其朴实;他们痛恨模糊的、华丽的概括表述以及笼统的定义。他们说:"in jure civili omnis definitio periculosa."也就是说:在普遍的法律中,定义是非常危险的。他们乐于从一个具体案例、真实生活的案例开始。接着,他们就会如同一位解剖学者接受了人体器官一样,接过那一案例。一开始,他们会剥除其所有的非法律特征,他们称之为"事实"(res facti)的特征,嗯,比如,在一起债务偿还的诉讼中,原告或者被告是贵族或平民完全无关紧要,这就是事实;但是,原告或者被告是否罗马公民(civis)或者外国人(pregrinus)就不是无关紧要了。一旦剥除掉案例的所有非法律特征,他们会尝试探析所论问题中的法律关系、法律原则;他们试图确定那个问题是否涉及这些法律体系的内容(partes juris),那是由某些最初的罗马法学家确立的。他们非常频繁地彼此引用。

自卡比多(Capitol)和拉贝奥的时代以来,存在两派或者两支法学家;一派被称为萨宾学派(Sabiniani),另一派被称为普罗库鲁斯派(Proculejani),源自萨宾(Sabinus)和普罗库鲁斯(Proculus)。这些学派或宗派在诸多法律论点上不同,但它们之间没有本质性的分歧。罗马法学家既是法律教导者也是政务官。我说二者都是,因为它们通过口头忠告以及无数的作品来教导他们的原则,同时他们还有制定法律的特权。他们一致同意的见解等同于真实的法律。罗马法学家的著作不是仅具有我们的法学家著作的纯粹文学地位。柯克(Coke)、塞尔登(Selden)、布莱克斯通(Blackstone)、斯蒂芬(Stephen)、斯托里(Story)、肯特(Kent)、本杰明(Benjamin)等人的作品是人尽皆知的著作,备受好评,但他们的见解不等于真实的法律。而拉贝奥、阿非利加努斯、盖尤斯、帕比尼安、乌尔比安、保罗（Paulus）和莫德斯狄努斯（Modestinus）的著作等同于真实的法律。因此，你可以轻松地想象这些著作的无比重要。

如何断定某个人是一位伟大的法学家，这很难说明。例如，西塞罗就不被认为是一位法学家，小普林尼也不是，尽管西塞罗和普林尼都是裁判官和行省总督，而且尽管二者都发布了告示，并且做出了关于法律问题的许多裁定。非常可能的是，罗马人决定这个不确定问题的方式，等同于我们决定如下问题的方式：某个人是艺术家或者只是业余爱好者。我们确信，布斯（Booth）是一位艺术家，而某某先生只是半瓶醋，业余爱好者。因为，在罗马没有法学家的头衔或者显职（dignities）。他们没有法律博士们（LL. D.'s），没有民法博士们（D. C. L.'s），没有法学博士们（D. J.'s），诸如此类的。他们就是纯粹的法学家。Ulpianus, jurisconsultus——乌尔比安，法学家。这些伟大人物居于罗马的最高司法职位；他们是最高法官，praefectiurbi，帝国宫廷的首席法律顾问。这是针对许多罗马皇帝提起的控诉软弱无力的又一则证据，某些最声名狼藉的皇帝有着最优秀、最高尚的法学家作为他们的常设法律顾问。帕比尼安就是如此，此君是所有罗马法学家最伟大的一位，在每个方面都是令人惊叹之人，卡拉卡拉（Caracalla）的法律顾问。所有的帝国法令，或者如罗马人所称呼的，constitutiones imperatorum，都从他们的笔下汩汩流出。他们做出这些简洁且恰当的决议，承载着罗马法的清晰、敏锐和体系精神，抵达罗马帝国最遥远的附属国；在特兰西瓦尼亚（Transylvania）的矿井，葡萄牙的墓区，苏格兰北部的护堤，埃及的金字塔，我们都会遇到这世界性法律的样式、印迹，我们会认出罗马法学家那种独特的严厉和客观风格。

最后一位罗马伟大法学家莫德斯丁，大约在基督纪元 3 世纪中期。从这时到查士丁尼时期，也就是说，三百年的时间，再没有伟大的罗马法学家了。伟大的罗马法学家的突然灭绝尚没有得到解释。在卓龙（Troplong）的一部著作（《基督教对罗马法的影响》[*Sur l'influence du Christianisme au droit Romain*]）中，你会发现关于这一奇特中断的巧妙理由。不过，我必须坦言，我不认为它们能够真正解释那一事实。基督教本身对于罗马法发生了极为有害的影响,这一点是非常自然的,因为基督教使徒扫除那些人和人之间的残酷区分,而这是罗马法的根基。

第四时期包含了查士丁尼的统治时期。查士丁尼命令他的几位法律顾问,尤其是特里波尼安(Tribonianus),将罗马法学家所有比较重要的著作汇集成为一部宏大的作品,从那此之后就成为法律学问的唯一来源。于是,特里波尼安将三十九位罗马法学家,特别是乌尔比安、帕比尼安和保罗的著作,划分为四个大的部类,并且安排几位有经验的法学家对这三十九位法学家的著述作了恰当的摘录。他和他的同僚在三年的时间内完成了此一任务。这一摘录被分为五十卷(libri),每一卷分为不同的题目(tituli),有时是三个,有时是十五个、二十个题目,每一个标题(titulus)分为更小的款(sections),被称为片断(fragmenta)或者法(leges),每一片断(fragmentum)分为几节(paragraphs)。整个摘录包含了十五万个完整的句子(stichoi),那是两千部原始著作的三千万行或句的节略。这一汇纂公布于 553 年 12 月 16 日,它的名称是《潘德克顿》(Pandectae)或者《学说汇纂》(Digesta)。"潘德克顿"这个词意指各种学说的汇集。查士丁尼的《学说汇纂》经常被引为结束语,这是德语短句"etwas aus dem ff wissen"即通晓某事的源起。《学说汇纂》只包含罗马法学家著作的摘录,是这些法学家著作最有价值部分的汇集,而这也构成了《学说汇纂》的独一无二之处,因为,很少有民族将如此高的价值赋予他们法学家的著作。事实上,只存在两个相似的例子,或者毋宁是两个同样的例子。我指的是犹太人和古代爱尔兰人。犹太人的法律作品主要是由拉比(rabbis)的见解构成的;古代爱尔兰的法律主要是由他们的法官(brehons)或者法学家的见解构成的。《学说汇纂》构成了法令大全的主体,其余的部分是由特里波尼安及其同僚编纂的《法学阶梯》(Institutiones),目的是为法律初学者作初级读本用,还有《法典》(Codex repetitae lectionis),即从哈德良时代以来的帝国法令汇编以及查士丁尼本人的《新律》(Novellae)或某些新法令。除此之外,我们还拥有一些罗马法学家的部分著作,盖尤斯的《法学阶梯》,保罗的《警言》(*Sententiae Receptae*),《梵蒂冈残篇》(*Fragmenta Vaticana*),这是安吉洛·梅(Angelo Mai)在罗马的梵蒂冈藏书楼的羊皮纸上发现的,以及其他一些残篇。这是罗马法历史的简述。诸位会看到,除了十二铜表法之外,罗马人直到查士丁尼时代为止,都没有法典,编纂成法典的法律,而法律主要体现在他们法学家的著作中,正如美国法主要体现在法庭的案例汇编中。

我们现在直抵我们讲演的第三部分,讨论罗马法的本质特征、历史地位。首先,罗马法几乎是专指民法,与刑法区分开来。罗马法学家的伟大在他们关于民法的著作中得到了最佳展示。他们在相当大的程度上也论及刑法,不过在这个领域,他们的成就毋宁说要等而次之了。刑法就其理想的状态而言,预设了人和人之间严格区分的消除,而这种严格区分对于罗马文明来说似乎是不可避免的。杀死一个奴隶、虐待一个奴隶,对于罗马人来说,与杀死或虐待罗马公民是完全不同的。因此,他们对于谋杀或者其他任何罪行的定义、概念注定了要适应任何人之间的人为差异,他们从而从未达成现代刑法科学那样的纯粹、连贯定义,后者远比罗马人的刑法优越。不过,说到民法,罗马人就是最完美的大师了。他们使其系统化、条理化,每个部分都有恰当的位置,各个部分之间的便利、连贯是显而易见的,相对而言,一旦理解其所是,就会非常容易发现既定案件的正确决议。

他们的民法不曾受到宗教信条的影响。如果我们比较希腊人的法律、希伯来人的法律和罗马人的法律,我们就会被这一非同寻常的事实所震惊:宗教。宗教观念几乎对于罗马人的法律没有任何影响。以我们现时代为例,一项契约,比如票据或者本票的执行,在星期天达成是无效的。这是宗教观念对于法律事务有影响的显著范例。罗马不存在这样的事情。他们的神祇观念不允许对于他们的法律施加影响。由此,他们的法律根据其本身内在的性质,得以不偏不倚、自由自在地发展。他们的政治制度也不曾影响法律的发展。尽管贵族和平民之间在政治上有着巨大的差异,就民法而言,从来不存在这样的差异。财产、债务、父亲、子嗣等等法律概念的构成和适用独立于所有的政治特性。贵族拥有罗马家父(pater familias)的巨大权力,平民也是如此;贵族能够成为占有人,即地产的可能所有人,平民也可以;贵族能够继承,或者被剥夺继承权,平民也可以;贵族子嗣、家子,就法律而言只是其父的纯粹奴隶(正如我在关于罗马的第二次讲演中提到的),平民子嗣也是如此。就民法所涉及到的,他们在政治上没有差异。另一方面,在欧洲,某种程度上,在这个国家,政治制度对于法律关系的形式和特征影响巨大。以欧洲为例,商人构成了他们自己的一个独立政治阶层,也有着他们自己独立的民法——商法;士兵由军人民事法(military civil law)裁判,天主教徒由教会民事法(canonic civil law)裁判。时至今日在英格兰和美利坚,地产和地产之间存在着巨大的差异。有些是在衡平法上有效的,有些是普通法确认的地产,此种差别必须归因于中世纪政治的影响。不过,罗马人从不晓得这样的区分。一处地产(fundus)就是一块土地,这就是全部,它是 res immobilis,不动产,一条狗是 res mobilis,动产。只有一项民法制度表明了政治制度的直接影响。我意指那奇特的物之划分:要式转移物(res mancipi)和略式转移物(res nee mancipi)。奴隶、牛、马、骡、驴以及地产、建筑物在意大利是要式转移物,其他所有的是略式转移物。这一奇特的区分是罗马采取人口普查、公民等级制度的一项直接后果。在罗马的人口普查中,只有要式转移物才被考虑在内,通过这一聪明的策略,贵族排除了平民占据多数票的可能性。因为毗邻罗马之地的地产和农用牲畜绝大多数属贵族占有,而地产和农用牲畜是要式转移物。

因此,我们看到,罗马法几乎排除了所有干扰性的宗教或政治影响。不过,罗马法进一步几乎完全摆脱了所有的象征之物,那在其他民族的法律中扮演着突出的角色。以证据法为例。观察不同民族采用的不同办法和方式探查真相,是非常有趣的。有一起债务案例。被告否认曾经欠下债务的事实,或者说他承认欠了债,但声称他已经偿付了。现在的问题即是否借出或给予金钱,或者是否已经偿还金钱。这是事实问题。为了发现所涉及的真相,不同的民族设计了不同的方法。比如印度人,甚至在现在,通过长坐绝食来要债,即他们请来一位婆罗门教徒静坐在债主的门口,就坐在那里,不吃不喝,直到债主担心饿死那位婆罗门教徒,就去偿还债务。在印度,长坐绝食是士兵为了拿到拖欠报酬而诉诸的极为突出的权宜之计。古代爱尔兰人有着相同的习俗。中世纪许多民族也有着另外同样奇特的习俗。他们通过神判或者决斗来探查现实、事实真相。那桀骜的债务人必须赤脚在火红的犁铧上行走,一般是九步,或者是将手伸进沸水、沸油或融化的铅中,取出一块石头或一个指环。如果他的脚或手没有被烫伤,那么就会认为事实证实了他的主张,否则的话,他就得同时承受他的脚和钱的损失了。

决斗是最为普遍的一种权宜之计,不仅是在刑事案件中,而且还在民事案件中。无论何时,如果出现了取证的困难,经常通过双方的决斗来解决麻烦。对我们来说,这看起来是完全反常的,即审判或者决斗的不可控制的机运作为一项纯粹事实的证据;我们求助于证人的证词,间接的旁证,而且,我们确信真相能够借助于这些手段加以确定。罗马人也是如此,他们从不使用神判或决斗。由证人、附属的旁证来探查真相,不存在法律真相的象征性、虚构形式。

罗马法的整体发展是自然的成长,独立于所有次要的影响,由其自身的内在力量所滋养,或者如一位法学家彭波尼(Pomponius)所说的:"rebus ipsis dictantibus."它的长成犹如生命机体自身之命令。我准备用罗马法中最本质性的一项制度的历史来阐释这非常重要的含义,我指的是罗马家父权(patria potestas)的历史。

在我关于罗马的第二次讲演中,我说到了罗马的家子的奇特状况。罗马家子,无论他是十五岁还是五十五岁,如果他的父亲还活着,就不能获得一分钱的财产。他的父亲被认为拥有对其子绝对的支配权。孩子的所有收入都属于其父,父亲可以卖掉儿子,他甚至能够杀掉他。就法律而言,儿子就是纯粹的奴隶。所有这些我已经提到了。现在,我准备为诸位解释这一奇特的法律,以便表明,罗马法有其内在的根源,它不像我们自己的法律在很大程度上依赖于立法或司法。我们可以恰当地以现代意大利通常说自己的话来说罗马法:Italia fara da se——意大利自力更生。罗马法是无可避免的必然性的产物,其中家父权也是如此。

当说到罗马立法机构时,我们得出的结论是,在罗马,实际上较富裕的阶层是国家真正的主人和臣子。名列人口普查中的较高阶层——这当然是每个罗马人最强烈的愿望,因为,一个较高阶层成员的投票影响力是较低阶层成员的十倍。较高阶层的成员有多出二十倍的机会得到行省中有利可图的职位,这些职位的担任者能够在几年间积攒巨大的财富。较高阶层的成员有着逾二十倍的可能性成为政务官,居其位可获得罗马贵族的巨大荣耀。简而言之,名列人口普查中的较高等级,就是最普遍的雄心壮志。因此,一位父亲有一众儿子,他们所有的收入、所有的财产被视为一个人的财产,这对于父亲和儿子来说都是有裨益的。因为,他们之中没有一个单凭自身就可以列于人口普查的较高或者最高等级,而他们所有的共同财产可能会将家族的一名成员置于人口普查中的高等级别。因为,父亲在人口普查中的位置同时也是儿子的,儿子情愿接受在法律上被剥夺公权,情愿在法律上没有能力自己获得财产,为的是赋予其父亲,同样也是自己在人口普查中较高阶层的巨大特权。

这是罗马家父权民事部分的内在原因,这个原因完全独立于所有的政治措施,是自身的成长,并且帮助塑造了罗马法最为有趣的制度之一。正是同样的原因引入了罗马遗嘱制度,我指的是罗马的遗嘱,因为萨梅纳·梅因爵士和莫勒(Maurer)教授绝对地证实了,遗嘱、立嘱(testament)是一项罗马的发明。遗嘱对于古代的德意志人、印度人、希伯来人、法兰克人、凯尔特人来说,是全然不知的;它是一项罗马制度,一项卓越法律中的制度。这一承诺制度(word institution)使我意识到我的讲演的最终目标,罗马法真正价值的确切定义。我尝试用非常简短的词汇给出我的论断。我的论断如下：罗马法的优越之处在于其制度品质。

要表述这些字眼的正确含义并不是很容易。它们包含了罗马法所有令人钦佩的品质，它的连贯一致、整齐匀称、均衡协调，容易适应社会生活的需求，还有其科学特征。诸位会记得，在我整个讲演的过程中，我提到过的词汇没有比制度这个词更频繁的了。这个词一再地出现了很多次，它看起来是我要说的所有中国、印度、埃及、以色列、希腊和罗马文明的灵魂，事实也是如此。我必须坦承，我是从罗马法的科学中得来这个词的。这一科学在构造我所有的概念时是我的模型、我的典范，因为正是这一科学使我加入到了研究文明史的行列。

什么是一项制度？诸位会记得，在我们进展中的第二次讲演中，我表明了一项制度的普遍特征和性质。就罗马法而言，枚举这一法律的制度是非常容易的，但是以一种普遍的方式定义它们就颇为困难了。罗马法的制度有如下这些：所有权（dominium）和占有（possessio）；支配权（potestas）和对人的权力（manus）；债（obligatio）和简约（pactum）；诉讼（actio）和令状（interdictum）；继承（hereditas）和遗产占有（bonorum possessio）。你们会看到，这些制度都是分成两类的，它们成对出现。我无法翻译这些术语，因为这些词没有恰当的翻译。它们是所有罗马法的基础，它们覆盖了这一广泛法律的整个领域，而所有次级的区分不过是这些基本制度的一再复制。如果你比较一部英国法律著作和一位罗马法学家的著作，你会惊奇地看到，一部英国法律著作中若干分类的标题与罗马法学家的类似。在英国、美国法律著作中最频繁遇到的标题、分类是：公司（Corporations），合伙（Partnerships），丈夫和妻子，父亲和子女，监护人和受监护人，主人和仆人，等等。所有这些不同的分类被安排在人格法的一般标题之下。

不过，对于一位罗马法学家来说，将合伙和父亲与子女的区分一样归于同样的标题下，是极为荒谬的。对于罗马法学家来说，这两类区分之间有着一种制度性的差异。父亲和子女属于支配权和对人的权力制度，而合伙属于债制度。凭借如此仔细协调法律的若干部分,便获得了某种对称性,使我们可以依赖自己的判断决定实际生活中的许多问题,无需经常求助于其他人的专业意见和业余评判。这赋予我们在法律复杂迷宫中一条安全的线索。

正是这一制度性特征会永远成为罗马法的不朽荣耀。其他民族的法律都没有能够将制度的精髓注入其大批无生气的法律规则和习俗中,罗马法的研究永远都是那些想成为真正法学家之人的研究。无论何时,当英格兰大法官、法国议会、德国国会的智慧在为新案例确定法律规则之际茫然不知所措时,他们总是求助于《罗马法典》(corpus juris romani),而他们从来都没有失望过。在某个固定的时期,人类心智的所有伟大、杰出成就喷涌而出。15、16 世纪,是不期而遇的伟大发现的时代。拉斐尔、达·芬奇、阿尔贝蒂、米开朗基罗所处的时代有着最为精美的绘画作品;存在着一个短暂的时期,音乐较所有人类之美高出太多,仿佛是天赐,那是巴赫、亨德尔、莫扎特、海顿、贝多芬和舒曼的时代;还有,最后,存在这样的时期,一方面是雕塑和建筑,另一方面是法律,都达到了顶峰时代,远远超越了同行所达到的,不论是先前时代的,还是较晚时代的。这些时代都已消逝,而我们永远都无法与希腊艺术或罗马法律比肩。

Ⅴ. 罗马社会生活

女士们、先生们:

我会尽可能地为你们提供关于古罗马人社会生活忠实、完整的描述。我在非常急切地陈述那确然无疑的事实之际,也会同时努力对这些事实进行恰当的定位。只有事实本身是不够的。这样说不是夸张之辞,即一个人可能知晓许多关于罗马人社会生活的事实,然而他可能极其缺乏对于罗马人特殊文明性质和特征的真正洞察。曾有学者,比如格赖维乌斯(Graevius)或者蒙福孔(Montfaucon),积累了关于罗马生活的无数详细资料。格赖维乌斯积累的资料形成了巨大的十二对开本,印制细密,附有数不尽数的引用和注释。但是,这些孤立事实的巨大储藏库有助于我们的少之又少。

单独事实无法构成科学,真正的科学来自于事实的正确关联和阐释(construction)。因此,我将此视为我的主要责任,不仅要枚举而且主要阐述罗马生活的事实。比较而言,这些事实在数量上是极少的。因为罗马人的社会生活,作为一个整体毋宁说不曾有什么发展。私人生活在罗马共和以及帝国时代远非在中世纪或现代的样子。

在中世纪还有现代,一个民族的私人生活几乎完全与他们的公共、政治或者经济生活相分离。

社会本身就是一个世界。社会有其自身的法则,自身的荣誉标准,自身的奖赏,自身的欢乐、愉悦、规则和习俗。社会有其自身的分化和区分,最微妙性质的区分。社会很少关注政治立法者的谕令,它会修复公共法律谴责的领域,并且会毫不留情地谴责法律呈现为宽大和温和的领域。

在欧洲,不仅有几类社会,而且还有无数层次的社会,其中每一个都有其独自的规则、习俗、愉悦、消遣的体系。因此,现代国家的私人生活是许多力量的成长,它呈现出令人印象深刻的宏伟形式,它展示了极其令人眼花缭乱的社会制度多种类、多方面的发展。

社会生活与民族的政治、经济和科学生活并肩而立,形成其自身的特征、截然不同的进程(tenor)、个体化的倾向。然而,在罗马人的时代,社会生活是完全不同的。它与现代生活在数量还有质量上都不相同。它与它文明的其他因素相比更少多样性、更少独立性,它旨在完全不同的目的。我说它更少多样性,这种情况主要是由于女性在罗马人的社会生活中扮演的无关重要的角色。

在进入我们主题这一非常有趣的部分之前,我必须提请你们注意在希腊女性和罗马女性社会地位之间的巨大差异。如我在关于希腊人社会生活的讲演中所表明的,希腊女人除了斯巴达之外,处于一种甜蜜的束缚状态中:她们不允许参加宴饮,男人的社会聚集之地,她们被排除在所有公共领域之外,甚至是在剧场之外,她们的生活非常类似于现代土耳其后宫女眷拥有的单调乏味的日子。

另一方面,罗马女性享有所有可能的自由。她们参与男人得体的愉悦,可以出入剧场、竞技场,能够彼此拜访,她们在社交方面几乎赶得上现代的女性。然而,她们在社会中依然扮演着非常微不足道的角色。中世纪对女性的殷勤、现时代围在一位淑女身边的浪漫光彩是罗马人不知晓的。他们也从来不曾想过要培育现时代对女性的大献殷勤。

对这一引人注目事实的解释留待我们讲演的其他部分,现在我们从这一事实中推演出某些结论。在女性扮演着非常微不足道的角色的社会中——那里,女性不是热切、浪漫竞争的目标——在诗人从神秘的神祇而非现实的女人那里获得其主题的社会中——因为很少有罗马诗篇表现对于女性热情的钦慕,而这却充斥于我们的诗人作品中,拜伦、海涅、朗费罗、贝朗热(Beranger),或许,诗人卡图卢斯(Catullus)是唯一的罗马例子,在一个没有互访、没有聚餐、没有一般性款待的社会,女性不能参与男人交往、不能参加男人群体的社会——这样一个社会必然处于发展的较低层次。而且,相应地,我们很少听到这些会填满社会休闲时刻的社交发明。

因此,在各个族群中,罗马人对于私人游戏和娱乐所知甚少。的确,我们读到过他们玩的某种棋类(他们称它为 ludus latrunculorum)游戏,还有一些其他的游戏,比如 par impar(偶数与奇数)、caput 与 navis(首与尾),还有掷骰子——不过,这些与我们复杂的纸牌、桌球、棋类体系相比,就是原始的游戏。——游戏,连同数不尽数的钓鱼、滑冰、游艇、弹钢琴竞赛,等等,其中每一种都包含一个愉悦的世界,一个与你们的伙伴享受私人生活的无穷尽的源头。

罗马人可能曾经发明了这样或者类似的游戏——但是他们从来不用它们。一个民族总是发明其需要的。而罗马人不用这样的事物,因为他们的生活献给了公众声名(publicity)、献给了国家、献给了广场(forum)、献给了会议,即献给了法庭和公民大会,献给了公共愉悦。一个民族的社会生活与其公共生活是互补的。如果公共生活支配了公民的所有力量和能力,如果它施予他们所有的职责,并且诱之以所有的奖赏,这些个体会被引导着将其生命的较大部分奉献给国家,较小部分留给私人社交。

这一普遍规则对所有的民族都有效。一个国家的民众越频繁地被召唤参与国家的行动和职责,他们就越少热情地想要参与到社交生活中。这一事实清晰阐释了各民族的文明,尤其是罗马人的文明。例如现代欧洲两个国家——英格兰和俄罗斯。英格兰是一个政治自由的国家,英格兰的人民、每一个体的英格兰人,必须服从一个自由公民的职责和义务,他必须推选并且担任陪审员,作为一个受托人、一名专员(commissioner)、一位监护人、一名议事机构成员(councilman)等等。这些重要公职的习惯性担任、对责任的迫切感以及对其同胞公民始终如一的影响,激荡在他的内心,情深意挚,多少有些庄重,这使得他也多少有些不适宜轻松、戏谑的玩笑,不适宜生活中云淡风轻、嘻嘻哈哈的样态,使其倾向于一种严厉、冰冷的世界观。另一方面,俄罗斯人没有民主国的政治负担。在俄罗斯,所有的事情都是由国家高高在上的权贵和他们的代理人自上而下安排的。民众很少意识到他们生活的责任,他们从不考虑国家、法律、行政,因此,他们的所有情感和想法倾注于私人生活的极端享受。毫无疑问,在俄罗斯,私人生活比英格兰有多出十倍的趣味。在俄罗斯,他们有最精美的民族音乐,令人陶醉的民族舞蹈、私人娱乐、聚会、假面舞会,有着最引人艳羡的特征。君主和专制国家花哨且诱人的社会生活本性是这些民众从未想过要推翻政府的原因之一。维也纳人的华尔兹是奥地利皇帝最稳固的支柱之一。民众极度享受他们的私人生活,以至于他们从来不会想到要在政治生活上有所变化。

如果我们现在将这些观察适用于罗马人的文明,我们会立即发现他们社会生活的根基。在罗马,私人生存,与政治生存,与公民截然不同,几乎就不存在;前者完全淹没在后者中。存在着如此之多的公共活动和职责,每个公民都要参与其中,以至于他们根本就很少有其私人愉悦的休闲时光。你们记得罗马国就是由罗马城构成的。这个城市的居民总是从事公共事务。在我们的时代,游戏和娱乐不是国家而是私人举办的。比如说,我们的棒球运动是私人事业(enterprises),我们的剧院和音乐会也是如此。但是,在罗马,游戏或者如罗马人称呼的ludi(祭典),是公共事务,由国家支出提供。有阿波罗神节(ludi Apollinares)、岔路神节(ludi compitalicii)、花神节(ludi florales)、农神节(ludi liberales)、火神节(ludi Piscatorii),等等。更为特别的竞技场和角斗场我会稍后提到。除此之外,还有大约五十二个节日是为公共献祭的,像我们的星期天一样多,以及各种类型的游戏。因此,公民的时间和注意力几乎完全被国家和国家提供的庄严的、经常是造作的愉悦所占据。因此,私人社交的缓解作用付之阙如。这解释了罗马人品质的严苛、坚定风格,他们流连忘返的是其城市的公共广场或者营地生活场所。罗马人在柔和心灵之无以估测的才能以及幽默方面没有天分。他们的娱乐作品是相当严厉的讽刺诗,在普劳图斯(Plautus)和特伦修斯(Terentius)喜剧中逗趣的部分都是由奴隶来表现,而不是自由的罗马人。他们的言辞都是庄严的、元老式的,充满了公共生活的壮观华丽;他们的乐器——他们有小号(trumpets)、喇叭(tubas)和某种竖笛——是粗鲁的、刺耳的、笨拙的。音乐需要内在温情的热切;越精致的音乐越憎恨公共性,不过在罗马隐私甚少。

国家是每个公民几乎全部生活的规制者和管理者。一个公民不能随心所欲地穿衣。他必须根据罗马的法律穿衣。一个罗马公民的主要服饰是托加和丘尼卡。托加是一匹椭圆形的布料,其最大长度是所穿之人身高的三倍,最大宽度至少等于穿着者身高的两倍。托加的穿着方式是这样的:第一步是将一片椭圆形布料对折,以便它差不多成半圆状。如此就有了长长笔直的一边,较小的弓形部分朝外,托加搭在左肩上,一端垂直在前,盖住左臂直到地面。接着将长的一端用右手环绕背部,从右臂下面穿过,绕过身体,最后再将其搭在左肩上,这样它就有一部分在背部悬垂着。对折的一截可以覆盖在脑袋的后面,就像是遮布一样。罗马人不戴帽子,只有工匠和奴隶戴帽子,伞状帽(pileus)、宽边帽(petasus)。托加是一种细薄的羊毛织物,对于普通公民而言常是白色的。白色的托加带有紫色的镶边(toga praetesta)是担任公职之人在穿着上的标志,赋予他们显贵专席和束棒(fasces)的资格,也是大祭司团(朱庇特祭司[Flamen Dialis]、大祭司[Pontifices]、占卜官[Augurs]和阿瓦尔兄弟会[Arvales])的穿着标志,不过,只有在履行其公职行为期间才这样穿着,而且很奇怪的是,年满十五或者十六岁的男孩也这样穿,那时他们穿上成年服(toga virilis),没有紫色镶边的托加。护民官、平民的民政官(aediles of the plebs)以及裁判官没有被赐予紫边托加(praetexta)的权利。

紫边托加一直都是高等职位的标志,共和时代和君主时代的政务官(magistrates)所穿的是此。罗马人没有衬衣,衬衣是在公元 8 世纪首次普遍穿着的。一般穿在托加里面的丘尼卡,通常是亚麻的,就像托加是毛织的一样,也是白色的。元老级别的外衣(tunic)在衣服下部缝着宽宽的紫色镶边;骑士阶层的外衣有两道窄的紫色镶边。腿部由暗淡的布带(fasciae)护住,一直缠绕到膝盖。罗马人看不上裤子,他们鄙视它,认为只有野蛮人才穿裤子。元老穿红色皮革的鞋子,饰以象牙的新月标记。在那些非官方场合,以及不属于这些阶层人穿的是凉鞋。

直到公元前 290 年,男子的习俗是留长发和蓄长须。自哈德良时代以降,剃须和短发成为时尚。不过,所有这些关于不同阶层衣服的颜色、款式和质地详细的规范只是就男性而言。对于女性的斯托拉没有这样的规范。女式外衣相对应于男性托加的名字是斯托拉。她们会随心所欲地穿着——因为女性在罗马城邦中无足轻重。

罗马的女人根本不是他们丈夫的妻子。她们占据一个非常奇特的位置。一个已婚女子在罗马或者是夫权之妻(uxor in manu),即受其丈夫权力支配的女子,或者仅仅是一位人妻(uxor)。夫权之妻被认为是完全剥夺了处置自身或者自己金钱或财产的全部权力。她处于夫权之下,在其丈夫的支配下。事实上,她和她的孩子与孩子父亲有着同样的关系。孩子是父亲的绝对财产，而且，如我在先前的讲演中所说的，孩子没有资格过独立的生活。所有他们获得的都属于父亲，他们是未成年人，是被监护人，只要他们的父亲还活着。丈夫的妻子与此类似。事实上，她不过是丈夫的一个孩子，而罗马人对于宣称这一点从未犹豫过：母亲只是她自己儿女的姐姐。

她的行为凭着其丈夫的判断或任性而得以准许或责难或惩罚；他行使生死大权，而且在通奸或者醉酒（不过尝一口酒或者偷了酒窖的钥匙就足够了）的情形下，就允许正当地施加刑罚了。非常清楚的是，女人不是被定义为一个人，而是一个物件，以至于如果最初的头衔是有缺陷的，像其他的动产一样，可以对她提出一整年的使用和占有的权利。不过，在布匿战争之后，罗马的贵妇渴望一个自由、奢华共和国的普通享受，她们的愿望因为父亲与元老院和公民大会的情人的纵容而得以满足。她们拒绝旧式婚姻的庄严仪式，而且无需丧失她们自己的名字或独立性（更不用说名字了——因此，居鲁士·弗尔维乌斯［Cyrus Fulvius］先生的妻子不是居鲁士·弗尔维乌斯夫人）——签订一份宽松的、有着确定条件的婚姻协议。她们的个人财产在确保所有权的状况下可以共同使用，挥霍的丈夫对于妻子的地产既不得出售也不得抵押。任何一方的不当行为，特别是使用另外的名字，会使未来的受惠对象构成盗窃行为①。对于这种松散的、自愿的协定，宗教和法律（civil）仪式不再是不可或缺的；同等阶层的人之间，显而易见的生活群体被允许作为他们婚礼的充分证明。顺便提一下，这也是纽约州的法律规定，显而易见的生活群体被认为是法律婚姻的充分证明。

这样的婚姻协议当然导致恶意滥用。如此松散且有着如此宽泛条件的协议容易被弃置一旁。激情、利益或者任性时常亮起婚约解除的红灯；一句话、一个暗示、一个信息、一封信、自由民的委

---

① 作者在此处援引的是吉本的《罗马帝国衰亡史》第 44 章的论述，译文参考席代岳译本，第 1885 页。

托（mandate）就宣告分手；最脆弱的人类关系堕落为转瞬即逝的利益或享乐联合。圣杰罗姆（St. Jerome）在罗马看到一个喜气洋洋的丈夫在埋葬他二十一岁的妻子，后者埋葬了二十二岁更羸弱的前任丈夫。

所有这些无可置疑的事实证实了罗马女人从未占据一名现代妻子的位置。当一名女子身处夫权之下（in manu），在其丈夫的绝对权力之下，她只是一个孩子，一个无助的孩童。当不受夫权约束时，她享有绝对的自由，她甚至不用接受丈夫的姓氏，她更多的是他的一个亲密友人，他的客人。这两种地位都不能赋予她太多的社会影响力，她无法可靠地永久保有地位、社会身份和阶层荣誉。

我们对于女性的尊重主要基于我们如下的信念：她们是保守的，她们是社会价值、家庭伦理值得信赖的保护人，在欧洲还包含了阶层的纯粹（purity of class）。不过罗马人并未孕育这样的信念，每一天的经验都对此弃之如履，因此，女性无足轻重，当然社会影响力也就微不足道了。这一境况几乎足以解释这个事实了，即罗马人的社会生活毋宁是户外娱乐的生活。由于私人社交生活中的迷人焦点，即女性很少或者总体上根本就没有影响，因此，人们涌向剧场、竞技场、圆形露天剧场。我们必须在这里来寻求罗马人的社会集聚。

不过，首先谈论他们的饮食是恰当的，一般说来，他们饮食的烹制和享受都非常精细。晚上的饮食，晚餐是罗马人的主餐。有时候他们作为一天开始的餐饮是早餐（jentaculum）。尽管绝不是罕见的，似乎也不是日常的，除了小孩、病人或者劳作之人的情形之外。面包构成了他们早餐的主要部分，再加上奶酪或者干果（dried fruit），有时还有枣子和葡萄干。接着就是午饭（prandium）或午餐（luncheon），就是几个人简简单单的一顿便饭。

晚餐或者主餐通常是由三道菜构成的：第一，promulsis 或者 antecoena，也叫 gustatio（开胃菜），由各种刺激胃口的食物组成。对于第一道菜来说，鸡蛋也是不可或缺的。马克罗比乌斯（Macrobius）曾经留下对于一次祭司晚宴的可靠记载，那是由嫩图卢斯(Lentulus)选任祭司职位后提供的,其中仅第一道菜就是由大概二十二道不同的菜肴构成的。

甚至是提及构成罗马晚餐第二道菜的所有菜肴,也大大超出了我的时间限制。有来自非洲和亚洲的禽类,极其多样的鱼类,猪肉是最受欢迎的菜肴,尤其是乳猪。野猪肉和鹿肉也是上等佳肴。这些菜肴大多数都加了调味品,各种各样的块菌和蘑菇。决不能臆断罗马的能手(厨师)在餐饮的准备和安排上是完全落后于我们自己的。

在一个大家庭中,被托付掌管家政经济这一部分的人员有四种:仆役长(promus)、厨师(archimagirus)、菜品总监(structor)和切墩(carptor)。切刀是作为一门技艺来教授的,而且经常是伴随乐曲来完成的,有着正确的姿势。甜品或者饭后甜点由水果(对此,罗马人通常不会加工)构成,比如杏仁、干葡萄、枣子、蜜饯和甜食。

我们现在想象:餐桌摆好,客人就座,每个人都有自己的餐巾(mappa),着用餐服饰,通常是明亮的颜色,并且镶嵌着各种花朵。首先,他们会脱掉鞋子,免得弄污长榻。接着他们躺下开始进食,脑袋用左肘支撑着,背靠在垫子上。通常有三张同样的长榻,但并不总是如此,中间位置被尊为最尊贵的。仆人站立在餐桌边上,身穿无袖上衣(in a tunic),腰上束着围巾,除了挪移菜肴,还要把水递到客人手中,或者用扇子为整个房间降温。

在西塞罗的时代,coena 指晚宴。通常是两点钟沐浴,三点钟进餐。进餐是在一个被称为 coenatio 或者 diaeta 的房间开始的,这两个词传到罗马人的耳朵中几乎就像我们的餐厅和客厅那样有着明确的区别。Coenatio 在富人家的住宅中装饰得富丽堂皇。苏埃托尼乌斯提到过在尼禄(Nero)的黄金宫殿中的一座餐室,建造得像一座剧院,随着每一道菜肴变换现场背景。

希腊人和罗马人在较晚的时期习惯于侧卧着进餐,不过这一习俗在希腊不会特别古老,因为荷马从未描绘过侧卧着进餐之人,都是坐着吃饭。罗马和希腊的女性一直延续坐着进餐的习惯,甚至是在男性侧卧姿势习以为常之后也是如此。

罗马人知道如何制造黄油,但是他们在烹制食物中从来不用它;奶油(黄油)被作为一味药来使用。他们也不曾沉溺于啤酒,尽管他们晓得它。民族饮品是酒。古人认为,陈酿不仅口感更佳,而且更加有益健康和增加活力。不过,很多意大利酒需要窖藏二十或者二十五年的时间后才能饮用。因此,如果可能的话,加速这一自然进程就成为要紧之事。为此尝试了许多方式,有时使用精心制作的调味品,有时把装有葡萄汁的器皿沉入海中,通过这种方式可以人工产生一种醇香,不过更经常地是以加热的方式。由此,司空见惯地是把坛子(amphorae)经年累月地放在太阳下暴晒。

酒的最低市场价格是每加仑十分(cents)。在古典罗马最驰名的酒是实达(Setinum)、费乐纳斯(Falernum)以及奥尔本(Albanum)。酒几乎总是掺水,如果不掺水就喝,会被认为是野蛮的标志。酒和水的比例在不同的场合自然不同。甚至一半一半的混合也被认为是不恰当的,通常水比酒要多出很多。最常见的比例是三比一或者二比一。

宴会的主人通常被推选来主持会饮、酒宴,所有的客人都要服从其指令。酒和水混合的比例由他来决定,同样客人每次喝多少也是他决定。酒杯总是从右向左传递,谈话也是同样的顺序,在宴饮中出现的任何行为都是如此。

与女士共舞完全没听说过。罗马人不曾想过要跳舞,除了与宗教有关联之外。这是观念的巨大分歧,即那在我们看来绝对有悖于宗教的事情,却被罗马人当作是恰当的宗教忠诚之举而践行!

我已经提到过,罗马人最主要的社交胜地是剧院、竞技场、圆形露天剧场。罗马剧场最初建立在山丘边上。这依然从图斯库卢姆(Tusculum)和费苏里(Faesulae)的古老剧场的遗迹中清晰可辨。直到很晚的时期,他们才有了齐整的石头剧场。而且,尽管较早的时期戏剧表演非常普遍,但似乎在需要的时候建造木质舞台,之后又拆掉它,普劳图斯(Plautus)和特伦提乌斯(Terentius)的戏剧(我们现在还保有它们)就是在这样的临时舞台上表演的。

最早尝试建造一座石头剧场的是在普·科尔内利乌斯·西庇

阿·纳西卡（P. Cornelius Scipio Nasica）执政官前一点的时期。在公元前55年，格涅乌斯·庞培（Gn. Pompey）在罗马建造了第一座石头剧场。它极美，能容纳四万名观众。罗马剧场由三部分构成，阶梯式座位区（amphitheater）、观众席和歌队表演区（orchestra），后者是一处环形平坦地带，在观众席前面，稍低于最矮的一排坐席，还有舞台。席位不能随意购买。第一排属于元老，接着是政务官，随后的十四排是留给贵族、骑士和普通公众的。士兵与民众分开，女人和孩子也是如此。剧场的这种安排与此类公共娱乐的整体性质完美融合。因为此类娱乐是国家提供的，而国家必然彰显其显要人物。

几乎所有的戏剧表演中，希腊和罗马演员都戴着面具。乍一看，这对我们来说很奇特：古代人，对于形式和言辞之美有着精致的感受力，竟然使用面具，夺去了剧场中观众观察人的脸部能够表达各种情感的可能性，那在我们这里为戏剧假象贡献良多。不过，必须要记住的是，在罗马人的大型剧场中，绝大多数观众是不可能分辨出一名演员的自然特征的。在我们现代的巨型马戏表演中，小丑摹仿的就是其罗马的同侪，以独特的面具现身。在罗马剧场，因为同样的理由，面具的样子是有感染力的、显眼的。此外，在大多数古代悲剧中表现的角色是英雄或神祇，非常典型，他们的特征对于观众来说众所周知。所以，只要这样的一个角色出现在舞台上，每个人都立刻知道他是谁，对于一名罗马观众来说，难以想象一位神祇或英雄会有着一张普通演员的脸庞。悲剧风格或者高底鞋的运用，同样使得面容相应的扩大成为绝对必需，反之，一名演员的形象将会荒谬至不成比例。最后，古代悲剧的庄严特征不接受现代悲剧那样多变的面容表情，后者的目的是在所有人类的狂暴且自我吞噬的表演中展示全部范围的激情。古代悲剧的角色是如此的迥然不同！完全可以想象，比如埃斯库罗斯的《俄瑞斯特斯》、索福克勒斯的《埃阿斯》，或者欧里庇得斯的《美狄亚》，在整个悲剧中都是同样的表情，而很难认为罗密欧或奥菲莉亚或哈姆雷特一直是同样的表情。不过，没有必要认为，演员在整个剧目中都是同样的面容,因为,如果情境需要,在这一剧目情节的间隙,他们当然可以更换面具。因此,在古代悲剧中使用的面具,大部分都是某些典型角色,相应地根据年龄、性别、地位以及所代表人物的特性而不同。波吕克斯(Pollux),一位古代作家,列举了二十五种典型的或者固定的悲剧面具:六种老年男性的,七种年轻男子的,十种女性的,三种奴隶的,还有大概四十五种固定的喜剧面具。在罗马,当演员得罪了他们的观众并且遭到嘘声时,就不得不摘掉面具。

罗马人的另外一项巨大的社交胜地是露天竞技场(amphitheatre)。露天竞技场是角斗士和野兽的公开表演展示之地,被观众席完全包围,而在为戏剧表演的普通剧场中,坐席是半圆的,面对着舞台,就像我们的现代剧院一样。因此,露天竞技场经常被描绘为两倍的剧场,是由两个这样的半圆或两半合在一起构成的,留给乐队表演的区域变成了环形场所或区域,被称为竞技场(arena)。不过,古代露天竞技场的形式并不是圆环,始终都是椭圆状,尽管圆形看起来是最能为观众提供便利的。早期的露天竞技场大多数都只是临时性的,使用木头建造。

目前为止,最著名的是弗拉维朝(Flavian)露天竞技场,后来被称为科洛西姆(Colosseum),始建于韦帕芗,完成于他的儿子提图斯(Titus),后者在公元 80 年举行落成仪式,在这一庆典上,杀死了大约八千只野兽。这座宏伟的建筑,甚至今时依然比较完整,能够容纳八万七千名观众,最初几乎就坐落于城市的中心。它总共覆盖了大约 5 英亩地,椭圆形外环的横轴或者较长直径是六百一十五英尺,较短的直径是五百一十英尺,而内环的直径分别是二百八十一英尺和一百七十六英尺;其完好无损的地方,外部高一百六十英尺,由四类柱式(orders)构成,即:多立克式、爱奥尼式、科林斯式,这三类石柱彼此相邻,有四分之三部分暴露在外(也就是说,整个石柱圆弧的四分之一看起来掩藏在其后的墙体中),以及带科林斯式柱头的石柱。除了最后一类之外,每一类都由八十根石柱构成,相邻石柱之间是同样数目的拱道,建筑的整个圆弧地带形成了开放的过道。整个建筑覆盖着临时的顶盖或天篷。不太清楚竞技场是否只是硬地,或者实际存在着某种地板。但显而易见的是,在竞技场下面有着某种地下建筑,因为在特别的场合,整个竞技场注满水变成水战剧场,在那里,小船展开了模拟海战,要不然就驱使鳄鱼或者其他两栖动物相互攻击。据说,尼禄经常以此种场景和娱乐愉悦罗马人,这是在习惯性的竞技之后即刻出现的,而且随后又有竞技,因此,不但必然存在着充足的水,而且还有这样的机械工具,能够迅速地注水和排水。

在露天竞技场中,还有隐蔽的喷管,从中能够向周围的观众喷洒有香味的液体,有时候是从竞技场不同地方的雕像中喷出来的。著名的格斗表演就在露天竞技场上演。它们是罗马和罗马行省独有的景观形式。希腊人从未沉溺于这样的竞技。因为,一个国家的游戏和表演是与一个民族的特性和习俗紧密相连的,同样还有一个民族的宪制或法律。曾经有几次这样的企图:将美国的棒球运动移植到英国或德国,但是英格兰人和德意志人都没有接受。它是一项地道的美国运动,也不会在任何其他国家扎根。罗马的角斗士也是同样的情形,那是彻头彻尾的罗马习俗。对于此类竞技,或者说是屠杀的民族激情在持续增长。皇帝图拉真(Trajan)为了庆贺其战胜德赛巴鲁斯(Decebalus),让五千对角斗士表演。图密善(Domitian)确立了火炬狩猎竞赛,在公元90年农神节,安排了矮子和女人的格斗。从不列颠到叙利亚,所有大小城市都夸耀它的竞技和公共表演。

这些角斗士或者是俘虏、奴隶和宣判的罪犯,或者是自愿格斗的自由公民。在那些被宣判之人中,据说有些就被判罚进行格斗(ad gladium),在这种情形下,他们被迫至少在一年内要被杀掉。届时,角斗士被引导着鱼贯进入竞技场,而且都匹配成双,他们的剑要被检查是否足够锋利。一开始,会有某种假装的格斗,他们用木剑或者类似的东西攻击,随后,喇叭声响起,真正的格斗开始了。当一名角斗士受伤,观众大喊"habet(有)!"被斗败的一方以臣服的标记放下他的武器。然而,他的命运系于观众之手,如果他们想要他存活下来,会向下摁自己的拇指,但如果他们想要他被杀死,则拇指向上,命令他承受屠戮。对此,角斗士通常会以最大的决绝之心为之。角斗士根据他们的武器和不同的格斗方式会被分为不同的类别。萨谟奈斗士(Samnites)格斗时用他们的民族武器——一座方盾,一张面具,一顶鸟羽头盔,还有一柄短剑;色雷斯斗士(Thraces)用一张小圆盾和一把匕首,弯如镰刀;他们通常与鱼盔斗士(Mirmillones)格斗,这样的称呼源于他们的头盔顶部饰有鱼(myrmilos)。以类似的方式,持网和三叉戟的角斗士(Retiarius)与装备剑和盾的角斗士较量。前者只穿着一件短衣衫或者围裙,右手拿着掩网,设法缠住其全身装备的对手,如果套住了,他会用左手握有的三叉戟(一种有三个叉齿的矛)迅速了结对手。

不过,比起所有这些独特的事实来说,更具重要性的是呈现出来的涉及这些格斗竞赛的道德和历史意义问题。无数的作家,我敢说几乎所有的历史学家,都曾指出,这些血腥的竞技是罗马人异教的、残酷的和冷漠的特征之确定无疑的证据。他们已经建立了一个控诉这个时代道德之低级和原初水准的完整体系。他们引证这些竞技作为罗马人有缺陷的同情(symyathies)和劣等文明的有力证据。我不否认,在这些评论中有真切之处。无可否认,对我们,至少是对我们这个世纪的一些人来说,这样的竞技是极其令人反感的。不能否认的是,沉溺于这样的表演中的一个民族,必然缺乏某些构成我们这个时代荣耀的那些细腻情感。不过,即使如此,我也绝不认为,这些竞技是罗马道德或者总体上罗马文明的低级形态的充分证实。绝非如此。我的归纳不是凭借一个或两个或三个,而是凭借无数的一般历史事实,从而使得我对外族制度的判断不受任何情感的影响。我有意抑制我的情感,无视它,不会有一刻听从它。因为,我的情感是我的环境、我的朋友、我的熟人、我的时代、我的经历的产物。而已经逝去的历史事件是不同环境、不同友人、不同熟人、不同时代和不同经历的产物。因此,我的情感和历史相互抵牾,彼此无法沟通。假设一名罗马人,比如西塞罗或普林尼(Pliny)或马库斯·奥勒留(Marcus Aurelius)离开其永久的栖息之所，参观我们当下的世界，他会观察我们的制度，而且毫无疑问他会极大地赞赏某些制度，不过也只是某些。其他的，可能大部分的，他都会取笑，还有一些他就只剩鄙视了。一个自由人一整天地在百货店里，微笑服侍每一个女仆——这对于罗马人来说是极大的侮辱；男人在公共场所和一名女子跳舞，而且还极其张扬——这是莫大的耻辱。还有，一名罪犯会被关在监狱五年，十年或者十五年，这对他来说是人类发明的最糟糕的残酷行为。在罗马，罪犯会被打上烙印、毁损肢体、流放、杀死，但无情地将一名自由人关在地牢中经年累月，这比起竞技场、格斗表演的所有恐惧都让罗马人的情感更难以接受。这个罗马人会对英格兰仅仅在不到五十年前才禁止的斗熊作何感想？西班牙令人羞耻的斗牛呢？斗鸡呢？我们的拳王腰带呢？面对这些被恰当称呼的暴行，我们任何一个人会大言不惭地炫耀我们的基督教文明吗？

　　女士们、先生们，带着你的情感研究历史，这毫无益处，不仅如此，它完全是有害的。我们必须如同博物学家研究植物或动物一样研究历史。如果一位博物学家将石竹归类为道德植物，而将草莓归为非道德植物，他会成为其所有同僚的笑柄。道德标准只能适用于个人。我们能够恰当地说这个人是有道德的、合乎道德之人，另一个人是不道德之人。但是，一个国家，整个民族决不能以如此狭隘的标准来评判。在一个民族的道德与另一个民族的道德之间，很少或者就没有差异。如果我们依然会发现某些令人震惊的特征，某些与我们自己的情感相悖的特性，为什么不如怀疑我们情感的正统性，而不是马上就去谴责其他民族的习俗呢？为什么不这样想：或许我并不了解全部情况；或许一个民族这些令人震惊的特征、品性中的这些奇异特性，是有着某些理由的。我冒昧地向你们保证，一个更为细致的研究会永远让你们信服，这些令人震惊之事乃是暴力的不可避免的结果，对于暴力的控制系于掌控万物的天主之手，不能归于民族本身。如果你以这种方式从事历史研究，你就不会如此草率地鄙视、厌恶其他民族的制度。当然，你的情感会接受严厉考验。比如，你会读到某些民族食其屠杀之敌的肉，或者他们会把自己的孩子献祭给某个神或女神。不过这一原则即使在这样的极端情形下依然有效。我必须承认，我不清楚为什么这些所谓的野蛮人纵情享受人的血肉，是什么使得他们认为他们的神嗜好人的鲜血。不过甚至是在这种恐惧的情形中，我也会推迟我的判断，尽管我无法延缓我的恐惧。这样的理论儿童不宜，但历史不是为孩子准备的。历史就像天文学、化学或者其他科学，是为成熟心智、强大心智而备，他们能够承受对真理的严酷探视，至少不会在真理的小小风暴面前颤抖。正是以此种态度，此种科学的历史精神，我请你们审视罗马的格斗表演。正如我在关于罗马的所有讲演中试图表明的，罗马人几乎没有任何家庭生活。他们有街头生活（street life）、宿营生活、法庭生活、大众和民众集会生活。

但是，民众没有细致的情感，个体之人身处群体之中就失去了所有这些细腻的情感，处于另外的情形之中就会培养起来这些情感。他可能私下里是如此优雅和精致的——作为群体的一员，他很快就会发觉其本性中比较粗野的因素见长。这么多人的纯粹现身令人兴奋，它使得比较平静的情感变得迟钝，它创造了一种享受粗鲁、嘈杂和颤抖情境的禀性。而且，如果这样的人群现身、再现身，几乎每周都有，进而每周两次，对于这些情境的欲望就会变得越来越野蛮，直到见血为止，或者根本就停不下来，只是垂着长舌，渴求鲜血。因此，对于竞技表演的渴望实质上不过是缺乏家庭生活的必然结果。但是，谁能够避免这种罪恶，谁能够改变整个文明，谁又能矫正所有罗马生活轨道的进程，除了没有选择这样做的、拥有无穷智慧的天主之外？

或许，你会问我，为什么希腊人厌恶血腥的竞技表演？他们不也缺乏家庭生活的缓和魅力吗？毫无疑问。希腊人也没有我们现代的家庭生活。女人，我指的是正经女子，在希腊是最无足轻重的造物。不过，你会记得艺妓（Hetairai）的伟大和巨大影响，这些半合法的女子，她们在希腊社会中占据着一个如此显赫的位置。她们的居所很大程度上替代了家庭生活，正如我在关于希腊生活的讲演中所表明的。因此,没有权力、德性和理智能够消除血腥的罗马竞技的存在。

如果发现几乎没有一个罗马道德主义者发声反对这种愉悦,除了认为其挥霍之外,那我们就不会有多大的惊讶了。西塞罗赞颂竞技表演是克服死亡恐惧和能够眼见之灾难的最佳训练。小普林尼对此表示赞同,而此君或许是所有罗马人中最接近我们关于文雅绅士理想的。马库斯·奥勒留,尽管着力减轻竞技的恐怖,但在其著作中谴责的毋宁是单调,而非残酷。的确,塞涅卡是一个显著的例外,不过,一直到我们看到德尔图良(Tertullian)、拉克坦提乌斯(Lactantius)、西普里安(Cyprian)和奥古斯丁(Augustine)这些教父的著作为止,都罕见其匹。在最后提到的此君的《忏悔录》中,有一则叙述值得引用来见证竞技哪怕对于一位宗教之人和一名基督教徒施予的奇特吸引力。他告诉我们,他的朋友如何违背自己的意志被诱惑来到露天竞技场,他如何挣扎着通过闭上眼睛以求良心平静,如何在一些令人兴奋的关键时刻,整个人群的呼喊声激起了他的好奇心,他注视着,陷入其中,沉醉在那血淋淋的场面中,不断欢呼,自知有罪,却欲罢不能。

我们已经来到对罗马文明的评析和讨论的结尾部分。我们试图探析他们的政治生活、他们的高级政务官、他们的立法、他们的法律,以及我们称之为其社会生活的显著特性。由此,我们已然了解了这个民族成长中的性格特征,现在,我们必须面对最后,或许也是最重要和最困难的问题。我所说的问题是罗马衰亡的原因。为什么这个强大的帝国衰落了?这是为什么,一小撮日耳曼和萨尔马泰人(Sarmatia)能够将那宏伟大厦毁成瓦砾碎片?为什么波斯王国历经三千年风雨存活了下来,为什么中华帝国在风暴中屹立六千年不倒,而罗马为什么只历经一千二百年多一点就被压垮了?这就是那个问题。

为了得以真正洞察这一重大时刻,我们必须首先清除掉所有不相关因素。其中包括:你会经常听到,罗马帝国的衰落必须归结为他们在公元 4 和 5 世纪接二连三的军事败绩,在很多战役中,他们被坚强有力的北方蛮人挫败了。不过，这个解释太孩子气了。罗马人在他们的全盛时期，遭受过最可怕的战败，落入高卢人（Gallians）、汉尼拔（Hannibal）、皮洛斯（Pyrrhus）和辛布里人（Cimbri）之手，这是近似于完全毁灭的失利。

他们内部的争斗不能被当成是其衰落的真正原因。因为，就在他们处于权力巅峰之时，他们依然承受了国内战争令人沮丧的劫难。不过，我们尤其不能将其衰落归结为所谓的罗马人道德堕落状态。我非常清楚，这已是通论了。我知道，一般会教导我们说，基督纪元的第一、二、三、四世纪，罗马人陷于道德堕落的绝望状态，以至于他们制度的整个组织病入膏肓、糟糕透顶、中毒太深，不适宜生存，也不值得死亡。

这是我们的课本、参考书籍的教导，我们的学者、作家的教导。对此我完全不赞成。与我最细致研究的那些文献、我的对手的论证不同，或者毋宁是由于这一点，我深深地相信这种见解一无是处。我不否认罗马衰落的事实，的确，这是一项历史事实。但是，我最强烈地否认，罗马的衰落是由于罗马人的道德堕落。

基督纪元第四、五世纪的罗马人总体上和基督纪元前四、五世纪的罗马人一样的道德或者不道德。世界上最早行那最细致的慈善之举的是这些不道德的罗马人，比如，涅尔瓦（Nerva）、图拉真和哈德良帝君的慈善机构，接受庞大帝国的所有孤儿和幼童。最高尚的个体事例不计其数；在帝国罗马，在这个腐朽且患病的罗马，正义之举以最完美的方式践行。我们几乎没有或者从未听到过法官不公正的抱怨，或者帝国机构不公正的抱怨。

公民的自由，甚至是奴隶的个人安全也受到了强有力的法律保护，赋税轻微而且相对说来是罕见之事。普通的罗马人士是纯粹廊柱学说的坚定信仰者，这一哲学体系极富优良的德性，以至于德意志的一位伟大神学家布鲁诺·鲍尔（Bruno Bauer）认为它是基督教第二位的来源之一。斯多葛主义教导自我克制、自我尊重、和善地评判他人、灵魂的不朽、快乐的短暂易逝，以及冥想上帝的无穷智慧。这些教诲是那腐败的罗马人众所周知的信念。在我们纪元头三个世纪的这些腐败的罗马人，并非沉溺在无所事事的骄奢淫逸中，相反是法兰西、不列颠、德意志和奥地利等等这些地区成千上万繁华城市的奠基者，修缮了众多净水引道桥（acquaducts），还有遍及几乎所有欧洲、小亚细亚、非洲的驿站道路。这些腐败的罗马人保护所有的人，不曾迫害任何人。为他们的宗教宽容辩解纯属浪费时间，这在今时已是有定论的议题了。他们尊重其属民的宗教；奥古斯都谦逊地请求希伯来人在耶路撒冷的犹太会堂为他祈祷。他们耕耘文学、科学，一大批世人所见的最伟大作家、思想家和科学家，比如斯特拉波（Strabo）、托勒密（Ptolomy）、伽伦那斯（Galenus）、帕普斯（Pappus）等就生活在他们的善治之下。商业受到保护，并且延伸到了中华疆域和瑞典海湾。遍及帝国庞大的版图，有着最令人惊叹的邮政系统，连接着伦敦城和埃及的亚历山大里亚，为个人通信提供了最大的便利。在这些患病的罗马人的权杖下，不计其数的民族感到非常的幸福，因此，他们从来或者很少想到要反叛如此和善且造福的一位统治者。这是罗马帝国的真实图景。你能从哪里察觉患病的不良征兆呢？表现内部腐化的这些可怕弊病在哪里？它们在何处？

或者你可能会争辩某些荒淫帝君的孤立事例？我不想否认他们中的一些人，不过我敢说，这些故事大部分都是可耻的谎言。它们缺乏一切合理的证据，你会在苏埃托尼乌斯、伏比斯库斯（Vopiscus）、狄奥·卡西乌斯（Dio Cassius）那里发现它们，在罗马的这些轶事作家（anecdote-writers）那里，在一些可悲的小册子作家那里，在拒绝真正历史责任之人的书籍那里，他们着迷于可耻的流言蜚语和粗鄙的道听途说。不过，假设所有这些故事是坦白的实情，是纯粹的、福音主义的真理，它们又能证实什么？这二三百则毁谤流言胜过大概十万例展示这个民族幸福、安全、纯良生活政体的碑文吗？难道它们能胜过这些不计其数的展示罗马人和平、勤劳、文明心灵的神殿、桥梁、收容所、道路和邮政驿站的遗迹吗？它们不能。由此，我们只能得出这样的结论，罗马帝国的衰落就其本身而言，不是由于民众的道德堕落。最后，有人断言，罗马人的堕落是因为他们的异教、他们的多神论、他们信仰众多男神和女神。

不过,这个问题与我接下来关于基督教起源的讲演有着不可分离的关联。现在我会陈述我认为罗马帝国衰落的真正原因。那不是因为他们的不道德,也非他们的愚笨。罗马人将他们的文明只建立在一个根基上,他们整个文明都立于其上。这里我不能重复先前关于罗马讲演中充分展示的内容。我只能说,这唯一的根基就是城市。随着人口的巨大增长,这一根基被证实太局促且无法胜任,因此,它衰退了,而且必须让位了。罗马帝国的衰落是饿死的,不是病死的。罗马国家的器官没有得到恰当地滋养,意大利还有行省的乡村人口无视古老的城邦制度,这些制度不再适合乡村人口的需求和胃口,因此,它们衰竭了。

我们在罗马人的语言中发现了同样的过程。传统的拉丁语是一种城市语言风格,一种城市生活、罗马人特别的城市生活的语言。一旦这种生活不再适合乡村人口的口味,他们就逐渐抛弃了古老的拉丁语,开始说现代意大利语了。现代意大利语可回溯至基督纪元的第五个世纪。因此,罗马帝国的衰落是制度的衰落。一个民族的制度在其真正继续适合这个民族的人口、特性和活动时才会持续存在。但是,罗马和希腊的制度,从其一开始,就只是为严格限制的少数人而形成的。女人无足轻重,多数男人处于奴役中,相对来说,只有少数、非常少数的个体才被允许将其灵魂、心智、禀性提升至完美人性的最高类型。不过,这并非出于恶意而为之。这不是那愚昧、原始或异教手段的产物,我曾试图证实。它仅仅是无可避免的环境之无可避免的结果。

我们可以庆幸自己,我们不再必须使得我们同伴的三分之二,男男女女,处于奴役之中;我们可以感激那无上权力将我们从如此可怕的负担中释放出来。但是,我们不允许或者没有资格在这一点上自鸣得意;我们没有任何可断言优越于这古典希腊和罗马伟大民族的。我们比他们更幸运,我们享受着某些他们不得不摒弃的恩赐。不过,本质上,最好的情形是,我们与他们并肩,而非高他们一等。他们遗留给我们一些无可估量的恩惠,他们留给我们不可思议的哲学、举世无上的艺术、完美的法律、不朽的科学体系,还有最后,他们建立了几种学说,可以被安全地用来作为这个国家最大期望的根基。因为,包含在罗马史中的学说同时是美利坚合众国的稳固和明日伟大之最好的保障。这一共和国已经避免了罗马帝国巨大的缺陷,它没有将整个共和国建立在单一的制度上,建立在城市制度上,而是结合了三重根基:它建立的根基除了其城市之外——还有州的强有力结构以及联盟的更强有力结构,因此,有着不是一股而是三股强大的力量。存在着一种制衡体系,它会证实历经沧海桑田依然坚若磐石,几乎可以肯定的是,这伟大的共和国不仅会像罗马帝国兴盛十二个世纪,而且是千秋万代,让我们期待永远。

第二编：希腊-罗马典制

序言

　　基于友好的牛津大学当局的许可,下面四次讲演得以分别于 1890 年的 2 月 7 日、14 日、21 日和 3 月 7 日在"期末考试大厅"(The Schools)举行。讲演者要在有限的四次讲演中,涵盖一系列庞大的问题,不得不使用非常简洁的语言,将自己限制在其主题的主要特征上。由于新提出的见解本质上与所讨论主题的许多时下见解相左,尤其是与关于罗马法科学的诞生与成长、希腊-罗马奴隶制、现代进化论之于社会制度研究的适用性这些问题的见解,这就更加困难了。当下讲演中的每一句话都有着实质或实际的倾向,驳斥达尔文主义观念对于解答社会学问题的适用性。作者希望以此作为其即将诞生的论主要文明制度史著作的部分内容予以简要展示。作者同样借此机会表达其最大的谢意,感谢光临的所有牛津大学教授、研究员、导师和学生,这是他的荣耀。

埃米尔·赖希

巴黎,国家图书馆

1890 年 4 月 25 日

Ⅰ. 罗马法之真实原因

对西方文明发展最浮泛的一瞥也不会失于察觉：某些民族成功地将有些艺术分支培育成熟至完美的程度，是其他民族闻所未闻的。比如，雕刻被希腊人带到了完美的顶峰；绘画是意大利人和西班牙人；音乐是德国人。另一方面，科学，用歌德的话来说，看起来像是赋格曲，其相继的各部分是由所有民族的贡献塑造的，尽管某些民族可能自夸比其他民族有更多值得称赞的科学家，但在科学的领域，西方文明的民族从未完全胜过其竞争者，不像有些民族在艺术王国中那样。

对这一普遍的判断来说，存在着一项例外，而且只有这一项，即罗马法。

罗马法，如罗马法学家的著作所教导的，是一门科学，一门完美的科学，这门科学如此完美，以至几乎臻于艺术之大成。不过，罗马法不仅仅是罗马人法律习俗和概念之令人惊叹的体系；其价值不局限于罗马法的研习者；它对于任何法律的研习者具有无条件的价值。换言之，罗马人在法律问题的科学构造方面，将其他所有民族远远地甩在了身后，无论是古代的还是现代的。唯有他们展示了如此奇妙的例子：一个民族完全使得其他所有民族的科学成就黯然失色。

然而，说到法律，我们这里理解的不是所有部门的法律，例如宪法、刑法、主教仪典书、私法，还有法学理论（jurisprudence）。说到罗马法，我们专指罗马私法。罗马法学家关于宪法、刑法的著作已经被现代法学家更多的著作所取代和超越。另一方面，他们关于私法问题的著作占据了一个独特的位置；直到今天，它们被认为是永不枯竭的源泉，私法科学无法模仿的典范。这一断言无需证据；所有人都会举双手赞成。然而，它需要历史和专业的解释。

换句话说，这样问是极其恰当的：为什么罗马人是西方文明中孕育出私法科学体系的唯一民族？

由于在所有民族中罗马人是最不可能产生私法科学体系的,这一问题就显得更为恰当了。迄于奥古斯都,罗马历史具备两项主要特征:(1)环地中海世界的征服;(2)宪法权利和特权的内在斗争,起初是在贵族与平民之间,后来是寡头阶层和大众(democratical)阶层。那时,罗马人的战争不再是私法科学的孕育土壤。持续不断的宪法斗争,就其本性而言,不利于法学家(jurists)的兴起,主要是因为罗马伟大的演说家和律师(lawyers)同时构成了我们今日的新闻和议会影响力。波尔基乌斯·加图(Porcius Cato)、霍腾休斯(Hortensius)或者西塞罗,他们本身结合了现代的格拉斯顿(Gladstone)在议会的权力和《时代》期刊这样的巨大影响力。他们是言论"领袖"。所以,宪法问题的讨论是日常事务,由此,如果罗马法学家留给我们宪法的完美科学,我们不会感到惊讶。

然而,实情并非如此。他们关于宪法的著作无可估量地逊色于他们关于私法的著作。事实上,罗马人竟然是私法科学的最伟大作者,我们对此思考得越多,我们于此的惊讶就越强烈。

私法要有商业和产业往来滋养:罗马人对商业嗤之以鼻,正如所有尚武民族所做的,而产业经营都交给了奴隶。私法的实践伴随着诸多恼人和不便之处,以至于无人愿意倾注太多时间于其他人的法律诉讼业务上,除非他会因此得到报酬。罗马人直到很晚的时期,也从未给他们的法学家支付费用。一门科学的培养通常是某个职业的产物,其成员要经历固定期限的一般心智训练,涉及特殊科学,尤其如此。罗马法科学的真正奠基者都是非职业之人,他们不曾将法律科学培育至排除掉所有其他业务任职。除此之外,罗马人从未以格外的热情来耕耘任何科学,也无成功可言。科学,他们接受的都是源自希腊人的二手货,因为希腊人是世界的科学家。

镶嵌在爱琴海、第勒尼安海、伊奥尼亚海岸边的城邦涌现出层出不穷的深刻思想家,他们努力将最千姿百态类型的事实整理为科学的序列。屠夫、猎人、渔夫和捕鸟人的杂乱无章的经验和观察，被他们巧妙且最具匠心地融合为比较解剖学的系统见解。园丁、花匠和护林人捕获的不连贯、零碎的模糊感觉，被他们汇聚为明白易懂的植物现象的见解。令人惊叹的习语中错综复杂且不合规范的语词（verbal）和语法现象，被他们根据理解原则（comprehensive principles）安排得井井有条。无需列举这些不朽的名字，泰勒斯、德谟克利特、毕达哥拉斯、亚里士多德、阿基米德、康农、欧几里得、泰奥弗拉斯特斯、喜帕恰斯、赫伦（Heron）、丢番图（Diophantus），以及希腊科学的其他荣耀。

唯有法学家，科学的法学家，希腊人从未有过。

希腊人构造了各种现象的科学，公民生活的法律现象不在此列。他们精彩绝伦的系统思考天赋在这方面未能展现。甚至勤恳的法布里丘斯（J. A. Fabricius）搜集而来的罗马意义上的希腊法学家名录也是屈指可数，也就是那个词所指的操演私法的法学家。读一读伊索斯（Isaeos）或者伊索克拉底的演讲，将他们的法律概念和论述与西塞罗的演说中类似的篇章相比较，比如为凯基纳（Caecina）、昆克修斯（Quintius[①]）或穆列纳（Murena）辩护的演说词，希腊私法和罗马私法之间的巨大差异就会最强烈地冲击你。

换言之，希腊人在科学和哲学的每一分支都是罗马人的教师，但在法律科学方面却完全不能与他们的学生一较长短。罗马人的这一不同寻常且出人意料的优越性源于何处呢？他们如何且为何在这一门科学的耕耘中能够超越所有时代最具天赋的民族，而这一科学的主题，希腊人和罗马人一样熟悉？因为希腊人是臭名昭著的讼棍，几乎没有一周是希腊人不参与诉讼事务的，要么是诸多法官之一，要么是作为证人，要么就是争辩的诉讼方之一。

而且，为什么犹太人没有构造出一个有着普遍价值的私法体系呢？他们与古埃及人、亚述人、冰岛人以及爱尔兰人一样，积累了极其庞杂的法律决疑事例，关于私法问题的讨论，连同宗教主题，构成了埃及祭司、犹太拉比、爱尔兰"法官"以及冰岛贤人热情从事

---

① 原文如此，应为 Quinctius。

的主要研究。那么,他们为什么没有成功?

即使尽可能地留有余地,刚才提到的这些民族所耕耘的私法体系,本质上还是逊于罗马法学家著作中教授的体系的。诸位或许会问,那么这种可以夸耀的优越性是由什么构成的呢? 是罗马法学家比其他民族的法学家睿智或者精明很多吗? 是他们的实践理性强很多吗,或者他们以一种优越的方式将理论理解与实践技巧融合在了一起?

否认下述方面体现的精致敏锐性和洞察力实在不公平:犹太人的《塔木德》中法学的部分,经过拉比诺维奇(M. Rabbinovicz)的努力发现了一窥堂奥的门径;冰岛人的《法典》(*Gragas*);或者令人惊异的爱尔兰人法官著述(Brehon books)的决疑论。我们在其实践需求的意义上,也没有发现任何严重的缺陷。它们同样富于精炼的原则、系统的区分、子级区分以及次子级区分。不过,所有这一切都没有造就普遍可用的卓越成果。我们研究古代的爱尔兰法官,因为,我们对于爱尔兰的制度怀有极大的历史兴趣。但是,我们从来不曾太多地考虑这样做,将古代爱尔兰法官的法律原则移植到我们现代的法律机体中,也不曾为处于困境中的律师或法官向它们去寻求现成的训诫和建议。

另一方面,罗马人却与我们联系甚密。他们的法律智慧是活生生的智慧,是我们生活中活着的因素。马库斯·安提斯提乌斯·拉贝奥(Marcus Antistius Labeo)、卡皮托(Capito)、盖尤斯、帕比尼安、保罗或乌尔比安,依然行走在我们中间,预备着帮助我们解决任何实践的困难,无论何时,我们在理论与实践的仇恨之间无法达成和解时,他们都能够帮助我们。希腊科学家和思想家的著作,尽管比罗马法学家的著作展示了更伟大的心智能力,现在还是弃而不用了。我们很少或者从未将它们用作教本,或者作为当下的学科参考书目。另一方面,罗马法学家的著作,依然是所有欧洲和美国法科学生们的教本。那么这种特别的卓越之处是什么构成的呢?

当然,将一种复杂法律体系的描绘缩减为只言片语是极为困难的。不过,这正是罗马私法超群的卓越之处,由此,它多多少少容易与其他民族的私法体系相对照。罗马法或民法是如此这般的唯一私法体系:不曾过度地受到宗教、政治和伦理不相关因素的影响。

以其他民族的私法为例。我们从英格兰法开始。我们都知道,英格兰普通法受到了英国社会政治结构的巨大影响。例如,英格兰法中的不动产,用该国杰出的历史学家肯奈姆·迪格拜(Kenelm Digby)先生的话来说,就是"古代习俗和中世纪、现代革新的大杂烩"。不过,这些古代习俗和中世纪革新是由什么引起的?是封建制度的政治体系。获得或转让财产的法律严格且直接决定于物主或者买方的政治地位。在英格兰形成的不动产法的普遍原则是:"没有无领主之地"(Nulle terresans seigneur),换言之,不动产法中充斥着政治原则。由此,不动产法严格意义的法律发展,或者使用一个不常用但却非常恰当的术语,严格意义的"民事"(civilistic)发展,从一开始就受到阻碍和束缚。有一项因素被导入其中,那是不相关的,因为是外来的。

罗马人从来不容许他们的法律制度与外在因素相掺杂。从最早的时代,直到君主时代,罗马人有一种政治制度本可以非常轻易地使自身与司法制度不恰当地混合,如同封建制度的方式。我指的是罗马客民(clientela),罗马客民与他们的庇护人(patroni)之间的联系,与封建佃户与恩主之间不无相似之处。他们占有恩主的地产,被迫效忠,并且履行包含在"封建特权"(feudal incidents)中的某些义务。所有这些当然可能会轻易地被作为一种手段,用来不正当地影响罗马不动产法的发展。它可能被用以创造半完整的(semi-complete)财产形式,英格兰法中就充斥着这些,而且它使得英格兰的不动产法成为最错综复杂的法律。不过,此类之事没有发生。罗马的不动产概念,或者毋宁说一般财产的概念,丝毫没有受到经常出现在庇护人和客民之间土地授予的影响,此类授予的法律构造,即赠地(precaria),不曾对于所有权和占有发生任何影响。

或者,举另外一项罗马人的重要政治制度为例:我指的是贵族和平民两个阶层。平民和贵族之间持续不断的争斗以及他们政治地位上的显著差异,是最明显不过的事情了。这众所周知的差异对于罗马人的私法施予任何影响了吗?我们曾经听说过一起诉讼或者一项私法权利因为一个罗马人是平民而被拒绝了吗?在公元前5世纪中叶以后,《十二铜表法》中没有,任何后来的立法中也没有这样的痕迹,即平民和贵族在"民事"权利(采纳"民事"这个词的罗马含义)上有任何彻底的或者甚至是重要的区别。平民能够获得不动产、缔结契约、成婚,并且根据私法的同样原则遗赠他的财产,和贵族一样。他们的争执和冲突涉及政治事务。他们从未发生过基于政治分歧而改变其私法的构架。因此,私法从未承受与外在事物不相干的混合,可以说,它在其成长中不曾被异质的政治因素扭曲过,依照其自然历程自在地前行,也因此臻于大成。

罗马法同样免于宗教的不恰当影响。要说宗教或者毋宁是神学的不恰当影响对于私法的特征造成了多么巨大的改变,我们在伊斯兰教徒的法律中可以清晰地看到,或者,更确切地说,可以在各种伊斯兰教派的制度中看到。存在三类巨大的私法体系:罗马人的、英格兰人的、伊斯兰教徒的。每一类都统治着数亿民众。不过,瞥一眼伊斯兰教徒的私法渊源,就会向我们证实其相对罗马法略逊一筹的理由。一位伊斯兰教的法官遵循的权威序列是(1)《古兰经》;(2)逊奈,即圣行;(3)萨哈巴的一致见解或者先知的结论;(4)塔比尔(Tabieen)或者当前继承者的一致见解;(5)艾布·哈尼法、艾布·优素福和穆罕默德的见解;(6)现代法律家的见解;(7)格雅斯,即类比①。当然这指的是根据艾布·哈尼法来适用法律的法官。不过,这一"教派"连同其他所有"教派"都将《古兰经》、萨哈巴和塔比尔作为他们的基本渊源。换言之,他们都同意神法是他们法律概念的根基。

无需在此等影响的完全不相干性上驻留。神学,在其自身的领

①　N. E. Baillie, Moh. Law of Sale, p. 21.——作者注

域内完全是正当的,但不能要求对于私法的正当影响,也不能超过私法对于神学的影响。因此,如其所是,伊斯兰教的每一法律概念在形式上都受到了侵蚀,或者毋宁说在其成长中被神学观念的冲突性力量所限制。

另一方面,罗马人从来不允许他们的宗教概念干扰其私法的根本性质。罗马人的占卜书籍或者圣书在他们中间经常使用,但仅仅是为了政治目的。罗马元老经常并持续控告某些官员查阅圣书,正如伊斯兰教国家参阅《古兰经》一般。但是从未出现过元老基于私法问题去查阅这些神秘的神学书籍。因此,罗马人的私法不曾受到不相干影响的侵扰,那曾阻碍了伊斯兰教法律科学的成长;印度人和犹太人私法的科学发展与此类似。因为,事物的表面就一目了然:私法体系经常受到异于私法性质的因素的干扰,其发展必然会被延滞,并且被引向无益的方向。

最后,对于罗马私法与伦理的关系,我要赘言几句。伦理和道德观念很大程度上,而且经常不恰当地影响私法不受拘束的成长。因为,尽管私法与伦理关联密切,但它包含着迥异于伦理观念的主导观念,并且是由其构成的。我们对于某一个体的义务在基于友谊动机而起与基于法律契约义务而起之间完全不同。事实上,私法的领域大多独立于伦理的领域。罗马人将伦理义务称为officia,他们有特别的著作论述它们与法律义务的对照区别。不过,他们从未混淆伦理关系与法律关系的需求和影响(needs and powers)。因此,他们努力发展他们的私法原则,不受任何异质因素的干扰和侵蚀。

因此,他们的法律原则具备了易理解和透彻性的特征,这是罗马法的伟大荣耀。一位罗马法律家,甚至一位现代法国或德国法律家——法国和德国私法本质上是罗马法——曾经、现在都没有被迫遍搜文库或者先例以便寻找适用于既定案例的法律。他们以一种医生的方式接洽案例:仔细解析支撑案例的事实,然后通过基于其科学的一般原则、周详思考给定论据的方式点燃法律的火花。《民法大全》(*Corpus juris civilis*)是一部巨著。这一巨著足足涵盖了比十三个世纪还多的亿万起案例。这一著作中确定的原则将会为私法近乎全部的案例提供便捷的帮助，因为它们只是源自私法，见不到非法律因素的痕迹。例如，英格兰的法律与英格兰封建制度和英格兰宪法如此紧密地勾连在一起，以至于除非一个国家拥有同类或者相似的宪法，否则她就不能采纳一行英格兰法。罗马人的私法不曾与一项特别的罗马政制相关联，因此，它适宜任何民族的法律，只要这个民族想要一门私法科学，不过并不常见。

这一论断似乎缺乏一切历史证据。对于《民法大全》个把小时的阅读看起来会为我们展示诸多特别的罗马政制，它们对于罗马私法的结构有着广泛的影响。例如，罗马奴隶制就是如此。现时代，我们没有奴隶，因此，有人可能认为，罗马法学家对于和奴隶法相关的问题极为精致的思考——阿非利加努斯引人注目的《残篇》有一半论及了这样的案例——全都过时了，而且对于我们现代私法没有什么影响了。我敢断言，奴隶涉入其中的案例数目构成了《民法大全》所有案例的百分之六十还多。

现在，根据我们在自己的法律中观察到的，我们将会期望，没有现代的民法学者将其心血倾注于错综复杂的罗马奴隶问题、罗马庇护人（patronatus）问题、罗马被释奴（libertini）问题，等等，正如没有英格兰的实用法学家会倾注心血于古老的英格兰农奴和隶农法的艰辛研究。然而，罗马法如此独立于罗马人的特别政制，以至于，奴隶制很长时间都不再是现代欧洲法学家的任何实践兴趣的同时——除了作为攫取非洲大片领土的托辞——对罗马奴隶法依然产生着最强烈的兴趣，比如最近莱斯特（Leist）教授的论"罗马庇护人"的著作，作为对于实践法的贡献，受到了各方热烈的欢迎。

事实上，如我们在下一讲中看到的，罗马奴隶法有着完全独立于历史的、也可以说是偶然的罗马奴隶制度的价值。美国奴隶制完全是历史的制度，柯布（Cobb）、赫德（Hurd）、威尔逊（Wilson）以及其他论美国奴隶法的著作被路易斯安那、亚拉巴马或密西西比的当下法律家完全忽视。罗马人的奴隶法著作不是这样。

独特的罗马"家父权"制度也是同样的情形，它尽管已经长期弃而不用,在接受了罗马法的所有国家依然有着实际的价值,正如我们在下一讲中将看到的那样。

因此,我相信诸位会充分把握罗马私法与众不同的优越性。它是在一种严格的法律环境中长成的,由此,赋予我们纯粹法律性质的原则,与沾染了政治、神学或伦理概念的法律原则泾渭分明。其发展犹如彭波尼曾经说的:"rebus ipsis dictantibus."(自然过程之产物)。

我们现在要探究,这不可思议的法律的初始原因、真实原因是什么? 为什么唯有罗马人能够贡献冠绝他们那个时代以及后来时代的法律原则,这些原则完全剥除了非法律因素,就像在欧几里得的命题中剥除了所有非数学因素? 在进一步勾勒我对于真实原因的见解之前,有必要先提及其他人的见解。

最近去世的菲斯泰尔·德·库郎热(Fustel de Coulanges)在其大名鼎鼎的论希腊和罗马共和国的著作中,表达的他本人关于罗马法起源的见解如下:"我们曾讲到了家庭组织及希腊、罗马人关于所有权、继承权、遗嘱、继嗣儿子的法律,当时我们清楚地看到,在古代人那里,信仰与法律多么地合拍。若以这些法律与自然的公正观念比较,就会看到它们之间出现的经常性矛盾,古代的法律自然不是依据绝对的权利与公正的情感来制定的。但若用这些法律与家祭,与家火及古代宗教的规定相比较,就会承认,在法律和宗教之间存在着一种合若符节的关系。"①(《古代城邦》,第三卷,第十一章)

换言之,根据库郎热,罗马法和希腊法源自罗马人和希腊人的宗教信仰,源自他们的祖先和家宅。对于罗马法起源的这一解释没有说明包含在我们问题中的那个首要疑问,即:为什么希腊人没能创造出一种法律体系的那些因素,而罗马人成功地使其臻于完美境地。库郎热教授的解释涵盖了希腊人和罗马人,他试图说明前者的法律,也说明后者的法律,想当然地认为,在希腊法与罗马法之间不存在本质的区别,就像在他们的宗教信仰中也不存在本

---

① 作者此处直接引用法文,中译文采用谭立铸等翻译,参见库郎热:《古代城邦》,华东师范大学出版社,2006 年,第 175—176 页。

质的区别。不过,这正是我们要极力否认的事情。罗马法本质上,正如拉丁格言所说,toto coelo(无可比拟地)异于希腊法;因此它不可能源自宗教信仰,对于希腊人和罗马人,宗教信仰的大部分是相同的。事实上,如我努力表明的,罗马法之优越性部分归因于其完全独立于宗教观念的事实。

德意志哥廷根的耶林教授,在其题为"*Geist des romischen Rechts*"——《罗马法产生的精神》(或者如他的某些论敌所称呼的"耶林教授的精神")的杰出著作中,充分论述了罗马法产生的原因。他认为,"根据历史的节约原则",[①]法律之耕耘分配给了罗马人。这非常有可能指的是,罗马人肩负耕耘法律的历史天职,因为——他们被赋予这样做的权力。这与下述断言不相上下:伦敦的贫困是因为伦敦有很多穷人。这根本就什么都没说。说某个民族表现了某些才智或禀性的非凡之处,因为她承载着这样的历史天职,这等于坦承对于如此非凡之处的原因全然无知。耶林接着说,罗马民众有着一项极为突出的禀赋特征:自私;还有,他们的法律是——自私之宗教[②]。这一独特的禀赋特征使得他们适于贯彻推进他们的历史天职:"罗马世界作为一个整体可以被标示为功利和实用理念的胜利,所有其心志和性格的力量为了功利目标而存在。自私是那整体的推动力量,罗马德性和制度的全部就是民族自私的客观化或者有机组织。"[③]在这般描述了罗马民族之后,他接着在一些标题下汇集了大量的罗马法律制度(law-institutions),他

① "Nach der Oekonomie der Geschichte"(I. , p. 316). ——作者注
② "Die Religion der Selbstsucht"(*ib*. , p. 328). ——作者注
③ "Die romische Welt, im Ganzen und Grossen erfasst, lässt sichmit einem Wort als der Triumph der Idee der Zweckmässigkeit bezeichnen; sie selbst so wie alle intellectuellen und moralischen Kräfte die innerhalb derselben thätig werden, sind der Zwecke wegen da, mit Rücksicht auf sie bestimmt und gestaltet. Die Selbstsucht ist die Triebfeder des Ganzen; jene ganze Schöpfung mit alien ihren Institutionen und alien den Tugenden, die sich an ihr bethätigen, ist nichts als die Objectivirung oder der Organismus der nationalen Selbstsucht. "(I. , 324.)—— 作者注

称其为"原则"或主导理念,其中第一个是"主观意志"的"原则",对此,他说这是罗马法的源头(fountain-head)。除此之外,他还教导说,有几种习性(Triebe)在起作用,而且他从这样的民族习性中演绎出了许多罗马法律概念。

我乐意接受耶林教授许多卓越的论断,尤其是他的著作最后一卷,与此同时我要抱歉地说,我不曾在他模糊的"原则"或者"习性"中找到那充分性。我最为深切地相信,这样的术语不过是学究们"隐秘的质"(qualitates occultae),它们不能阐释具体制度,充其量只能描绘一种制度,但不能从中推导出其真实的原因。的确,罗马民族显示了某种自私,然而,很难想象我们为什么应该责怪一个自私的民族,她的每个成员更多是为了共同福祉而劳作,并非为了其自身的利益。不过,一两项道德特征完全不适于阐释具体制度。希腊人当然可以被说成是具有敏锐美感的民族。但是,谁能只从这种美感中解释他们不可思议的雕刻的兴起呢?谁会将其称作是他们雕刻的根源呢?换言之,谁会将某种征兆称为原因呢?时间不允许我涉入细节,不过,我可以说,罗马人毫不比其他民族更自私,主观意志的原则在他们那里不比其他成功民族更为强烈。

最近去世的梅因爵士(在他的《古代法》的第一章)持有这样的观点,罗马法的独特发展要归因于"罗马法学源自法典的理论血统",意指《十二铜表法》,而且,"英格兰法之于其无法忆及的不成文传统的理论归属"是其发展不同于罗马法的主要原因。他特别强调这一事实,罗马人在如他所说的习俗依然强健有力的时期,拥有一部法典。事实上,他认为《十二铜表法》是罗马法如此坚定地臻于其最终完美境地的主要原因。我很抱歉地说,我不能将其作为一个充分的解释来接受。《十二铜表法》是公元前五世纪第四十年和五十年间通行法律的令人赞叹的汇集。但是,冰岛人、爱尔兰人、威尔士人或者德意志人也是如此。他们都有法典,而且是在其历史非常早的时期。然而,这些民族没有一个成功地将其最初的法典发展至完美的法律体系。为什么这样的一部法典应该产生这样的结果呢?一部法典不能变得过时、碍手碍脚且不适用吗?令人惊奇之处不在于罗马人曾经拥有一部被称为《十二铜表法》的法典,而是他们坚持不懈地紧抓住它不放,超过八个世纪,尽管在持续不断地完善、提炼它。这种坚持不懈和虔诚地钟情于一部法典当然不能凭借法典本身来解释。它不是源自法典,而是源自拥有法典的民众。美利坚人一直遵守他们的成文宪法,不是因为它是成文的,而是因为他们决意敬其为他们的根本法。那是他们的功绩,而非杰斐逊或华盛顿的。

柏林的特奥多尔·蒙森(Theodor Mommsen)教授在他的《罗马史》中,专辟几章来考察罗马法,并且不经意地对于我们的问题提供了如下的解答:"世人惯于称赞罗马人,说他们是富于法学天才的民族,把他们那高超的法律赞叹为神秘的天赐,这未尝不是因为他们自己的法制毫无价值而想借此解嘲。健全民族有健全的法律,病态民族有不健全的法律,以此语过于简单的人,只要略看一下罗马人那种变化无常和甚欠发达的刑法,也可见他们的模糊观念的毫无根据。"①换言之,根据蒙森教授所说,罗马法之神秘的简单解释就是,事实上他们是一个健全的民族,相应地有健全的法律。在刚才蒙森的引文中,他责备了罗马刑法极其有缺陷的状态,我们如何理解他所谓的"罗马人的健全"呢?他们拥有优等的民法,因为他们是一个健全的民族。那他们为什么就没有拥有优等的刑法呢?蒙森的术语"健全的法律"同时指民法和刑法。如果一个健全的民族拥有健全的法律,为什么没有和民法一样健全的刑法呢?不过撇开这无法解决的悖谬不谈,如此一项极其模糊和不

---

① "Man pflegt die Römer als das zur Jurisprudenz privilegirte Volk zu preisen und ihr vortreffliches Recht als eine mystische Gabe des Himmels anzustaunen; vermuthlich besonders urn sich die Scham zu ersparen über die Nichtswürdigkeit des eigenen Rechtzustandes. Ein Blick auf das beispiellos schwankende und unentwickelte römische Criminalrecht könnte von der Unhaltbarkeit dieser unklaren Vorstellungen auch diejenigen überzeugen, denen der Satz zu einfach erscheinen möchte, dass ein gesundes Volk ein gesundes Recht hat und ein krankes ein krankes. "("Recht" in vol. I. Rom. Gesch.)——作者注。译文参考李稼年译本,根据英文有所改动。参看《罗马史》(第二卷),商务印书馆,2004 年,第 180 页,注释。

明确的论断于我们有什么帮助呢？斯巴达人不是一个健全的民族吗？马其顿呢？健全在个人和民族都是极为珍贵之事，但是仅仅健全不能阐释科学或哲学的具体成就。一个民族的健全主要依赖其财政和军事的健全状态，还有家庭生活和公共道德的纯洁性。我不曾看到，这些因素如何能够阐释一个事实：唯有罗马人孕育了完美的私法体系。许多其他民族拥有健全的财政、金融和道德状态，但是唯有罗马人创造了不朽的私法体系。

现在，我尝试描绘我对于罗马私法之真实原因的见解梗概。对于此等原因的追寻经常在某些法学家手中变得不足为信，因为浸染了太多形而上学或者纯粹哲学理念的气息。一般说来，罗马法历史作者会谨慎避免探查他们论及的法律宏伟构造的原因。罗马人本身对于他们法律的真正原动力没有什么认识，这是与我们现时代的经验步调一致的。很少有英国人能够对于英格兰衡平法的兴起给一个令人满意的解释，除了纯粹地引用英格兰法的当下历史叙述。或者来到我们当下的时代，罕有英国人或美国人能够令人满意地解释最近两项社会运动的兴起，它们已经具备了巨大的规模。我指的是禁酒运动和救世军。现代的罗马法历史学家，在罗马作家那里找不到有关他们法律之真实原因的直言不讳的篇章，唯有对问题视而不见，如鲁道弗（Rudorff）所说，仍旧"以充分的理解和不倦的辛劳作为理由"。①

尽管鲁道弗和其他许多罗马法的德国历史学家这么讲，我还是要冒昧地说，除非我们能够充分地领会孕育罗马法的实际原因，否则我们就永远不能像理解自己的制度那样理解罗马法制度。我们永不会完全参透它们，它们将只是一堆不曾消化的学术文本，我们必须通过对古今那些权威典籍的艰辛研究，使其活在我们的记忆中。另一方面，对于罗马法原因的清晰理解最为有效地推动我们的罗马法研究。为了表达我的某种极其不同的见解，我试图着将

---

① "Auf dem Boden soliden Erkennens und Fortarbeitens." (Rechtsgesch. Preface.)——作者注

其简化为只言片语,事实上,仅有一个字眼,以至于诸位可能偶尔思考我的观点有什么价值时,不会对我的观点是什么有所怀疑。

罗马私法兴起及其臻于完美境地的主要原因,我认为是罗马的愧耻(Infamia)制度。

罗马的愧耻制度是罗马法律制度的根源,或者毋宁是其产生的主要动力和因素,这些制度的总和构成了罗马法体系。正是这种制度促成了罗马法学家的兴起,不是律师,而是法理学家(jurisprudentes);可以说,同样是这一制度为这些法学家在其对于法律概念的阐释中提供了智力校验(mental check)。为了验证这一论断,我首先要用简洁的方式勾勒罗马愧耻制度。

愧耻在拉丁语中意指丧失名誉,公开羞辱。萨维尼关于愧耻的章节依然被认为是关于这一制度现存的最优秀论述,他说:"愧耻作为一项刑事判决的后果只是逐渐成为一项规则的。"①这是整个问题的要点所在,对此我希望诸位特别关注。某些罪行会伴之公开羞辱。罗马人和我们一样,以罚金和丧失荣誉来惩罚某些罪行或违法行为(offences)。在我们的时代,被判偷窃的人被认为是可耻的,他不能担任公职,而社会也不会接纳他。因此,罗马人察觉到了某些违法行为内在的耻辱,这一点看起来的确是非常自然的。

不过,有说罗马人并不认为贪污公款之人是可耻的,对此我们又怎么解释呢?或者触犯公共道德的犯罪行为也是如此,又怎么解释?实情就是如此。我们在聪普特的《罗马共和国的刑法》中读到,"不存在这样的例子,即被护民官处以罚金的人必须承受任何公开羞辱;相反,倒有这样的例子,这些人依然留在他们的职位上",②他引述了几个罗马官员的例子,他们被判贪污公款,却没有

---

① "[Infamie wegen] Verurtheilung eines Kriminalverbrechens wurde erst nach und nach zu einer allgemeinen Regel ausgebildet. " (*System* II. , 77.)——作者注

② "Es findet sich nirgends die geringste Spur, dass die durch die Tribunen zu Geldstrafen Verurtheilten irgend eine öffentliche Schande erlitten, dagegen Beispiele wo dieselben in ihrer Stellung verblieben. " (L, 2, pp. 293 312.)——作者注

遭受任何荣誉的丧失或者人格减等（capitis diminution）。

这种奇特的仁慈与罗马法关于一些更为轻微类型的罪行或者违法行为的绝对严厉形成了鲜明的对比。事实上，这样说一点都不矛盾：共和政体中的罗马人对于某些触犯罗马共和国的最危险违法行为轻易地默许，而同时对于私人关系中的最轻微破坏都会绝不留情地痛恨。换言之：他们的私法相对于他们的刑法要严酷很多。我们刚才看到，贪污公款之人会被罚款，但不会丧失名誉。另一方面，我们得知，罗马人的一个私人代理人、受托人（mandatarius），如果出现一例针对他的民事判决，要求他返还他曾经受托的金钱，他因此一事实而丧失名誉，也就是说，由此就不能投票或者参选。

留心这一案例的弥天大祸：在一起民事案例中，有一项民事判决，命令被告返还他从委托人那里收到的金钱。这一判决会给被告的社会生命印上无法抹去的污点。事实上，这使得他成为一个被社会抛弃的人。现在对比这一民事判决的可怕后果与对贪污公款之人的刑事判决的不痛不痒的后果，多么大的反差！一个私人的代理在一起民事诉讼中失败了，没有对他处以罚金，而是剥夺了他最珍视的公民权利，这一权利对于罗马人来说有着相比现代"公民"的无限珍贵之处。一个罗马人，被剥夺了选举权以及由此而来的各类国家公职的选举资格，就是夺去了他的生命。在共和罗马中，政治生命之外再无生活。死亡无疑比愧耻的惩罚更为可取，后者被恰当地称为"公民死亡"。这公民死亡正是那在民事诉讼中遭遇败诉之不幸的命数。代理人的案例不是会招致愧耻的唯一案例。事实上，如果我们尝试置身于罗马私法的真实运行中，我们就会看到，愧耻的阴影几乎在他们日常诉讼的每一步中都对公民造成威胁。

愧耻是无数诉讼的直接或间接后果。在目下关于罗马法的著作中，我们会发现列举了为数不多的会给败诉的被告招致愧耻的诉讼。然而，这是一项完全误导性的陈述。例如，愧耻是使用借贷（commodatum）的后果，也就是，在出借人起诉借贷人之际，条件是借贷人以有悖于约定的方式使用了贷出之物。在这样的案例中，出借人可以使用盗窃之诉（actio furti），后者会给被告招致愧耻。最普遍适用的一类诉讼是欺诈之诉（actio doli），因为它适用每一个案例，在被告某种邪恶的谋划被证实之际，条件是没有其他适用的特别诉讼。不过，基于任何民事判决的执行，任何民事诉讼都可能招致愧耻，或者如我们所称的，任何财产扣押（Fieri facias）的令状，都会招致愧耻。

正是这一事实赋予西塞罗的某些民事辩护演说辞——顺便说一下，这是获悉罗马法运行之实际洞察的最佳方式——悲剧的色彩。例如"为普布里乌·昆克修斯辩护"（pro Publius Quinctio）。整个演说辞着眼于这个问题：财产扣押的令状是否得以恰当地签署。这在我们看来是一个极其乏味的事情，我们不明白为何西塞罗对此这般忧心忡忡。只需听一听下面的篇章，它看起来像是塞涅卡的一出悲剧中的部分内容，实际上指的是一起金钱事务中的争辩："塞克斯·奈维乌斯（Sextus Naevius）[原告]现在正在做些什么呢？对于什么存有争论呢？我们已经耗费两年，打的是什么样的官司？他请那些优秀人士来帮忙，到底是为了什么？他想要回他的钱。什么！现在才来要他的钱？好吧，让他要吧，不过让我们听听他不得不说些什么。他想要清点与合伙生意有关的账目，处理相关的财产。这样做太迟了，不过，总比永远不做好。让我们批准这件事。他说：'凯厄斯·阿奎留斯（Caius Aquillius）[裁判官，西塞罗向他提出辩护]，这不是我现在要的，也不是现在让我感到麻烦的事。普布里乌·昆克修斯（Publius Quinctius）用我的钱已经好多年了。让他用吧，我不要他偿还。'那么你在争什么？如你在诸多场合所说的那样，是我的当事人不再是公民吗？是他不能再保留一直荣耀地保持到现在的地位吗？是他可以不再算作一个活生生的人吗？是他的生命和所有荣耀都处于危险中吗？"（第十三节）①在我们的时代，使用这般言辞事关生死。不过，当罗马人的整个公共生

---

① 此处引文系拉丁文，译文参考杨格（C. D. Yonge）的英译。

存危如累卵之际，它不是一个生死攸关的问题吗？的确如此。[①] 因为，如果西塞罗没办法证实裁判官财产扣押令状的签署有悖于法律，他的委托人会立刻丧失其政治荣誉，或者如西塞罗所表述的，不再算作一个活生生的人。

我的时间不允许我详细讨论愧耻在共和罗马不计其数的可能后果。这样说就足够了：愧耻是达摩克利斯之剑，它在整个共和时期一直威胁着每个罗马人的生命。这奇特制度的缘由对于细致入微地研究罗马国家奇妙构造的人来说都是显而易见的。现在不可能详细叙述这一点。我着力陈述的是：愧耻制度是罗马共和国最重要的宪法制衡，愧耻由此威胁着每个罗马人，在其日常生活中的每一步以及每个关口。他做的哪怕是最微不足道的业务、最小的事，只要最终引起法庭诉讼，都必然危及公民生活。

现在，诸位置身于像愧耻这样的制度的实际运行中。一方面，每个罗马公民都深深地意识到，不可能摆脱这一苛刻制度的困扰；另一方面，每个罗马公民都不得不看到，必须寻找到某些手段，那会减缓愧耻的最严厉后果，却无需废除那在其他方面都健康的制度本身。假设一个罗马人有一位朋友，他委托后者去为他处理某些事务，简言之，假设一个罗马人的受托人碰巧是他的朋友。基于某些理由或者其他事情，这个受托人没有能力返还托付给他的金钱，或者没有以恰当的方式完成他的委托（mandatum）。这个罗马人不得不对他的朋友提起直接委托之诉（actio mandate directa），那是最终会给他的朋友或者他自身招致愧耻的诉讼。因为，如果法官认为他的朋友没有义务偿还任何金钱，他的朋友可以对他提起侵害之诉（actio injuriarum），这同样会给败诉的被告招致愧耻。就像这案例，还有日常生活中的无数案例都是如此。

嗯，没有哪位仁慈之人会乐意因为一些钱而毁了他的朋友。身处此种困境，罗马人自然会向他熟识的某些聪慧之人寻求建议。

---

① 在《民法大全》中愧耻的危险同样可与生命的危险相比；参看 1. 9, pr. D（de manumissis vindicta）XL., 2。——作者注

这个聪慧之人只能以一种途径来解决问题：不允许动摇愧耻制度的根基，那是实体法的根基，他尝试这样来达成其目的，即通过恰当地使其委托人的案例适合有关程序的法律、适合程序法。由此所导致的后果是，罗马的那部分法律，我们通常称之为程序性或者附属性部分的法律，事实上成为了其实体的部分。在罗马法中，程序法优于实体法。这恰是英格兰法的反面，在后者那里，程序法被称为辅助性法律。诉讼是权利的仲裁者，而非相反。

罗马的普通法是这样的法律，其中诉讼不是权利的纯粹附属物，如现代那样，而是它的根基。现今，我们在争议管辖和自愿管辖之间做出区分，正如在英格兰教会法中所称呼的那样。例如，产权转让是一项没有争议的事务，因此，它不会呈现出诉讼的外观。但是，在罗马，最平和的无争议交易行为也呈现出全面的诉讼外观。因为，在罗马，诉讼作为容易引起争议的法律，是无争议法律的源泉。这是罗马法与众不同的特征。这一根本特征，或者毋宁说是罗马法的力量，如何有助于罗马法若干部分内容的成长，我会尝试在下一次讲演中讨论。现在，表明罗马法的真实原因或者现实运行理由就足够了。

短暂的思考就会让罗马制度的任何研习者确信，在一个共和国，那里平常的业务往来浸染了最为有害性质的萌芽，有些公民自然就会开始琢磨可以减缓那种毒害的力量。这就是原因所在，罗马人，一个军事民族，一个鄙视商业的民族，压根不愿孕育哲学或者科学，一个傲慢的战士民族，从来没有成功地将其宪法或者刑法体系化——依我看，这就是理由之所在，为什么罗马人觉得被诱导着对于私法的规范和体系化投入如此非同寻常的关注。他们的私法具有的不是我们的私法的特征，而是我们现代刑法的特征。只有在刑法的领域，我们才能期望与古代罗马人并肩，因为我们的刑法源于与愧耻制度相似而非等同的一种制度，即现代社会荣誉制度。

在私法体系的阐释方面，我们不能抱有与罗马人比肩的期望，但是，我们被允许心怀这样的期望：我们应该维护我们文明的质地,无需让每个公民在其日常生活的每一时刻头顶悬着达摩克利斯之剑。因为,所有高级的制度都必须付出高昂的代价。希腊文典、哲学和科学无与伦比的充盈要以这样的代价来购买:希腊女性和三分之二男性人口的完全屈从。罗马法需要付出这样一种制度的代价,西班牙宗教审判也不会比它更加残酷。让我们仁慈地期望,我们的文明如果在完美体系的私法方面付之阙如,同样在像罗马愧耻制度一样的社会阴影方面也是付之阙如的。

Ⅱ. 罗马法之真实原因(续)

对于前一讲的内容,1890 年 3 月 12 日《牛津期刊》的一份报告极力主张,罗马的愧耻制度不可能在罗马法律科学的形成中扮演至高无上的角色,鉴于雅典人也有一项相同的制度——耻辱(ἀτιμία)——但是没有私法科学。

除了一种情形,这一反对会有效地摧毁罗马愧耻作为罗马私法科学真实原因的力量。无论如何,这一情形是决定性的:雅典耻辱与罗马愧耻不一致。相反,它在诸多要点且本质性要点上直接相对。雅典耻辱——我们拥有权威知识的唯一的耻辱——是针对国家的犯罪和违法行为的后果[1];罗马愧耻在共和国的较早时期,甚至后来时期,主要是针对私人的民事侵权的后果。雅典耻辱是世袭的;罗马愧耻不是。雅典耻辱可以是暂时的、部分的;罗马愧耻则不可以。雅典耻辱会伴之以财产充公;罗马愧耻则不是。

---

[1] 在最近由达朗贝尔(Daremberg)和萨利奥(Saglio)编纂的《希腊和罗马古代制度词典》中"Atimia"(公民权丧失)的条目下,引用了莱利维尔特(Lelyveldt)关于雅典耻辱的专著,大意是 ἀτιμία 是施加于不忠诚的私人欠款的受托人身上的。扫一眼莱利维尔特著作第 186 页的一段,足以驳斥这一论断。此外,它也已被迈尔、舍曼、利普西乌斯(Meier-Schömann-Lipsius)《Der Attische Process》(702 页)充分地驳斥。雅典法律中唯一的诉讼,其可能结果有些类似罗马愧耻的是拒绝返还之诉(δίκηἐξουλς)。参看 Meier-Schömann-Lipsius, ib. pp. 665－668,965－970。——作者注

　　事实上,雅典耻辱是本质上完全不同的一项制度。政治权利之丧失作为某些罪行或者不法行为的后果是一项我们在很多国家都可以碰到的制度。唯有罗马人具备这样的独特性,附之以这样的损失不仅是作为针对国家的犯罪和不法行为的后果,而且主要是作为违反民事契约的后果。除非我们牢牢地抓住这一点,整个问题的关键特征,否则我们永远不会彻底地理解愧耻对于罗马法律科学的意义。罗马"民事"法律中弥漫、浸染了刑事法律的因素。这是罗马私法历史中的首要事实。"民事"法律,我们这里是在技术意义上来理解"市民法"这个词的。

　　这一奇特事实的起因在此与我们无关。这样说就足够了:罗马人在某种程度上需要非常高标准的公民道德,远胜于古代其他民族。正如古希伯来人被迫为政治组织的完全丧失——她们的神权统治是民主的极端形式——以日常生活中建立最严格标准的仪式道德来补偿;同样地,基于类似的理由,罗马人被迫在日常生活中建立极端严格的公民道德标准。一个罗马人最微不足道的业务往来终可能导致最严重的后果,正如极轻微地忽视不计其数的某些仪式规则,就可能增加一个希伯来人的尘世罪恶一样。

　　罗马人和希伯来人都不能摒弃他们民事或者仪式方面小心翼翼而极其严厉的要求。不过,与此同时,他们都禁不住认为,在面对变化的环境时,这样的要求不可能严格地保持下去,其中最重要的就是迅速增长的公民人数。相应地,他们自然开始思考补救之策,它会减缓一种绷得太紧的道德标准更多可憎的有害方面,无需大大减少其中的有益作用。

　　换言之:他们试图回避其法律的严厉规诫。

　　这并非是说,罗马法学家和希伯来拉比的全部作为可以用这样的说法来概括:回避其法律严酷性的成功尝试。不过,这样说与历史事实完全相符:他们之作为的较好部分同时是由坚持基本的严格性和消除其赘生物构成的。因此,顺便一提,《塔木德》和《民法大全》的外在形象和体系有着显著的相似性,都是法学家教义的主要汇集,一方是评注形式的法律和敕令,另一方是《旧约》和《密西拿》(Mishnah)。

在前一次讲演中,努力要证实的是,罗马法不曾受到政治、宗教或伦理的不恰当影响。由此,获得了一种极为有力的条件,有助于阐释纯粹法律的或者——如我贸然所说的——私法的民事(civilistic)学,此外,还极大地受益于如刚才描绘的罗马法学家的作为。更确切地说:罗马人的私法将其免受宗教、政治和伦理方面之不相干和不恰当的影响归结于普遍的、非个人的缘由,在这里探寻它不是我的职责;不过,免受刑事法律概念的压倒性影响,主要是因为罗马法学家的行为。

在欧洲大陆,民事法律和刑事法律之间的区分被认为是如此习以为常的一件事,以至于大陆法学家很少认为:这一区分是例外,不是多数国家的普遍情况。大多数的开化和未开化国家并没有在民事法律和刑事法律之间划出足够分明的楚汉之界。因此,在英国法和美国法中,被称为"侵权"的非法侵入(trepasses)同时具备民事和刑事特征,而且许多纯粹的民事行为或不作为会导致刑事后果,如"藐视法庭"的法律规定,是极为类似于罗马愧耻的一项制度,尽管不那么具备广泛性。

因此,对于大陆法学家来说,罗马法中民事与刑事事务之间的明确区分是自然而然的,以至于给出进一步关于其理由的探查是多余的。然而,此种探查的忽视,是大陆的罗马法历史学家著作中非常严重的缺陷的原因。不曾仔细思考这一事实:罗马法学家,为了使罗马私法摆脱上述最后一种其他民族都屈从其中的不恰当影响,全力倾注于最终且严格体系化的构造。大陆历史学家要么沉浸在纯粹的资料收集,要么沉浸在最狂热形式的历史-哲学构造中。我敢说,在自然科学方面,布丰(Buffon)之前没有作者有勇气出版如此完全幻想的一部作品,胡施克教授论塞尔维乌斯·图利乌斯国王之宪法的作品就是这种情形。

看起来奇怪,如这里所描述的,愧耻的巨大影响力竟不曾被前辈学者注意到。然而,这一疑难可由一个事实轻松解决,即在布尔夏迪(Burchardi)论愧耻的专著(1819年)之前,尤其是萨维尼在其

《当代罗马法体系》(*Systhem*)中的篇章,愧耻普遍流行的见解完全不适宜传达这一制度对于形成罗马法律科学巨大影响的恰当领悟。甚至现在,很少有民法学家停下来思考这一制度间接和持续的影响。因此,为了给愧耻对形成罗马法律科学以决定性影响提供一个清晰、哪怕非常简洁的论断,我试图在某些重要的罗马法律概念类型中追溯这种影响。

在进入我们问题的细节之前,就愧耻略作陈述。

愧耻是公民权的丧失,是担任公职的被选举权(jus honorum et suffragii)的丧失。换言之:烙有愧耻印迹之人被排除在罗马公共和政治生活之外。他可以留在罗马;他可以继续做他的买卖,并且在罗马起诉其债务人;遗赠他的财产,或者和一个罗马女人成婚。但是,在他的公共生活中,他不仅受到限制,而且实际上被摧毁了。他没有投票权;他没有资格担任公职。

这是愧耻的实质。现在的情境不适合解释,为什么共和时期的罗马人,甚至帝国时期,很大程度上如此恐惧他们的选举权和被选举权的丧失。我们不得不将之视为大家都认可的事实——至少在共和时代如此。

因此,如果对于愧耻污点的恐惧胜过一切;而且,另一方面,如果招致愧耻,这样的威胁并不是局限在少数恶人的罕见或卑劣罪行的后果中,而是伴随在普通、日常出现的诉讼中的,那么下面这一点就不过是迫不得已的必然了:即罗马人按照一种两重形式发展他们法律中的每一项制度,一种二分的处置之道,即一方面顺应的是市民法中刑法因素的严格与峻酷,另一方面顺应的是实际生活中不太强横的、更为宽宏的要求。

罗马法这种彻底的二分法是其主要特征之一。罗马私法的一半属于"法律"(Jus)领域;另一半属于"事实"(Factum)领域。

在英格兰普通法中,与在大陆刑事法律中一样,"法律"和"事实"这两个术语是很常见的,没有比用"法律"和"事实"这一对现代概念替换其罗马同义词更难以避免的错误了。但是,现代的"领事"(consul)与罗马的"执政官"(consul)的差别都赶不上"law"和

"fact"与罗马的"jus"和"factum"之间的差别那么大。

在罗马,与"factum"相对的"jus"有其自身的专门含义,指的是罗马法上的严格而排他地适用于自由且独立的罗马公民或者——如罗马法学家所称的——"自权人"(homo sui juris)的那些制度。除了自权人之外,还有其他许多种人的类型,几乎是完全依附性的地位:家子、已婚妇女、女儿、被解放人、优尼亚拉丁人(Latini Juniani)、降服人(dediticii),最后还有奴隶和行省人或外邦人(peregrini)。罗马法里不仅适用于自权人,而且也适用于上述列举的这些依附性之人的那些制度,则构成了"factum"或者罗马法的第二个部分。

"factum"这个术语的专门含义,无法在罗马法学家的著作中明确地找到。然而,这绝非是说,它不是一个恰当的术语。所以,严法诉讼(actiones stricti juris)与诚信诉讼(actiones bonae fidei)截然有别,是现代的罗马法学者们再熟悉不过的了,然而,我们都知道,"actio stricti juris"这个术语在罗马法学家的著作中倒并未出现过。[1]

罗马法一般划分为"jus"和"factum"与英格兰法划分为"普通法"和"衡平法"没有任何相似之处。"jus"和"factum"与市民法和荣誉法(jus honorarium)有着切近而紧密的关联,尽管后者出自裁判官之手——或者不如说是出自组成裁判官的顾问(consilium)的法学家之手,尽管罗马裁判官与英格兰大法官这一英格兰衡平法的源头有着显著的亲缘性,然而,罗马"factum"与英格兰的"衡平"既无外延上的一致,也无本质上的关联。"jus"和"factum"的差异,关键在于两类人的截然区分:有资格适用"jus"制度的人和无资格适用该制度的人。这一区分若用到"普通法"与"衡平"的划分上,就完全没有意义了。

自由且独立的罗马公民享受着如此广泛的特权,他的公民身份拥有——如我们在随后的讲演中将会看到的——如此非凡的价值,

---

[1] Savigny, *Systhem*, vol. v. p. 461。——作者注

以至于他在私人生活和公共生活中的个人行为应该受到最严格的监督，才是公平和自然的。相应地，针对他的法律中，大量充斥着这样的要素，它们是对与他的地位连结在一起的巨大特权的持续不断的威胁和随时会爆发的风险。此种法律被称为"法"或者"市民法"；此种法律是严苛的、刚硬的，其铁面无情差不多堪比加尔文主义教义，后者也建基于一种生活观——虽然是关于未来生活的观念，根据这种生活观，基督教徒若忽视了某些在没那么严苛的信条中并不算太重要的义务，将冒被罚入地狱永生的风险。

不过，有人会反对说：罗马家子没有被排除在自权人享有的巨大政治特权之外，但市民法或者严格意义的"法"作为一个整体并不适用于他。因为，一个罗马家子，尽管仍处于其父的监护中，还是可以担任罗马的任何既荣耀又享有权力的高级职位：他可以成为财务官、裁判官、执政官、监察官，他可以在公民大会中投票，他可以被派遣至行省担任总督等等。

对 jus 和 factum 之根本区分背后的原则的偏离，是从哪儿开始的呢？如果这一区分是基于自权人的特权身份，为什么它不同样对于那些享有一个自由且独立的罗马公民所有政治特权的罗马家子依然有效呢？

我们说的是政治特权，因为众所周知的事实是，一直到共和末期，在很大程度上甚至也在帝国时期，一个罗马家子，在罗马家子的私人生活中，尤其是他的经济业务中，是完全依赖于他的父亲的。一个罗马家子不能为自己获得一分钱的财产；他得到的任何东西都属于他的父亲。这种令人吃惊的依附性，丝毫不会因他的政治地位的改变而有任何改变；他可以成为一位执政官、一位元老或者裁判官，然而，除非其父正式解放他，否则他就不能说一厘一毫是他自己的。换言之：罗马家父权在其民事方面，意味着完全剥夺了家子的权利，尽管家子还是能够担任共和国里极富荣耀的最高职位。

现在，如果我们摒弃所有的幼稚想法，诸如"家长统治时期""种族特征"或者类似的异想天开；如果我们坚信这一不证自明的信念：在所有的历史时期人性都保持实质的同一性，我们就会自然而然地发问：为什么罗马家子会屈服于如此一种僭政呢？而照我们的感受，这种僭政，简直再没有比它更无法忍受的了。因为，毫无疑问，我们时代每个心智健全的年轻人，最迫切的要求就是走向经济独立，虽然我们都很爱我们的父亲，不过，我们最热切渴求的还是赚自己的钱过自己的日子、拥有通过我们的勤劳和手艺得来的收益。因此，我们必定会认为，罗马的年轻人必然也会受到同样愿望的驱动，而如果我们大为震惊地发现，他们对那种看起来几乎让我们厌恶的状态完全无动于衷，我们就不得不寻求如此明显地与人性通常轨道相背离的理由和原因。在此探究中，我们绝对不能忽视那普遍且不容争辩的原则，即人类欲望的力量只有凭借同样强大或更强大的其他欲望才能有效地制衡或者克服。因此，我们探寻罗马家父权民事方面的原因，可以从一般问题开始：是怎样的强有力的动机，诱使罗马家子情愿屈服于家父权的僭政呢？

因为罗马家子本可以很轻易地摆脱父权的僭政，这个问题更显合理。一般说来，儿子的数目总是比父亲要多；或至少，在同一个共和国中，儿子的数量经常超过父亲的数量。因此，罗马家子如他们所做的那样，掌握着公民大会中的多数票，本可以轻易地通过一条大意如"家父权随着儿子年届二十一岁或者其他年龄时便告终止"的法律。为什么他们甚至压根儿就没尝试过要推行一条这样的法律呢？是怎样的动机让他们如此过分地屈服呢？

他们将那极大的价值放在了他们的公民身份上。

罗马共和国是一种民主政体，其中，如同所有的民主政体一样，普选权这一根本原则，被一种分阶层的组织化投票体系所规避。第一阶层的投票人为自身吸纳的是拥有特定财产的公民；第二阶层的投票人是拥有较少财富的公民；以此类推。除了这种阶层设置之外，第一和第二阶层优先投票，一般说来，由于他们占有多数票——亦即百人团或者一个阶层的分支的投票总结果，所以，较低的或者较贫穷的阶层几乎没什么机会投出自己的票。

换言之，罗马是财权政治（timocracy）。即使是在投票人的阶层组织，由于百人团会议和部族会议的合并，而稍微有些改变之后，罗马共和国的财权统治因素依然是占主导地位的。因此，荣耀和权力依赖于人口普查，位列较高或者较富"阶层"是每个罗马人的压倒性欲望。人口普查中位列上层等同于位列真正有影响力的阶层。假如，一个罗马父亲有三个儿子，而且，这四个人中的每一个都各自独立谋生，那么，多数情形下，他们之中并不是每一个人都能足够富裕地达到必要的人口普查标准。但是，如果儿子们，既为了他们自己的利益，也为了他们父亲的利益，放弃拥有他们所获得的，父亲的财产就能够很容易接近并且保持在较高阶层人口普查的必需标准上，既然儿子是在其父亲的阶层中投票，他们就参与到了他们狂热渴求的那种权力之中，而这种权力，凭他们单枪匹马的努力是无法为自己谋求到的。

由此，经济独立的强大动机被更强大的雄心动机所压制。一个罗马人只拥有一种雄心：政治的雄心。成为会议中有影响力的一员、担任国家的一项公职、成为元老或者军队首领，这是其雄心的主要目标。错过这些珍视之物的竞逐实际上等同于成为不名誉（infamis），愧耻的本质就是被排除在政治竞技场之外。

因此，奇特的罗马家父权制度，在其民事方面，是恐惧愧耻的一个直接后果，或者是其等价物。于是，"jus"和"factum"二分法一般原则的违背，恰是基于这原则的运转，因而，罗马家子的政治独立与其对父亲的经济依附，此间的对立——或者换句话说，罗马家子对"jus"分支可以有正当主张与他其实被划归为"factum"，此间的对立，只是表面上的。家子不能为他们自己取得什么，他们不能拥有；但是他们能够负债——而且，不限于金钱债务——可以因债务而被起诉，还可在很多的案例中起诉他们的债务人，正如我们稍后看到的。

愧耻也说明了罗马私法的另一条奇特原则。罗马法学家告诉我们，谁也不得以一个自由人为手段来取得权利：不得借助自由人而取得（Per liberam personam adquiri non potest）。罗马法阻止使用代理人和代表。其他一些民族的法律有类似的禁止规定；因此，在古埃及,代理人(procuratores)不允许买卖。① 埃及法律的理由我们并不清楚;不过,罗马法律的理由是显而易见的。在这样的一个共和国中,其中日常生活中最细琐的交易可能都伴随着极为繁重的责任,法律自然不愿意通过允许将交易从真正的交易人的肩上移转给一个纯粹的中间人——他并没有什么自己的责任风险,雇主面临的威胁他也可以规避——从而减轻这样的责任负担。我说过,罗马的私法(private jus)渗透了刑法的因素。正如在刑法中,代理是绝对不允许的,每个人必须自己维护自己的主张,罗马的私法也如此,轻而易举的代理恰与法律的本性扞格不容。事实上,还有什么是比通过经纪人和代理人来处理某人的经济业务,以规避整个愧耻的根本制度更容易的? 代理人不可能遭受愧耻,因为那不是他的业务;委托人或者雇主会同等地被豁免,因为引起愧耻的判决不是发在他的名下。② 这才是对罗马法的这一原则的真正解释,而像施罗斯曼(M. Schlossman)的解释,他用所谓的"迄今为止一直不为人知的,但其实渗透在那个法律的方方面面的一个原则"来说明罗马法中之所以禁止代理,"这个原则,即一个自由人的经济生活不应该被另一个人的经济业务给吸收了",③则完全没说到点子上。

仅是彻底研究一下罗马愧耻及其相关制度之实际运行,就会让我们准确理解罗马奴隶作为法律科学主题的巨大价值。在我先前的讲演中,我曾提及这个问题,为什么美国奴隶制已经很长时间不再是美国法学家关注的对象了,然而,罗马奴隶制,或者说在《民法大全》中数量庞大的奴隶案例,其重要性直到今天丝毫未减,尽管奴隶制本身没有什么实践意义。

罗马法有两个大类,彼此相辅相成:自权人和奴隶。无论我们对于奴隶制的道德或宗教厌恶可能有多大,无论我们多么不应该倾向于褒奖一项令人痛恨的制度,我们也不能否认其结果的荣耀:

① 参看 E. Revillout, *Les Obligations en droit Egyptien*, p. 2。——作者注
② 比较 Savigny, *Systhem*, vol. ii. p. 175。——作者注
③ Schlossmann, *Der Besitzenuerb durch Drilte*, Pref., p. vi.。——作者注

这两种类型的明智和历史真理不能被否认。罗马奴隶不是纯粹的牲口、美洲招人鄙视的"黑人"（nigger）、古代罗马所谓的"机器"（machine）。他在罗马法学家的思考中占据了一个极其重要的位置。甚至是在内战前联邦蓄奴州的律师和法学家都不经意地察觉到源自奴隶身份的某些奇特且极为有趣的法律问题，也就是源自"客体"（res）与主体混合于同一个存在物中。因此，他们想知道如何解决这个奇怪的问题，即当一个奴隶的两个共同所有人中的一人解放了奴隶时，会发生什么；或者涉及逃走奴隶的法律是什么样的，以及类似的难题。不过，他们从未尝试或者认为有必要尝试针对奴隶的所有民事关系进行综合性的法律构造。而罗马法学家以令人惊叹的独出心裁和无与伦比的坚持不懈，描绘了民事奴隶法的最精妙结果。奴隶在各种身份下所有令人困惑且极为有趣的关系，作为代理人、债务人、债权人、养父、养子、亲属、继承人、遗产受赠人、公共官员、私人教师，还有甚至是尸体——一名奴隶的埋葬地被宣布为神圣的——罗马法学家都以狂热之人的一丝不苟加以阐释。正如密尔齐纳（M. Mielziener）或者温特（J. Winter）所说的，看看希伯来人的奴隶法，或者看一看德国人或盎格鲁-撒克逊人的奴隶法，与罗马奴隶法完全成熟的适应性相比，那显得多么贫乏和干枯。

是什么原因使他们对显然看不起的阶层之人感到强烈的兴趣？

那是基于一种最紧迫需求所指令的兴趣：需要某些救济之道，抵消或制衡愧耻及相关制度的严重后果。在这样的一个共和国，其中，充分权利（jus plenum）是相对少数独立公民的特权，也因此，其中民事事务的法律构造很大程度上依赖以下先决问题的解决：交易人是否有从事该业务的权利，他们的权利在多大程度上受到其身份的限制。那么，在这样的共和国中，奴隶在理论和实践上的重要性便理所当然了。一个罗马公民，在他的民事业务中也会被大量的束缚所阻碍。甚至是自权人，也会因为是未成年、人格减等（capite minutus）或不名誉而不能拥有或失去某些权利。除了适婚龄（pubertas）、未成年和愧耻的限制之外，依附性之人，如家子、女人、被解放人、被收养人，或者独立的外来人以及社团（corporations），大量的交易，他们也是不能以自己的名义从事的。这些阻碍的频繁出现，让针对某一特定案例的法律构造难上加难。另一方面，对罗马生活最为浮光掠影的观察者也不免注意到罗马奴隶的特殊性质所提供的巨大好处。罗马奴隶，除了极少的例外，都是善良有才智之人，被托付以所有类型的业务和职业，包括了体力的、金融的以及智力的。换言之：他们除政治外，在各行各业实际上就像自由的罗马人一样行事。他们执行其主人大量的民事交易事务，凭借其主人授予的私产（peculia）执行他们自身相当数量的业务，他们是潜在的自由人。

不过，只要他们保持着奴隶身份，他们就能免于那些横亘在针对民事交易的完整法律构造之路上的束缚。从法律的角度看，一个罗马奴隶既不是未成年人，也从未达到过成年年龄；既不是不名誉，也不是人格减等；既不是家子，也不是外来人（peregrinus）；既不是父亲或丈夫，也不是儿子：他是一个物、一个客体。然而，他之行事就像他是一个自由人。因此，罗马法学家在需要研究一种不受加诸自由人的大量限制所束缚的法律关系时，自然转向奴隶作为行为人的案件，这样的案件完全免于所有外部的影响。因为，罗马奴隶在法律上的不能，并非是衍生性的不能——纯粹是其主人权力的结果；它是原初的不能，这种不能甚至扩展到了被抛弃的没有主人的奴隶身上。从法学家的视角看来，罗马奴隶是自权人的同辈，是与其紧密相关的、补足性的对等类型。单单他们就可以满足罗马法学家对于仅包含纯粹民事关系的单纯案例的需求。

在罗马还有一更紧迫的需求吗？他们的共和国，其理论和实践基础是浸染了刑法精神的民法；这样一个共和国持久的可行性依赖于这些刑事因素的精密分泌，或者换句话说，在于纯粹的民事私法科学的精心构造。没有什么比奴隶法律关系更有助于达成这一目的。如此，我们还会讶异罗马法学家对于奴隶法的强烈兴趣吗？

日耳曼民族，同样还有法兰西和斯拉夫民族，也有大量的人格方面的束缚，正如我们在罗马法中遇到的。他们也有奴隶。但是，对于一门纯粹的民事私法科学,他们毫无需要,他们的私法与刑法相距实在太远,与他们的政制也没有太密切的关联。

或者将之说得更简洁些:罗马法学家,发现对于研究纯粹的民事法律关系而言,自权人是一个不易处理的主题,他们始终需要一种 homo(人)——纯粹的(pur et simple)。他们在罗马奴隶中发现了,homo 在他们的著作中通常指的就是奴隶。

这也解释了现代法学家对于罗马奴隶经久不衰的兴趣。这种兴趣不过是我们对于自权人、罗马自由公民的兴趣之对等物。罗马奴隶在罗马私法的宏伟建筑中,并非处于渺小且偏僻的角落;他们构成了大厦奠立其上的巨大花岗岩的重要部分。他们与其主人之间的业务关系被当成是类似于自由罗马人之间的业务关系来对待的,涉及缔约理由的罗马法适用于奴隶,也适用于自由公民。①作为债权人或者债务人,他的债只是自然之债,即不是民法之债(civilis obligatio)的效力赋予的。不过多内鲁斯(Donellus)正确地指出:"一般而言可以认为,任何合法的、应当被有效强制执行的民法之债,且非因该债务所引起的诉讼行为得以免除的,它本身就是自然之债。"(generaliter recte definiemus, quicumque civilis obligationis justae et ad exigendum efficacis effectus sunt, eosdem esse et naturalis obligationis, una actione demta.)②这清楚地表明了在奴隶交易与自由人交易之间的彻底对应。前面提到的罗马私法的根本二分中最具深远影响的问题,莫过于关于法律关系的"jus"或"factum"性质了。占有是 jus 还是 factum?用益权(ususfructus)或者使用(usus)呢?对于许多这样的问题,罗马奴隶制提供了必要的答案。虽然奴隶不能为其主人的取得占有,"除非后者愿意"(nisi volentibus),不过,为其主人取得所有权却不依赖于这一限制,上述

---

① "Ut debitor vel servus domino, vel dominus servo intelligatur, ex causa *civili* computandum est," 1. 49, §2, D(de peculio)XV., i. Compare Savigny, *Systh.* II., p. 422 and 423. ——作者注

② Hugo Donellus, *Commentarii de jure civili*, lib. XII., cap. 2. ——作者注

事实因此清晰地表明了占有的 factum 性质，因为事实不破人格（factum non egreditur personam）。① 类似地，用益权能够产生对于奴隶的遗赠（legatum）；使用则不能，理由显而易见。因此，用益权更像是事实状态（res facti）——因为奴隶是事实的而非法律的能力（facti, non juris capaces sunt servi）——使用则是法律状态（res juris）。因此，使用是不可分割的，而用益权是可分割的等等。

现在，我们可以将我们视为私法之主题的罗马奴隶制带到最后一个问题。罗马法中彻底的二分原则，也即"jus"和"factum"之间的关系，体现在二者在自权人那里的一致，与二者在奴隶那里的对立。前者代表了 factum 和 jus，后者代表了没有 Jus 的 Factum。因此，罗马奴隶的永久重要性在于，他不仅构成了罗马私法发展中的一个历史性范畴，而且是其中的教义性因素。②

愧耻和相关制度的运行同样说明了在罗马法中客体的奇特分类：要式转移物和略式转移物。这一分类在客体中重复了 jus 和 factum 的形态，正如自权人和他权人（homo alieni juris）的区分在人格上代表了同样的形态。

不过，正是在罗马法的诉讼中，愧耻和相关制度的巨大影响才得到了最好的展示。我们现在知道，在罗马法的诉讼中最普遍的分类是基于法律之诉（actiones in jus conceptae）和基于事实之诉（actiones in

---

① 参看 H. Donellus, *Commentarii*, lib. v., cap. 8 and 9；尤其是 1.44, pr. D(de acqu. et amiss, possessione)XLL, 2。——作者注

② 我们这里仅仅从拉贝奥的著作中增补一些教义上的典型奴隶案例；他们都源自《法令大全》：1.34, I., 7；—1.4, §3, II., 4；—1. i, §i, II., 9；—1.9, §i, II., 11；—14, §2, II., I3；—1.27, pr., III., 3；—1.6, §6, III., 5；—1.18, §2, eod；—1.7, §7, IV., 3；—1.2, §i, eod；—1.20, pr., eod；—1.13, pr., IV., 6；—1.19, §3, V., i；—1.21, VII., i；—1.2, §i, VII., 8；—1.10, §4, eod；—1.12, §6, eod；—1.13, eod；—1.23, §4, IX., 2；—1.24, IX., 4；—1.26, §5, eod；—1.15, XII., 4；—1.5, §7, XIV., 3 j—1.5, §8, eod；—1.5, §9, eod；—1.5, §7, XIV., 4；—1.5, §13, eod. ；—1.7, §4, eod；—1.9, §2, eod；—1.3, §i, XV., I；—1.3, §12, eod；—1.6, eod；—1.7, §5, eod；—1.43, eod；—1. i, §10, XV., 2；—1. I, §I, XV., 3；—1.2, §4, XIX., 2；—1.17, §12, XXL, I。——作者注

factum conceptae)。自从尼布尔在本世纪初发现了盖尤斯的评注以来,罗马法的历史学家竭力解释诉讼的这二分法。时间不允许我在这里详细讨论他们的理论;我只能对于这一未决问题提出我的看法。诉讼的此种两个类别的真正原因,我认为是罗马法学家渴望消除愧耻和相关制度在罗马公民的民事法律诉讼中不可避免的严重后果。

基于事实之诉在其具备资格一年后提出时不会招致愧耻。甚至是所有基于事实之诉中最频繁也最危险的欺诈之诉(actio doli),也会在一年以后丧失给败诉的被告招致愧耻的权力。因此,罗马法学家对于诸如保管之诉(actio depositi)或者借贷当事人之诉(commdoati directa)的诉讼经常有两种程式,这些程式之一,即在基于事实中的程式,可以在一年之后使用而不会毁掉被告。

我们发现,家子被剥夺经济上的权利是基于避免实际的愧耻的强大愿望;正如事实之诉被用作针对法律的愧耻的保护,它们同样被用作减轻家子没有民事能力的不便后果。家子有权以任何基于事实之诉提出诉讼,而他们法律上的被剥夺资格限制在基于法律之诉中。

罗马法的令状(Interdicta)同样起源于减缓愧耻及相关制度的严重后果之必要性;对于注意到了罗马法原则主旨的任何人,这都是显而易见的,也就是:"令状也不导致愧耻。"(Interdictum nullum infamat infamia juris.)①

事实上,在罗马的程序法中,程式的兴起是获得纯粹的民事法律关系构造之普遍性需求的后果。根据盖尤斯的研究,我们大致了解到,古老的法定诉讼(legis actions)程序模式废弃不用是因为其极端的形式主义。基于对盖尤斯及其同僚的完全恰当的尊重,我敢断言,罗马法学家是最为精巧的法律思想家,但却是非常糟糕的历史学家和词源学家。只有对于古代手稿及其作者的狂热崇敬能够使我们无视这一事实,即程式制度比起法定诉讼制度有着无限的复杂性和精巧性。不过是后者提供不了针对愧耻及相关制度的迫在

---

① 参看 1.13,D(de vi et de vi armata)XLII.,16. 比较 1.32 D(de poenis)XLVIII.,19。——作者注

眉睫的侵蚀和残酷的卫护,因此,它不得不被一种大大改良的制度所替代,后者能够有效地将诉讼当事人从民事灾难中拯救出来。

甚至在基于法律之诉中,请求给付之诉(condictiones)应该会减缓愧耻及相关制度的致命后果:"在请求给付之诉中,羞辱不再适用,哪怕该诉是源自愧耻有关的事由。"(Cessat ignominia in condictionibus, quamvis ex famosis causis pendeant.)乌尔比安说。[①]

罗马法的自然二分经常可由罗马术语市民法和荣誉法表明。后者是"Factum"法;它在一位改革者的意义上并不有悖于前者,此君想要竭力坚持这一真理,即更好是好的敌人,是它的完善。这适用于令状或基于事实之诉与基于法律之诉的关系、简约与契约(contractus)的关系、占有与所有权的关系、遗产占有与法定遗产继承(legitima hereditas)的关系,等等。仅仅这一点就揭示了为什么裁判官立法如此罕见地冒险进行激进改革,为什么《十二铜表法》在其颁布八个世纪之后依然被认为是活生生的法律。市民法从未停止成为罗马私法的一个重要因素,只要这一法律真正存在着;它的严格性和"刑事"特征正是裁判官立法和科学思考的酵母。罗马私法意指公民法和裁判官法;它并不是从后者反对前者的胜利斗争中"逐渐"形成的。正如自权人和奴隶预先假设且彼此限定了无法消解的关系,甚至市民法和荣誉法也是如此。

个体罗马法学家偏爱一个法律分支胜于另一法律分支存在着主观倾向。这导致了罗马法学家的两个著名学派:普罗库洛学派(Proculeiani)和萨宾学派(Sabiniani)。这两个学派之间的差异在德国和法国已经成为重要且博学的争议主题。详述各种各样的观点是枯燥无味的,一般说来,博学之见的土味儿更胜于普通常识的盐味儿。罗马法的根本性二分看起来几乎使得两个学派的兴起成为必然,其中一个的重心放在"jus",另一个放在了"factum"。

我说过,罗马法之二分是其共和国奇特宪制的一个自然产物,而且我提请注意罗马私法与现代大陆刑法之间引入注目的相似

---

① 1.36 D(de obligationibus et actionibus)XLIV., 7.——作者注

性。事实上,对于罗马法的诸多概念,尤其是在罗马的程序法中,我们不是在现代大陆国家的民法而是刑法中找到了非常接近的相似之处。由此,罗马民事诉讼一分为二成为预审(in jure)程序和复审(in judicio)程序——此种二分重复了罗马法在诉讼领域中的一般二分——在奥地利和德意志刑事诉讼中被完全地移植过来;罗马争点决定(litis contestation)在上述国家和法国的刑事诉讼的一个阶段几乎被完全复制过来;罗马民事诉讼中的证据理论在大陆的审判证据理论中要比在民事诉讼中更接近,等等。因为,在欧洲大陆,"社会荣耀"的观念有着诸多罗马愧耻的可怕特征,而且,尽管在许多现行的社会愧耻情形中——一位大陆绅士可能会饱受折磨——诉诸于决斗的权宜之计,但依然有足够多的东西留存了下来,使得德国、法国、奥地利、意大利等的刑法典在确定犯罪和不法行为的涵义时,小心翼翼地遣词如同确定民事诉讼中罗马程式的一个音节,此种程式包含了政治毁灭的种子,正如大陆的审判包含了社会毁灭的种子。

罗马私法的二分

JUS.(法)	FACTUM.(事实)
Homo sui juris(自权人)	Homo alieni juris(他权人);servus(奴隶)
Res mancipi(要式转移物)	Res nec mancipi(略式转移物)
Dominium(所有权)	Possessio(占有)
Contractus(契约)	Pactum(简约)
Actio in jus concepta(基于法律之诉)	Interdictum(令状),actio in factum concepta(基于事实之诉)
Manus(夫权)	Liberum matrimonium(自由婚姻)
Hereditas Legitima(法定遗产继承)	Bonorum possessio(遗产占有)
Proceedings in jure(预审)	Proceedings in judicio(复审)

两个学派

Jus Civile(市民法)	Jus Honorarium(荣誉法)

Ⅲ．罗马法、大陆国家和现代进化论

现在这一讲，我准备讨论两个问题，一个是历史问题，另一个是哲学问题。历史问题与罗马法对现代文明的影响有关；哲学问题与现代进化论之于罗马法发展的适用性有关。

在前一讲中，我竭力陈述罗马私法的真实原因的性质。我认为，罗马法是罗马共和国政制的必然结果。罗马法主体的存在和性质都归因于政制力量，而不是经济或社会惯例和习俗。它是市场的规则、银行家的办事处、商人的店铺；但它的根延伸至政治公民会议。日耳曼法的主体可以由政治经济和金融的理由充分阐释。这样的考量在罗马法方面对于我们助益甚少。它更多的是保护个体私人权利的政治策略，而非便宜之计；主要目标是拯救被告的政治诚信，而非他的经济状况。

关于其原因，罗马法是罗马政制的产物。关于其形式，罗马法是一门科学。此种状况在罗马法现代历史中是最重大的因素之一。科学是对于某些事实进行系统化的强烈愿望的结果。一般说来，事实是极其反感且憎恨被缩减为一些普遍"条目"下的系统秩序的，相应地，所有科学最简约的，即数学中某些最简约的事实，可以说成功地避免了系统化或者"科学化"的套索；例如，质数，它们的序列法则就不为人所知。不过，如果人们系统化某一簇事实的愿望非常强烈，他们总是会设法整理或者削减事实，以至于最终自圆其说。

法律事实也是如此。法律事实本质上不比风尚或社交谈话的事实更愿意屈服于科学普遍化的桎梏。对绝大多数国家来说，私法是极其远离于作为科学系统化的主题事物的，以至于没有人曾经尝试系统地理清那杂乱的规则，使其成为这些国家的私法。因此，英格兰的私法，如同英格兰的行政法，十分憎恨普遍化，科学体系的那第一前提，即普遍定义，在英格兰普通法中是稀有之物

(rarae aves)。下面这一点并非纯粹的偶然巧合,关于英格兰宪法和普通法唯一系统化尝试的著作,是由一个德国人格奈斯特(Gneist)教授,和一个法国人格拉森(M. Glasson)撰写的,这两个国家将系统化精神作为一项职业进行培育。自气体颗粒以下,他们将所有事务化简为 a、b、c 或者 α、β、γ。

因此,从这一状况,即罗马人将其法律事实化简为法律科学,绝不能够得出法律实际上容易接受科学化的体系,正如植物或者岩石层事实被认为的那样容易放入植物学和地质学的归纳中。如果这是实情,如果法律如此容易地接受科学体系化,事实上作为唯一法律科学的罗马法,同样可以宣称有成为唯一优良且真正法律的极大特权,正如我们认为科学的植物学是唯一真正且优良的植物学。毫无疑问,这就是大陆民法学家和法学家的普遍感受。他们将科学与真理等同,真理与有用等同,正如每个人对待数学或自然科学那样。因此,他们将罗马法当作是配得上那一名称的唯一私法标本,而且还嘲弄被称为英格兰或美利坚普通法的不连贯且全然"不科学的一堆先例"。

我不准备讨论这个普遍问题,即科学是否等同于真理或者仅仅是许多半真理(half-truths)之间的一个妥协,不过,我不得不说,私法科学不等同于真正的法律。私法科学等同于罗马法,不会有更多。或许会有更好的私人之间的法律关系的法;但是,不会再有其他形式上同样连贯一致的科学体系。

这一事实关系重大,具有最深刻的政治后果。一旦法律成为科学的题材,以及职业科学家的工作,它就会完全脱离公民之手,而最初它就是为了他们的。它不再是大众之事,而成为阶层之事;它不再由普通智力来滋养,也不再为普通智力提供素材。它由温室中的专业思想家来哺育和护理。一旦罗马法显现出其独特的科学特征,它就离开了那强健却粗朴的公民之壁炉,拘囿在法律专家的厅堂中。的确,罗马法律诉讼总是由公民中挑选出来的陪审员进行裁判。不过罗马陪审团本质上不同于英格兰的陪审团。首先,它一般只是由一个人构成。仅仅这一点就表明,罗马的陪审制度并非意指通过非专业公民的联合努力来寻找法律案件的真相。相反,陪审法官(juror-judex)身边围着法律专家评议会(consilium of jurisconsulti),而他一般会采纳并遵照他们的建议。因此,罗马的专业法学家同时是私法的创制者和特定案例的判官。

　　嗯,如果一个共和国的公民放弃了他们对于法律创造和运行直接、即时的影响力,他们就随之放弃了其政治权力中较大的一部分。法律,连同召集和指引公民大会是政治自由的两项主要构成因素。政治自由意味着参与制定法律和议会审议的自由。的确,在现时代,真正的政治自由感已经被消解且抑制到了如此程度,尤其是在大陆,举例来说,一个现代德国人完全没有能力领会法律制度和其自由先辈之杰作的真正荣耀。因为,中世纪德意志的法律沉淀为没有关联且"不科学的"先例,被称为《智判询答》(Weisthuemer),隐匿在民俗卷帙的原始措辞中,比如《萨克森法镜》《士瓦本法镜》以及类似的编纂集:一个现代德国人,踞于极度科学的法律"便览"和"教本"的高处,鄙夷地俯视着"其原始祖先不成体系的磕巴重言"。

　　然而,这些祖先们,如果他们能够看到德意志的法律是如何完全出自公民之手——在刑法运行中有些小出入——对于这样的一个民族几乎无法强忍他们轻蔑的嘲笑之声,这个民族太容易受骗,将其创制自己法律的无法估量的权力换成所谓科学化体系的大路货。

　　只要罗马人的公共生活为许多公民的政治行为提供了自由的空间,法律之全民参与的丧失对于公众自由之活力就不会产生太严重的影响,或者至少不会极其清晰可见。然而,在公元前1世纪期间,法律的理论和实践开始被认为是纯粹专业性质的事务,与民众的意愿或者想法关系甚少或者没有关系,这致使政治生活中另一半人正在消褪的活力变得衰弱,由此迅速走向帝国的建立。因为,政治制度不是从它们展现的智慧或者益处中获得其巨大的活力,而是源自人们赋予它们的利益的强度。使人们远离亲自处理政治事务,他们将会赞同确立任何不搅扰他们私人利益的政治制度。

现代统治者的政治机敏,或者毋宁是他们博学幕僚极为机敏的建言,都没有忽视充分利用罗马法的这一显著特征。他们唯一的倾向是将其臣民置于一位专制主义者的统治之下,为他们处理所有的政治事务,自上而下统治他们。对于这一目的,没有什么比引入罗马法更为有益的了。这一"继受"(reception)的历史寥寥几句就可说清。

诸位会在德国法律论著中经常读到,罗马法在德意志的"继受"历史——在 15 世纪期间——差不多是一个巨大的谜语。你们会得知,承载这一要旨的"海量历史素材"尚未得到恰当地筛选,只有在对于 13 到 15 世纪的所有纲领、论述和著作进行最为艰辛的研究之后,我们才会最终发现一束照耀在这谜语之上的正确历史光芒。

然而,事实的真相是,在德国,除去极少数例外,①博学之士并不想揭去这神秘的面纱。在德意志,罗马法的"继受"被难解之谜所包围,这一点是不真实的。相反,它是非常简单的事实,正如在英格兰诺曼人的"继受"一样简单。如同后者是一个军事优越性的问题,前者是政治优越性的问题。在第 15 世纪期间,德意志及其毗邻国家不计其数的卑微统治者正在寻找如何缩减其臣民政治行为的有效办法。他们使用的手段之一就是引入罗马法,替代德意志古老的通行法律。就是这样(C'est Tout)。

在 15 世纪之前,德意志和毗邻国家是由非常多的各类世俗和宗教君主统辖的疆域构成的。几乎所有卑微且专制的德意志君主王朝——其数目甚至迟至 1803 年都不少于一千七百九十九个,包括"帝国骑士所支配的"(reichs ritterschaftliche Gebiete)——都是在 15 或 16 世纪之前兴起的。不过,在中世纪时期,他们远远没有宗教改革之后那么专制。在中世纪,这些领地君主的法令和告示不

---

① 在基尔克(Gierke)的《Genossenschaftsrecht》,第三卷 657 页,拉邦德(Laband)教授据说已经指出德国之罗马法"继受"的政治理由。——作者注

会涉及这些臣民的百分之一,在16和17世纪,他们对这些臣民颁布了不计其数的法令。事实上,德意志的民众,无论是住在乡村(country-mark)的,还是住在领地城市(Landesstaedte)的,他们都要处理相当多的政治事务。国家的一般法(common law)是由民众"发现"且实施的;不计其数的"公地"对于他们的成员行使着相当份量的政治权力;同业公会(Zuenfte、Gaffel)远不是法兰西或者英格兰的纯粹商业联合,事实上对于他们的成员拥有很大的强制权力,既有政治的又有道德的;德意志的自由城市都是许多这样的独立国(sovereigns)。

不过,这庞杂无比、不计其数的地方性、彼此相异的政治体,这一事实:德意志民族被分成了无数小公地和同业行会以及还有更小的政治团体,都证实对于他们的自由是致命的。但凡民众陷入小团体的原子式利益,公共精神就会消逝不再。不过,由于没有国家能够遍施公共精神的福祉,德意志的市民(burghers)情愿迎接其治者不断增长地横加干涉。因为,这种干涉装扮成宽宏的公共精神以及对于一般福利的慈父式关爱。德意志统治者的大量法令(Landesordnungen),主要是在16世纪,构成了数量相当惊人的涉及几乎所有一般福利事务的条例:有关道路和林场、街道和屋舍、接生婆和医生、管道和烟囱、河流和矿藏、礼仪和庆典,诸如此类。在签署这些条例之际,他们逐渐将民众从关注自身公共福利中排挤出去,对于慈父式统治者(Landesvaeter)来说,没有什么比违反他们无数条例的一项更受欢迎,这样的违反给他们提供了觊觎已久的机会,签署两项新的替代性条例,由此至于无穷(in infinitum)。

然而,在德意志人民有些优雅地顺从于其统治者关于行政事务的条例之际,他们不曾同样要求弃绝那最普遍的一般法的运行,那属于从遥远的古迹中留传下来的最珍贵宝物。为了结束那大众的法律,并且由此根除政治独立的最后遗迹,使其臣民陷入未成年状态是统治者自然而然的野心。在这方面,他们得到了德意志学者的最有效助力。基于这里无法讨论的理由,德意志的全部才智之士都被集中在了德意志大学。这本身对于人民之自由不是非常有害的。然而,不幸的是,大学完全是由德意志的各类统治者建立,并且依附于他们。阿尔托夫(Altorf)大学在某种程度上依赖于自由城市纽伦堡,除了这不重要的例子之外,没有一个德意志的自由城市建立或者资助一所大学。这一事实——从未被德意志历史学家留意,尽管它对于德意志文明有着巨大影响——使得德意志整个智识阶层处于君主的即时影响之下。不取得这些国立大学之一的学位,没有人能够获得教师、牧师、教授、律师或者医生的资格。换言之:没有获得国家统治者的允诺和许可,没有人能够在这些智识阶层中为稻粱谋。

举例来说,在英格兰,四座律师学院都是绝对独立于政权的,它们召集其成员出庭完全独立于政权的乐意与否。英格兰大学,主要是牛津和剑桥,几乎在一切方面都是私立团体。异见会众的诸多牧师担任圣职,其任命也完全独立于政权。因此,对于一个英国人来说,几乎不可能向他清晰且生动地描绘德意志智识阶层在16、17和18世纪受到的极端束缚,很大程度上,甚至本世纪也是如此。顺便一提,这种束缚也是下述事实的主要原因,即直到今天,德国人都比欧洲其他任何西方国家受到了他们二十六位统治者的更多干涉。因为,政治改革或革命甚少有持久成功的希望,除非智识阶层参与其中。

嗯,事实是智识阶层为统治者提供个人服务,下面这一点成为理所当然之事:所有能够加强统治者权力的事情同样会增加其幕僚的尊严和地位;反之亦然。

德意志博学的大学教师非常自然地采用了罗马法。首先,罗马法研究是古典研究的一部分,这直到今天依然没有在研究者的心目中失去其任何魅力。其次,从科学观点而言,它比沉淀在一般法之无数先例中互不关联的诸多单独"发现"有着无限的更令人满意之处。第三,它提供了显而易见的机会,确保他们对法律诉讼中的裁判权(jurisdiction)。普通人没有能力研究或者适用罗马法的精致规则。另一方面,所有大众法极端笨拙和不成体系的混乱——在后一方面非常类似于语言古怪的不规则性——无法与罗马法逻辑清晰且简洁明了的诉讼程序相提并论。由此,频繁出现的不正义之举,那是在法律中无可避免的,堆积起来构成了莫名其妙的习惯,是如此之多强有力的罗马法推荐函,后者看起来是完全理性且实用的。

马修·黑尔(Matthew Hale)爵士说,英格兰普通法的源头正如尼罗河的源头一样不为人所知。如果的确如此,那我们对于德意志中世纪法律的源头又作何判断呢?还有,事实上,如果我们停留片刻,考虑到英格兰法众所周知的缺陷以及非常严重的瑕疵,我们又如何对待德意志中世纪法律的系统有序、连贯一致以及切实可行呢?谁能够令人信服地解释或阐明英格兰法那奇特的普通法与衡平法二分呢?谁会看不到英格兰法时常刑法、民法不分或者公法、私法不分呢?谁会严肃地为英格兰法律诉讼的巨大代价辩护呢?难道不是英格兰法最热忱的拥趸在谴责其"光荣的不确定性"及其极度的决疑论精神?

如果这就是现代英格兰法律的情形,我们无需困惑于德意志15、16世纪的民法学家是否感染或者感受到了对于无尽序列的混乱法律规则和准则的神圣恐惧,它们构成了德意志中世纪普通法的内容。将这无穷的规则化简为容易理解的一般概括是不可能的,这种不可能性内在于大众的法律之中,正如在大众语言中一样。放弃一般概括的愿望过去是、现在也是等同于放弃一位科学思考者的尊严。因此,实际发生的是,统治者的政治雄心和他们的教授的科学壮志在同一个问题上相遇了。因为,寻求普遍的法律规则是教授作为思考者和理论教导者之身份自然的愿望;同样地,它也是这样的统治者的自然愿望:他们唯一严肃的意愿就是将其臣民降格为整齐划一的有产者,对于法律习俗和权益没有什么影响。

相应地,教授们急于在对开纸上笨拙地堆砌着对于罗马法及其纯粹科学特征的赞誉之词。目前为止,他们并没有夸大实情。罗马法是极其科学的。不过,教授们进一步说或者暗示,罗马法作为唯一科学的法,同样无疑是唯一真正且优良的法。非也(Quod

199

non)！不过，对于这一谬论的反驳很少听到。有谁能够提出呢？法律的研习者和从业者是教授的聆听者，自然完全接受了他们的见解。民法学家像霍特曼努斯（Hotomannus）、查修斯（Zasius）、杜阿莱努斯（Duarenus），还有其中最伟大的两位：屈雅修斯（Cujacius）和多内鲁斯，他们的名声越大，就越发没有希望遏制受到如下两类力量襄助的潮流了，即政治至高权力和智识优越性，再没有比它们更强大的了。

刚才提到的伟大民法学家中有三个是法国人。关于德意志我不得不说的全部内容完全适用于法兰西，而且，我也会毫不犹豫地指出，就个人而言我们或许非常钦佩像屈雅修斯或多内鲁斯这样的人——这些民法学家的巨擘，与他们相比，最伟大的现代民法学家都会矮上一截，也就相对不重要了——他们及其在布尔日、奥尔良和巴黎的同僚，是法兰西大众自由衰落的主要原因之一。他们侵蚀了法国大众法的根基，致使其几乎没有用处，由此，使得民众逐渐摆脱履行其政治义务的重要内容，这样便铺平了王室频繁干涉之路。

对于没有继受罗马法的欧洲国家的历史瞥上一眼，就会证实并且表明在德意志和法兰西此种法律"继受"的政治起源依然是有说服力的。匈牙利王国从来不曾继受罗马法的理论或实践。基于匈牙利直到本世纪第一个四分之一时期还使用拉丁语作为其立法、法律和法庭的官方语言，这就显得更加奇怪了。一个如此热切沉浸在罗马习语的国家看起来非常有可能同样继受罗马法。然而，匈牙利人从未这样做。他们的法律本质上类似于英格兰的普通法，因为，它主要是源自先例和习惯。匈牙利人不愿继受罗马法是基于某种政治考量。他们注意到，罗马法需要专业且特权的法学家阶层，此辈之人之践行法律排除了所有其他阶层。在德意志疆域，特权的民法学家阶层服务于统治者。不过，碰巧自 1526 年以来，匈牙利的统治者，或者至少名义上的领袖是一个外国人：奥地利大公或者德意志皇帝。故将罗马法引入匈牙利就等同于将国家的法律拱手交给外国人来运行，或者交给了教授们，他们饶有兴趣地为了其外国主子、奥地利大公服务。因此,匈牙利人审慎地避免建立诸多大学,而且始终一贯地拒绝继受罗马法,要不然他们也会充分领略其科学的优越之处。匈牙利人一直是,直到当下这一刻依然是,大陆唯一维持着诸多政治自由和自治的国家,那对于欧洲大陆其他国家都是完全未知的,尤其是在最近两个世纪。

同样的理由适用于英格兰。英格兰从未继受罗马法,因为将法律的创制和解释托于特权的法学家阶层之手,是有悖于英格兰自由之旨趣的。如之前所言,罗马法是不能被继受的,除非你接受一个职业法学家的特权阶层作为交换。英格兰人的憎恶不是如此地对民法的憎恶,而是对民法学家的。这些法学家基于理论原则的力量来培育法律,现实的案例不是根据之前相似案例的判决来裁断的,而是凭借源自理论-实践沉思(theoretical-practical)的原则。因此,在民事案例中没有法律和事实问题的划分;在罗马私法的体系中,也没有陪审团的任何空间,因此,法律完全摆脱了民众的插手。然而,英格兰人无法忍受这一点,由此它们自然地开始将法律托付给他们的法官。英格兰普通法是法官创制的法。仅这一点就意味着英格兰普通法自然而然是决疑论的。法官不是被召唤来对于普遍问题作出宣判的,或者展现普遍原则的内在关联;对他判决案子的期盼是,考量所有事实和偶然条件的混合物,这一般说来是隔离于纯粹法律原则的。因此,他的判决并没有显示法律原则的抽象和纯粹方面。不过,仅此还不足以阻止英格兰法官不当干涉这个国家的法律。在将英格兰法托付于他们之际,英格兰人还附加了一项基本条件,使得其法官所有危险的阶层野心未能实现。该条件要求严格遵循先例,这一规则瘫痪了英格兰法官所有专横独大的企图。在形式上被允许创制法律之际,他们在实践中被严格地限制在只是揭示他们的先辈及其大众陪审团的间接影响所创制的法律。

基于同等的理由,美利坚从未继受罗马法,即使在路易斯安那州,那里罗马法依然一定程度上有效——《拿破仑法典》是路易斯安那普通法的一部分——它只是扮演着从属性的角色,不能取代运用先例。因此,盎格鲁-美利坚法律的非科学化、原子化以及决疑论特征与英格兰和美利坚的根本政治制度密切相关,其所有法典化的努力都被证实徒劳无益。纽约、俄亥俄等州的法典从未有一刻拖延了先例的不断增长,至少在比喻的意义上,我们可以说,这些法典只是构成了另一项先例,归于其无数先辈和继承者的序列之间,虽然庞大了些。

罗马法是人类心智令人赞叹的产物,其科学魅力无与伦比地巨大,其简洁且实用的教导最有价值;但是为它付出的代价太高,只有付出相当份额的政治自由,才能获得它。只要英格兰和美利坚的宪制实质上保持不变,罗马法在英格兰或美利坚就不会整体上被继受,因为一个简单的原因,即盎格鲁-美利坚的法学家首先是英格兰人或美利坚人,其次才是法学家。

对于罗马法的原因的探查是非常重要的,理由有二:首先,基于与古代罗马一般制度以及特别是其法律相关的强烈兴趣;其次,基于这样的探查适合作为现代进化理论的检测示例。

达尔文主义在自然科学领域中极大、非凡的成功使其拥护者具备了有充分根据的信心。达尔文、海克尔(Haeckel)、赫胥黎、华莱士以及其他著名的达尔文主义学说的最激烈反对者不得不承认,形态学、植物学、动物学和人类学的许多事实都被化约为比较宏大的科学序列,截至目前不为人知的许多事实借助于达尔文主义的改进方法得以发现。拒绝这一点就是拒绝现代科学中最明显的事实。

然而,热忱可能使得其信徒神魂颠倒。现代进化主义的狂热拥护者不满足于在刚才提到的科学领域中赢得的桂冠,还企图将其赢得胜利的概念运用在先前被认为是不属于博物学家之领域的那些问题。对于社会学中的难题,社会制度兴起和发展的难解之谜,他们宣称,借助于被成功证实的有关动植物物理构造的理念和概念,会得到令人满意的解决之道。宗教、婚姻制度、亲属制度、庆典和法律被认为是这样的问题,它们会出人意料地乐于向"自然选择""适者生存""隔代遗传""遗留物说"（theory of survivals）以及其他的达尔文主义概念展示自己的神秘之处。我们被教导说，在社会制度中如同在动物和动物生活中一样，存在着不曾中断地一直上演的进化过程，文明的一个"阶段"接着另一个"阶段"而来，"较高的"继"较低的"而来，"异质的"继"同质的"而来；人类最初是现在非洲和南美野蛮人的样子；通过点点滴滴更为先进的观念和更大的"启蒙"，社会制度一直在缓慢地改善；我们现在的文明，尽管包含着诸多"较为粗野"且较少"开明"时代的"遗迹"，但正是通过"自然选择"和"适者生存"原则的发生作用，已是彻底地优越于希腊和罗马或者中世纪文明了。

在充分承认达尔文主义为自然科学提供的巨大贡献之际，我们必须坚定地拒绝制度史中任何一个巨大问题已经由达尔文主义概念的方法提供了令人满意的解决之道。不过，尽管我们应该极为详细地叙述这最有趣的一点，但我们不得不将自己限定在一个更为具体的问题上。

我们认为，罗马法的发展，或者用现代术语来说，即罗马法的"进化"不能通过将达尔文主义的概念适用于它来阐述或理解。相反：罗马法的"进化"如所有其他社会制度的进化一样，证实是不利于现代进化论概念适用于社会制度之发展的证据。

根据进化论的见解，一个民族的法律要么源自另一个民族的法律，要么源自其本身原始的、不成熟的法律制度。在这两种情形下，某一法律都是源自另一法律。然而，这并不适用于罗马人的情形。罗马人的法律既不是得自其他民族，也不是得自他们祖先所谓的原始法律。罗马人不曾向希腊人或者其他民族借来法律，这几乎在两百年前就得到了维柯的证实；他们并没有通过"生存斗争之自然选择"的协助，从原始的"变种"中"进化"他们的法律，我相信，这在这些讲演中已经得到了证实。我们说过，罗马法作为一种产物，其产生缘由不是与法律有关，而是与政治有关。它的产生与罗马国家的奇特宪制同步。给定了罗马的宪制，罗马法的科学即刻从中而来：它不是缓慢发展、长期成长、适应、斗争、死亡和幸存的问题;它是逻辑延续(logical succession)的问题。正如毕达哥拉斯定理自直角三角形的本性而来,即刻且与时间无涉,罗马法自罗马宪制而来,也是如此。因为,事实上,罗马法就是罗马宪制的一部分。没有居先者,也没有后来者;没有先辈,也没有后人。罗马法的本质特征在罗马共和国的本质特征出现的同时就存在了。余下的不过是既定原则的扩张和经营。缓慢成长、阶段进化,没有这样的痕迹。的确,裁判官法在公元前 3 世纪比公元前 1 世纪有着无可比拟地更少发展,然而,这不是因为在罗马法"进化"的较低"阶段",而是基于这一事实:公元前 3 世纪的罗马人不需要复杂的裁判官法体系,如其所是,那是一个相对较小的共和国。

进化论者经常需要跨度极大的周期。他认为,那细微且初始的变化,这是他非常需要的,必定发生在无垠的时间海洋中不计其数的某一刻。那初始的"变种"——这达尔文主义者的败兴者——他没法打发;然而,与此同时,他又不能对其生成赋予一个确定的时间;因此,他将自己的疑问淹没在这极为合理的假设之中,即那必需的初始"变种"是非常可能出现的,只要我们给它充分的时机。再没有比抽象的时间更为廉价的;我们每一个人都情愿提供任何数量的物体,只要没有什么比它更不合理。由此,事情就是这样,进化论者需求的巨大时期已然得到了各方面心甘情愿地供给。

这或许适用于自然科学,毫无疑问如此。不过,它从来都没有在社会制度科学中发挥作用。后者的对象显然且几乎在本质上不同于前者的对象,因为,它们始终不变地指向有组织的个体集合体;然而,严格意义的生物学一般说来只对待个体。确实一只狐狸的一举一动正如千百只狐狸的一举一动。另一方面,一个人实施的行为完全不同于一千个人的有组织集合体的行为。社会学探讨个体的集合体,作为集合体行动之结果的制度。然而,在大型集合体中,运动极少屈从于无法理解的变化、屈从于偶然的"变种"。不存在延伸的时段让我们有权设想如此初始"变种"的诞生,正如达尔文主义者经常预设的那样,与此同时又宣称,"变种"的法则被掩盖在"深奥的难解之谜"中。代之以祈求初始的"变种"以及完全不去尝试对于其诞生的解释,制度研习者必须要坚持的不过是毫不妥协地坚持对达尔文主义者所称的"变种"的阐释。

换言之:达尔文主义者经常祈求初始的"变种",与此同时却推卸阐释此等"变种"的所有职责。社会制度的研习者从来不祈求初始的"变种";他寻求此等变种,只是当他能够对其加以充分阐释之时。

因此,达尔文主义的方法使得社会制度的探查者恰在其探查开始之处抛弃了它。换言之,它们根本就对他无所裨益,如其所是,也证实不适用于社会问题。

如我们所见,罗马法提供了浸染着刑法因素的民法"变种"。这一变种的缘由对于罗马制度的细致研习者而言是极为明显的。它是某种宪制必要的制衡,此种宪制建立在少数公民的严格道德基础上。同样,关于这种对少数公民约束的理由问题,如我们在下一讲中看到的,会将自身演化为罗马奴隶制的理由问题,这反过来又基于这一事实:希腊-罗马时代所知的不过是城邦文明。这一事实又源自古典国家的地理位置,它们全部坐落于地中海沿岸。

由此,我们可以在那始终如一的、不无裨益的清晰理念的光照下,追寻原因的链条,直到我们抵达移交给其他类型的思想家来阐释的原因。不过,我们认为没有任何地方可去祈求"变种",可以想象作为纯粹偶然的漫游者突然出现在无垠的时间长河中。

我们也不会看到,被称为罗马法的法律"变种"在基于"自然选择"或"雌雄选择"或者"适者生存"之力的"生存斗争"中,被养护、充实、增强且使其更加有益。罗马法的"变种"不需要此种力量;它生来就羽翼丰满,从一开始就不可限量。它不是所谓的市民法裁判官体系与旧体系斗争的产物;相反,这两种体系在整个罗马历史时期都是相互依存且互为附属的。

我们在罗马法中也不能察觉到任何"遗迹"。我们对于制度的见解是,所有当下的制度之存续是基于当下的原因,我们无法接受"遗迹"的进化论见解。举例来说,我们现时代的奇特习惯和礼仪,通常是由它们系先前时代的"遗迹"这样的假设来解释的,完全能够用当下的,即使是潜在的原因发生作用来解释。在罗马法中类似的习惯和表面上的奇特之处是同样的情形。在耶林教授《罗马法的精神》中,列举了相当数量的此种"遗迹";然而,"遗迹"理论不曾被使用,这位伟大的民法学家正确地评论道:"人们当然可以争辩说,惰性的力量,即习惯的力量,构成的仅仅是一种形式,但是别忘了,单是这习惯的力量,早已预设了一种有利于该形式的主体禀性。"(On pourrait certes soutenir que la force d'inertie, la puissance de l'habitude seules en ont fait une forme; mais il ne faut pas oublier que la puissance de l'habitude à elle seule suppose déjà une disposition subjective favorable à la forme.)[1]

最后,进化论学说最为倚重的是死亡。死亡是必须处理无数恼人个体之理论的伟大友人,以便给证实适合"最宜人的生存习惯"腾出空间。但是,涉及社会制度的死亡是什么含义呢?死亡对于集合体能够意味着什么,其成员不断地从无穷无尽的生活源泉中重生?人之集合体不像个体一样死亡。他们有着相当大的更具坚韧特性的生命。有时候它们可以持续成千上万年,比如公认的犹太人、中国人和许多其他民族的情形。源自且根植于此种集合体的制度不像动物的肤色或肢体。它们建立在普遍理念的基础上,诸多理念包含了永久性之根源。作为集合体成员之品质的人不会仅仅为了肉体的、短暂的生命而斗争;不仅如此,他们最尊贵、最高尚的奉献被引向超越纯粹日落日出计数之限制的生活。由此,他们云霄之志的根基便从沙漏之时的狭窄层面移至恒久永远的无垠空间:一种沿着年月之樊篱匍匐前行、记载了个体湮灭不再的学说于我们能够有什么益处呢?民族不是生活在岁月之高墙中,它们生活或者试图生活在永恒之开阔原野上。并非期盼着不适者死亡,它们通常会如此安排:尽心尽力地提供照料,没有人会是那不适于生存斗争之人。而且,反之亦然;民族经常会为这些个体举行

---

[1] R. von Ihering, "L'Esprit du Droit Romain" (French transl. , Paris, 1880), vol. iii. pp. 195, 196.——作者注

最高规格的祭奠,他们早早地献身于维系那民族之共和国的理念。在那个术语的什么意义上,我们可以说恺撒去世了?他的行动、言语和著述的意义就像一只死去的狐狸一样消逝不再了吗?他生命的每一分钟对于罗马共和国的意义被公元前44年3月15日的偶然事件、凡俗之人所称的恺撒之死抹去了吗?不止如此,最卑微、最无足轻重的罗马人,其生命的意义能够被认为全部消失了吗?罗马不是罗马人的产物吗,罗马不是依然在统治世界或者其三分之一的人口吗?

无论死亡就动物而言意味着什么——最近的理论对于较早时期的死亡发表了看法,认为死亡就像其他的生物学事实一样,在时间的流逝中得以"进化"——它在人之集合体的历史中没有什么意义或者意义甚少。因此,进化论者制造的关于死亡的巨大喧嚣对于制度研习者来说不过是粗野的吵嚷。后者并不注重死亡,不认为个体之人经历的生死对于集合体的生命来说是典型的。集合体之兴与衰所依据的法则完全不同于许多动物和植物生命的法则,它们生活在一个超越了纯粹自然时间的世俗空间。无论何时,罗马法或任何其他社会制度之兴起、发展和衰落的耐心、细致研究者,必然对于现代进化论者的教导深深感到厌恶,这些研究者之所以如此,主要是因为他完全确信,民族生命不是奠基于时间之流动的浪潮之上,而是永恒之不变的广阔区域。

Ⅳ. 古典城邦国家

所有曾经影响了中世纪和现代文明进程和趋向的古代民族,没有谁能够比肩希腊人和罗马人。他们的制度构成了我们某些最迷人研究的主题。尽管我们关于希腊和罗马制度真正性质的知识来源远非完备,尽管这些来源的大部分已经被许多学者研究,再研究,然而,每年都会有新的证据助长那研究的热诚,正是基于此,这些研究才得以继续,而且可以说,不断地重新开始,就像诸多先辈都不曾尝试过这样的研究一样。太接近于我们的时代研究起来热诚之情相对少些;欧洲和美洲青年才俊的心智接受了系统性的训练,对于希腊和罗马制度持有日益增长的热情。

这种非常广泛的对于拉丁和希腊著作、铭刻、碑文以及钱币的研究产生了相当丰富的关于希腊和罗马制度清晰且确切的理念吗?我们大体上拥有清晰的如同对于我们自己的国家一样的关于希腊或罗马政治或社会制度的理念吗?举例来说,我们如同清晰地理解现代媒体的影响那样理解希腊神谕的影响吗?或者我们能够澄清与意大利明显整齐划一的共和国形成鲜明对照的希腊令人惊异的多样共和国的原因吗?我们能够透彻地理解希腊-罗马多神教的奥秘吗?此种信条中,允许众神耽于罪行和放荡,这是此等神灵的崇拜者最严重愤怒的。我们了解古典奴隶制的实际原因吗?这种奴隶制与现代奴役模式迥然有别。或者我们能够揭示导致希腊女性奇特地位的有效缘由吗,或者更为奇特的罗马母亲的缘由吗?提出这些问题,我的意思是询问是否我们拥有解决这些问题的实际知识。实际知识,我意指不止是由源自著述的博学引文构成的知识。

权威典籍是必不可少的,的确如此。不过,仅凭权威典籍很少有助于我们获得关于希腊或罗马制度的实际知识,唯有它配得上真正知识的名声。我们必须超越我们的权威典籍。自我吹嘘理解了一项希腊或罗马制度的人,会发现反身自问如下两类问题构成了对于其知识确切且最有效的考验:(1)我们自己的制度中什么与这或那希腊或罗马制度相对应?比如,罗马监察官或护民官,在英格兰或美利坚的制度中,什么全部或部分地与罗马监察官或护民官相对应?或者,存在一项现代制度全部或部分地对应于希腊神谕吗?(2)为什么罗马人或希腊人不拥有这些看起来与他们的社会或政治构架一致的制度呢?比如,为什么罗马人除了行省议会的情形之外,从未考虑过代议制政府呢?为什么罗马人不践行决斗的习惯呢?为什么希腊人不耕耘私法科学呢?为什么希腊人不设立角斗士比赛呢?对于这些以及类似的问题,古代权威典籍无法给我们提供答案,古人不可能了解我们的文明,因此,与我们的文明相比较或者驳斥事关他们的问题都不可能发生在他们身上。不过,除非你能够回答这些以及类似的问题,你就不能说你透彻地阐释并理解了过去的一项制度。因此,基于此种目的,即历史知识的真正原则,我将讨论希腊-罗马文明的几项显著事实,将其与他们的现代对应物进行比较或者对照。当然,你或许反对说,此种对应物的假设预先确定了历史经常重复自身,较晚的世代不会进化成新的、未曾出现的形式,因此进化在人类历史中没有意义。你这样说,就确切、恰当地说出了我认为是实情的内容,相应地,我极为服膺叔本华对人类的大声叱责之辞:读懂希罗多德之人便已阅读全部历史,其余不过是古老主题的变体。

正如我在我们先前的一次讲演中特别指出的,希腊-罗马文明的最基本和普遍事实是其作为独一无二的城市文明。一个民族的安身之地是一种沉默、缓慢且朴实的理由,它对于这个民族的整个文明之禀性产生的影响远远大于许多更为喧哗且更加耀眼的影响。一个生活在帐篷之中或者广袤草原上零星房舍之中的民族,或者住在共同的房舍中的民族,就像美洲的某些古代印第安村落,他们一家上百号成员住在一间巨大的房屋中,或者生活在船上的民族,或者在岛上的民族,经受着其安身之地的方式带来的巨大影响。乡村生活的现代形式,即村庄生活,是奇特制度多产的原因。

看看现代欧洲和美国。我们乐意称之为最卓越欧洲文明的东西,或者换句话说,西方文明,其主要的特征便是城市生活对村庄生活的巨大优势。在欧洲东部,在俄国、罗马尼亚、匈牙利、塞尔维亚等地区,村庄生活占有巨大的优势。另一方面,在美国,没有什么会比每个美国人普遍的高智力更让人惊讶了,每一个美国人说美国话,正如他们所称的英语,带着引人瞩目的纯粹,见不到地方主义或者错误后缀或附加物——在美国,实在说来,根本就没有村庄生活;所有的美国人都生活在城市,这是在有着城市习惯和制度的地方。城市生活的密切接触导致了强度无限增长的心智和情感行动及回应,由此导致了各种类型的思想和行为更为迅速地成长。现在,如果我们将此适用于希腊和罗马,我们就会轻松地理解,在这些共和国中展示的令人瞠目的智慧力量主要归因于这个事实：他们仅仅生活在城市，相比其成员在生活中彼此甚少接触的民族的智力来说，他们的智力必然受到了更为强有力的激发。意大利的萨谟奈人，希腊的阿开那尼亚人就是不曾完全生活在城市的民族的例子，我们都知道，他们以战斗勇敢而著称，不过涉及文明就无足轻重了。总体上，希腊人和罗马人是完全的城市民族（city-nations），即全部人口可以说都集中在一个城市。你对于这一事实的强调怎么都不过分；因为这一事实连同其他非常有限的同样普遍的事实，形成了古典文明之巨大构造的基座。

让我们尝试阐释包含在整个民族定居在同一个城市这一事实之中的社会和政治问题中的困难。美国人，如我刚才所说到的，必须面对同样的问题；在他们的情形中，问题甚至稍稍更严峻了。因为，依据他们的宪法，每一个体公民都会享有同等数量的政治选举权（political franchise）。不过，在赋予每一公民政治权利和权力维持或者能够维持在同等数量的同时，经济权利和权力不能保持在平等状态。在美国正如在其他任何地方一样，都有贫穷和富裕的公民；较贫穷之人远远多于富裕之人。因此，如果城市的治理被付于居民本人之手，较贫穷的投票人，他们总是占据多数，为了给穷人提供职业或者以非常宽松的条件提供贷款，不久就会让城市的财政陷入巨大的亏空。

这就是城市统治必然会陷入其中的、许多且不可避免的困难中的一项，也是唯一一项，前提是在城市统治事务的投票中，普选权授予了每个公民。美国人做了什么来减缓此等巨大的滥用？他们完全夺走了他们的城市统治的权利，并且将解决城市管理重要问题的权利从城市移至州议会。作为一项纯粹的事实，美国城市有着远比俄国城市更少的市政自由。不存在严格的美国市民权或"自由"。城市国家的极端困难同样在中世纪意大利城市的历史中得到了生动地展示。除了威尼斯这个独一无二的例子之外，它们都持续着频繁的内部骚动。它们从来都不知道如何调解其公民相互冲突的主张，由此，一个或另一个显贵家族凭借巧妙地规避若干党派,暂时地实行一种几乎是专制的统治。

希腊人和罗马人面临同样的困难。他们的国家完全是城市国家;他们没有更高的政治机体能够扮演调停者的角色,正如美国严格意义的州和联邦。因此,不证自明的是,城市统治的所有危险,其中每一公民都有权利施加政治影响,威胁着古典共和国的生存。除了这一点,作为内在原因的迫切危险,还有同样严重的危险,即每个毗邻城市国家的敌意和好斗禀性。不过,还有第三个缘由,或许是理解起来更为困难的缘由。假设生活在基督纪元前4或5世纪的一个罗马公民,对于其命运有了清醒的思考,有一天发现,罗马连续不断的战事毁掉了他的财富、他的健康,使其陷入最为严重的窘境。离罗马几英里之外的城市碰巧繁荣富庶。为什么他不应该去这些邻近之地试试他的运气呢?在我们的时代,成千上万的移民也做如此的打算,而且跋山涉水迁徙他处比起一个罗马人必须承受的远为昂贵和棘手。那么,为什么他不冒险一试呢?为什么他宁愿忍受城市的无情法律夺走他全部的财产,为什么他没有移居到维伊(Veji)或者其他某个邻近城市?宗教、种族以及所有其他原因,当我们不知道如何探查历史事件之真实缘由的时候经常所诉诸的这些原因,在这里于我们没有什么帮助。意大利部落和民族的宗教、种族以及语言是非常类似的。

不过,存在着其他理由。每一个城市国家都自然地意识到由于移民导致失去大量公民的巨大危险。为了提高公民身份的价值,他们赋予其具备非常重要特征的诸多好处,通过缩减成为国家公民的可能性来提高其价值。在我们自己的时代,公民身份作为某种权利有着颇为苍白和无生气的面容。当德国人攻占了阿尔萨斯或洛林之际,他们从未有一刻想过不把公民权授予这两个地区的人口。为了归化于现代任何一个国家,最需要的就是支付一定数额的金钱,在美国某些州,如印第安纳、科罗拉多、堪萨斯、密歇根、明尼苏达等等,逗留半年或更少的时间,连同"公然宣称的意图"就足够了。一个古典城市国家从未想过将其公民权授予被征服国家。这想必会减少那珍贵权利的价值。只需想象古代意大利所谓的社会战争(公元前 90 年)和一场现代战争的差别！多数意大利民族与罗马兵戎相见，因为罗马没有选择赋予他们罗马公民权(franchise)。在我们的现代观念看来，这似乎非常荒谬。想象瑞士与法兰西开战，原因是法兰西不想把瑞士纳入法兰西共和国的疆域。这看起来不像是用一把左轮手枪强迫某人接受一年一千英镑的收入吗？不过，基于刚才提到的理由，古代城市国家提高其公民权的价值事关切身利益，以至于移民或者离弃变得完全没有用处。

现在，此种提高公民权价值的倾向明显能够得以实现的一种最有效方式，莫过于减少有机会获得城市公民权之人的数量。因此，产生剥夺公民权的必要性，或者毋宁是不让获得公民权，为了提高其价值，许多民族设立了城市公民权，相应地，这成为预防古典城市国家解体的唯一安全措施。正如罗马人不可能被和善地劝服把罗马公民权赋予他们的意大利联盟，更不用说他们的行省了。正因如此，也是这同样的理由，古典城市国家的公民一般说来被迫，而且借助于自保这最无法抗拒的缘由，夺去了很多生活在城市之人的公民权，而且此种剥夺公民权贯彻得越是深入，公民权就会变得越有价值。换言之，他们必须剥夺某些民众集体的政治身份；或者更简洁些说，他们必须奴役他们。而我认为这是古典奴隶制的真正现实原因。

古典奴隶制不是道德层次低的产物，也不是低等成长类型文明的衍生物；希腊人和罗马人充分意识到了奴隶制本身的非自然和残酷性。你可以轻易地从古典作家摘录到成篇的言辞，表明他们对于奴隶制的伦理和社会罪恶是多么敏感。为了提供一则引人注目尽管是间接的证据，让我指出那众所周知的事实：基督教，正是其生灵态度(life-spirit)看起来谴责了奴隶制，而且以其名义，我们时代仁慈的外交家，比如，谦和且善良的俾斯麦，派遣军队至非洲去根除坦桑尼亚的奴隶制——嗯，基督教父从来没有如此多地谈论废除奴隶制的问题。相反：他们充分意识到了这一制度的无可避免，劝诫奴隶要顺从，而且，如我们都知道的，圣保罗本人就蓄有一名奴隶，而且从未想过要释放他。古典奴隶制是建立在政治公民权之上的有着巨大价值的必然产物；反过来，这一价值是此一事实的必然产物，即除了唯一的城市国家，古代人不知道任何其他形式的共和国。后面这一事实的原因，我会非常荣幸在将来某个时间讨论。

诸位记得在亚里士多德《政治学》中那引人注目的篇章，这部著作对于历史和政治研习者的重要性胜过了欧几里得对于几何学者的重要性，在那里，亚里士多德尝试预言现代国家，领土国家。这出现在临近第三卷第五章的末尾处（最后四节）。他得出了这样的结论，即如此的国家根本就不是国家。事实上，对于古人来说，除了城邦之外就没有国家，因此，亚里士多德宣称奴隶制是理所当然之事就完全正确。

在古代国家，废除奴隶制就等同于废除国家本身，等同于完全毁灭那唯一可能的生活方式（manière de vivre）。这样评断亚里士多德是幼稚的：这位最深刻伦理学著作的作者在奴隶制问题上是一个无知的异教徒。他把奴隶制、古典奴隶制视为理所当然之事；前三个世纪的基督教教父们（Christian teachers）也是如此。他并没有谴责它，不过，俄利根（Origen）、德尔图良或者爱任纽（Irenaeus）也是这样做的？让我们公正些；不仅如此，让我们谦逊点儿。在奚落这些智识巨擘之前，我们最好耐心地探查这一问题，最终我们会发现，尽管它可能不适合我们的口味，但我们不得不承认，古典奴隶制是理所当然之事，还额外收获了那令人瞠目的恣肆汪洋的政治和智力成果，我们称其为古典时代，没有它，我们的精神补品就缺少了其能效更佳的部分。一方面谴责古典奴隶制，另一方面又洋洋自得于荷马、索福克勒斯、萨福，或者希腊的雕塑和建筑，或者从罗马史研究中获得不断的启发和热情，这是丑陋的不公平之举。谁会尊重这般幸运的万贯财产的继承人，一边贪婪地享受一边却咒骂那被继承人？我不是奴隶制的辩护者，天主不允许；不过，当我看到，有些国家在超越其控制范围之外的原因的压力下，被迫剥夺了众多同伴的公民权，我想，与其沉溺于自鸣得意的、对于我们自身善良和伟大的自夸和骄傲，与其痛斥这些民族，我们最好感谢我们的命运，即我们不是处于相似的压力之下，也能够承受得起自由和人道。

希腊和罗马女性的地位也是同样的情形。在某些古典共和国，比如雅典，合法的妻子被严格地孤立起来；基于同样的理由，我引证了古典奴隶制度。雅典公民权在经济、社会和政治上是如此地极富价值，以至于合法出生的问题是一个远比现在无限重要的问题。相应地，家妻被限制在他们的宅门里，以至于最轻微的不合法怀疑也不可能被投射在公民后代身上；她们甚至不能去剧院，或者现身于大街而没有侍从陪伴，等等。另一方面，在斯巴达，女性享有自由，对此，我们这美好时代的高贵淑女也会抱有嫉妒之心的。合法问题事关重大；不过，那种在雅典施加于女性的孤立，在斯巴达表现为对于外邦人的抵触，借助于此来减缓不正当因素的腐化危险。

在罗马，长达数个世纪，女性完全处于她们丈夫的控制之下，以至于可以被认为是他们的女儿，而儿子可以称他们的母亲为姐姐。不过，罗马家妻极为尊贵的地位，是完全独立于这一点的，即事务的纯粹法律和政治方面。这种明显地臣服于她们的丈夫是基于同样地导致剥夺奴隶公民权的原因，她们乐意戒绝享受那强烈的源自她们父亲、丈夫和儿子华彩的荣耀之光。反抗她们的低等地位意味着玷污她们至爱之人的华彩。因此，如果罗马高贵的贞女和母亲，还有雅典美丽的少女和妻子不想摆脱某些锁链，那看起来对于我们今天的平等女性是无法忍受的，她们这样做不是因为智力低下或者缺乏教育，只是因为她们父亲、丈夫和儿子的异常显赫需要这样的自我牺牲。毕竟女人只有一项主要的使命——爱；希腊和罗马女人忠实地践行了这一点。在我们当今时代，男性个体的政治和社会显赫及华彩被矮化为侏儒的样态，显现出衰竭肌体的蜡黄色面容，在我们的时代，女人确切地感受到应该促成某种变化——而我们都知道，她们正在生机勃勃地朝着实现这一点前进。她们的事业多么幸运——不过请不要鄙视古代妇女那甜蜜且强烈赞同的形象，她们心甘情愿地退回到自己家庭的庇荫中，以便她们最亲爱的人能够大展宏图,既包括物质上的,又包括心智上的,世人从未看到有胜过他们的。

　　女人的这种退隐状态导致了古典文明的一项引人瞩目的特征——缺乏私人生活。严格意义的私人生活在基督教兴起之前的希腊-罗马时代就不存在,很大程度上在基督纪元的头三个世纪也不存在。因为,如果女性在其中不具备突出的位置,私人生活就不可能发展起来。私人生活的魅力主要是与女性社会交际的魅力。但是,在公共生活得以高度发展的地方,比如在希腊和罗马,私人生活在那里就鲜有机会存在。公共生活和私人生活是互补的,它们彼此补遗。在私人生活的艺术和娱乐发展到完美程度的地方,公共生活必然黯淡无光;反之亦然。在欧洲大陆国家的专制主义时代,即在人们实践中从来不会掺和或者参与政治事务的运行时,他们的私人生活幻化出某种最俘获人心的魅力和诱惑。不夸张地说,维也纳圆舞曲被证实是奥地利王朝最有力的支柱之一。如此热情地沉醉于歌舞之人自然反感枯燥、无聊的政治行当,由此,统治王朝必然无所顾忌。同样的论断适用于现代法兰西,只有在法国人不再这般普遍地着迷于其令人惊叹的剧院、音乐会、沙龙和其他娱乐时,一种生机勃勃的自立的平民政治精神才能注入现代法兰西。在罗马,私人生活是一个囿于自身的小圈子,无甚发展——记住西塞罗经常抱怨完全缺乏志趣相投的社交;罗马人没有像我们的纸牌或棋类一样的私人游戏,他们具有的那些与其庞大的公共赛事相比又无足轻重,在后者那里,三万至四万人参与到让人血液凝滞的表演中。此为当然之事:没有人会将太多时间投入到私人游戏中,当他能够享受罗马竞技场令人莫名震颤的刺激时,或者奥林匹亚赛事的宏伟场景、阿提卡的戏剧、法庭言说、希腊哲学家的公开讲演以及类似的壮观娱乐时。

　　古典国家建立在相对较少之人的公共精神根基上,这是纯粹的自然之事:为数不多的这些人必须将其全部的心智和禀赋力量倾注到国家事务中,也就是说,他们必须放弃他们之作为私人的乐趣。罗马最伟大的作家或多或少都是政治家,或者是献身于公共生活之人,他们中的许多人成为作家只是偶然,比如西塞罗和恺撒,除了少数例子之外,他们的作品不是很多——他们缺乏现代私人的大量闲暇,后者从所有的公共生活中退隐,贡献了卷帙浩繁的著述。事实上,我们可以宽泛地说,古典时代并不晓得私人个性,顺便指出,这是为什么古典著述初读上去并不吸引我们的原因之一,我们是极度私人化的个体。

这种显见的差异在古人的宗教中最有说服力地表露出来。在古人的宗教和现代的信仰之间存在着引人注目的对照。在极为迫切地以某种公共方式、利用公共集会和整体决断来对待和处理所有政治事务之际,古人将宗教事务主要托于单一家族之手。现时代,我们发现非常自然的是,人们聚集在公共场所、共同祈祷,而不是每一位家父私下主持全家的宗教仪式。家庭宗教礼拜已经被简化为寥寥几句祷文和祝福。在古典时代,家庭宗教礼拜扮演着与公共礼拜同等,如果不是则更胜一筹的角色。我们去教堂,那是宗教仪式的自然集会场所。另一方面,古典神殿不是会众聚集地。它是神祇的寓所,仅此而已。家庭宗教礼拜得到了充分的发展;几乎家家都不同,我们现代任何一个教派中整齐划一的仪式在那里并不存在。换言之:某种程度上,我们在宗教制度上比古人更具公共精神。他们在其公共宗教中,无视个体的形而上学渴求,这与他们的国家机体保持完美地同步。不久个体逐渐意识到了其有限性,非常自然地寻求来生和彼岸境况的安抚和慰藉。国家本身对于这样的问祈无动于衷;国家是不朽的,来生对于它没有意义。因此,古人的公共宗教或者国家宗教,完全抛弃且无视这些构成了现代信经之灵魂的要义。不是建立满足个体之人伦理和严格宗教情感的宗教建筑,古代城市国家建造宗教建筑依据的是充盈于其公共建筑之建造中的原则。如我们都知道的,这一原则是壮美原则。古典宗教、古典公共宗教,是美的宗教,是在典范力量的尽情展示中对于美的神化。美值得仰慕;美对于人的情感有着直接、即时和基本的影响力,它容易被引向公共目的。缺乏个体私人生活深度的古人在感受宗教教诲的内在生命方面有些欠缺。

总体上，公共生活天然地比私人生活更加怡人和予人期望，由此，几乎将其全部生活投入公共事业的人，对于阴郁和严酷的宗教仪式心存反感，而且易于在某种力量的敬仰中团结起来，此种力量为了人性的目的会持续照耀且鼓舞人的心灵。美，如果我们真正获得其荣光的名副其实和心悦诚服感，可以被恰当地称为一项神圣原则，无论是谁，他习得了感知古代雕刻和建筑遗迹至高无上的美，就会容易理解古典公民强烈爱慕他们的神像、神殿和公共建筑。有实例表明，古人的某些城市国家宁愿承受长期被围攻的极端变故，也不愿将他们美丽的神像交给敌人。甚至在我们的机器时代，我们都可以注意到，主要生活在街道、市集和其他公共场所的民族，如意大利人和法国人，不久就会具备个人的优雅姿态，这总是会让不带偏见的旁观者痴迷。在希腊-罗马时代，可以说，当公共生活是唯一生活之时，优雅和美丽如此彻底地弥漫于整个共和国，以至于它成为其主导原则之一。希腊人和罗马人，主要是希腊人，是美的真正发明者；他们首先使其获得生命，并且使其铭刻上了永恒原则的标志。实情就是如此，民族普遍地神化这些原则，他们借助于其力量而生存，无需惊奇的是，古人最终达到了这样的程度：使得构成其生活一项主要因素的内容成为宗教信仰。

　　无论从哪里转向希腊-罗马制度的历史探查，我们都能够发现那全能事实（all-powerful）在古代文明中的存在和影响，即它是完全的城市文明。如果我们想要描绘现代和中世纪文明的主要特征，我们指出这一点就满足了：现代文明不是完全的城市文明。这一基础性事实阐明了古代和现代的大多数制度。古人的城市文明使得剥夺多数男男女女的公民权成为必要；它产生了他们完全的公共生活，是其所有政治和宗教制度的基座。仅仅这一状况就足以说明古典共和国衰落的原因。根植于城市国家的文明与过度地疆域扩张不相称。它要求狭小的疆域。只要罗马帝国具备了远远超过意大利或者希腊限度的规模，命定只为小型城市国家的制度，就会失去其生命力量。绝大多数的臣民变得不关心国家，后者忽视了他们的抱负和才能。罗马行省是由极少数的罗马官员统治的；

因此,很少有行省居民,如果有的话,有机会成为统治成员。没有什么比那复杂的行政职务之网更能有效地推动拜占庭帝国了,这张网撒向了其每一个行省。这些职务由来自行省的野心勃勃的人担任,他们由此感觉到坚固的利益纽带将其与统治王朝联结在一起。早期的皇帝不曾实质上改变行省管理的共和制度,这一制度,尽管发挥着最令人赞叹且有效的作用,却逐渐地使得大量人口对于帝国存在不再有任何强烈的兴趣,帝国对他们视而不见。因此,古代文明衰落的真正原因必须在反常的帝国宏伟规模中去寻找,其制度注定不是为了拥有超过一亿人口的巨大疆域的。罗马的军事伟业缔造了辽阔疆域和众多人口在一个首脑之下的统一;他们的制度足以统治这众多民众,但是不足以使他们与帝国的存在休戚与共。由此,帝国衰落了。

我们经常听到罗马人后来的极端堕落,他们放荡的生活方式,还有据说犯下的各种渎神之举,这就是他们衰落的原因。我不想说,晚期的罗马人或希腊人是道德完美的典型。不过,谁有勇气断言任何一个现代国家藏匿着更少的堕落与邪恶呢?的确,古人敢在他们的著作中,用非常坦白的语言谈论他们的堕落。不过,如果我们从马提雅儿或者尤维纳利斯或者其他职业讽刺作家那里搜集来诸多讥刺题材,认为这些题材就是罗马普遍堕落的充分证据——而且,如你所知,比如,弗里德兰德(Friedländer)教授的学术作品中就充斥着此类证据——我们对待古人就极其不公。谁会凭借职业讽刺作家的著述来评判一个民族?如果罗马人是如此极端地堕落,为何他们中间如此多的人会在基督教兴起之际倾向于接受其信条的沉重义务呢?我们知道没有比这一宗教更为纯洁或更为高贵的了。不,让我抛弃那些学园中将罗马的道德堕落视为帝国衰落原因的慷慨陈词。那一帝国衰落,或者毋宁是改变了其构架,原因在于它没有能力使其臣民的强烈关怀倾注在其进一步的生存上。古典城市国家之维系所必需的罗马公民或希腊公民的品质是如此地神经紧绷,他们索求的道德和心智才赋如此之高,以至于不可能期盼大多数人拥有它们;他们的确不曾拥有它们,由此,罗马帝国轰然倒地。这一情境在我们比较古代和现代文明时从来不应被忽视。

古人从不像我们样样做、样样逊；他们做得越少，就做得越完美。我们有更多的人享有政治公民权，可是哪里去找寻那些极为卓越的古代英才，他们将十倍的现代伟人的力量融合为一个高贵的灵魂？人们对于俾斯麦是多么地莫名惊诧呀——人们可能认为是勃朗峰（Mont Blanc）或者钦博拉索山（Chimborazo）幻化成人的样子和形态来到了众生之中！不过，对于尤里乌斯·恺撒我们又会说些什么呢，他是俾斯麦、毛奇将军和麦考莱史学家的合体吗？亚历山大呢？亚里士多德呢？我们现代人有更多科学，但是我们有多少科学具备了希腊几何学或罗马法的完备性？无疑，我们有更多的抒情诗人，但是，有多少成千上万的诗卷我们才愿意换萨福的一首诗呢？我不想将此种思考途径推至其极端。我只能说，两千年后如果我们正在做的、想的、写的有十分之一引起了诸多关注，正如两千年前希腊人和罗马人所做的全部一切那样，我们就可以真正最为诚恳地向我们自己道贺了。

接下来是我们纵览的最后一点。希腊-罗马文明的永恒价值还在于这一事实：它一直是某种制度之兴起和成长的最主要因素之一，此种制度直到今天还是我们公共和私人生活的根基——我指的是基督教。为了与今天赏光出席的每一位女士和先生佳成君子之交（be on clear terms with），我先提出一项普遍陈述：我相信基督教的神圣起源；我补充一句：我相信人类所有制度的神圣起源。它们的根基衍生到了我们都同意称之为神圣力量的王国中。因此，当我试图追溯基督教之兴起与某些平凡之事的关联时，我只是纯粹表明此种关联，并不带有强调此种信条的倾向，仅仅这种关联就足以阐释基督教的兴起和成长。最坚定的正统观念也不能不承认基督教兴起于罗马帝国。因此，这是一个合理的问题：希腊-罗马与基督教制度的关联是什么？在多大程度上，希腊-罗马制度影响了基督教的成长？或者将这个问题更为具体些：在既定的罗马帝国第一个世纪的政治和社会状况下，它如何对于基督教的兴起施予影响？我们都知道,在基督纪元的第一个世纪,许多高洁的思想家和改革家试图重铸社会构架,并且将人们的心灵引入新的思想渠道。比如提亚那的阿波罗尼奥斯(Apollonius of Tyana)就是这样的人。为什么他们之中没有人成功？为什么在这些改革家中唯有基督教教父成功了？如果我们满足于指出基督教教父的成功在于其学说中包含的神圣真理,我们就没有理解为什么这一成功来临得非常缓慢,并且付出了极大的努力。基督教教父不曾尝试改变那时社会的社会构造。现代社会主义倒是宣称要消除既存的社会制度,消除贵族、农民等等。最初的基督教教父,如我不久前所评论的,从未试图废除罗马帝国任何主要的社会制度,奴隶制、罗马公民权、罗马法都没有。不过依然不能否认的是,基督教促成了帝国社会组织的深层变化。那么,赋予基督教教父如此巨大力量的头槌是哪个呢？

罗马帝国的主要过错在于,它不曾使得女人和多数男人追求较高层级的旨趣。人们渴求完美。从长远看来,人们不会满足于日常生活像机器一样例行公事,无以满足其较高的诉求。不过,诸位会问我,为什么女人和多数男人很长时间都满足于过一种无足轻重的生活？为什么在基督纪元1世纪之前这些女人和男人没有渴望较高地位呢？对此有着非常简洁的回答：在基督纪元1世纪时,罗马的立法在相当大的程度上放松了对女人的束缚和男人的奴役。女人、家妻不再像之前的世纪那样被严格地孤立起来,绝对的所有权、使用和滥用奴隶的权利,软化为一种人道的权利。随之而来的后果是,女人开始主张其作为个体的权利。她们渴望在罗马现实世界中扮演某种角色。不过,这个世界没有女人的位置。古代文明不仅是城市文明,而且是完全的男性文明。一旦颁布法律废除女性被幽闭的地位,女人如同所有新近解放之人,力图得到在共和国中更加突出的角色。这一愿望由基督教得以充分地满足。在基督教社群中,女性扮演着非常重要的角色；一位基督徒女性本质上不同于异教徒女性。她经常参加男人的公共宗教集会；人们期望她劝勉、教导她的丈夫和家人。在基督教的总体发展中,女性这种逐步增长的重要性是重大因素。

不过,一个更为重大的因素是接受了那种政治组织,那是罗马人发展成熟了的最有效的制度。罗马人运行的管理制度得到了基督教主教和牧师的最细致模仿。主教的职位是这些罗马行省的专员(curatores)的悉心模仿,后者融合了财政和政治功能。不过,教会不曾如罗马人那样将大部分人口从管理中排除出去,没有忽视把教会共和国置于一种纯粹民主的根基上。在早期基督教社群中,主教、教长和牧师是由会众的所有成员选举的,通过这一措施,一些教会的领袖和教父,在充分利用罗马有效的管理体制时,成功地避免了使得他们的大部分人漠视教会利益的错误。因为,在我们这一现实且物质的世界中,真理,尤其是神圣真理或许是有力量的,但是除非它受到适当的组织的支持,否则真理永远不会有多成功。由此,为什么1世纪许多改革者失败的原因主要是缺乏适当的组织。

然而,这种组织是基督教教父从罗马人发明的制度中习来的。罗马之于基督教的影响在新宗教信条的信徒名称中得到了最为醒目的展示。基督徒的希腊名称是 Χριστανός。你没有发现这不是希腊语形式,或者更像是后来的、明显是罗马化形式的衍生词?《新约》起初是用希腊语撰写的,《使徒行传》也是,这个词最初就在其中出现。不过,它明显是依照一个罗马字构成的,词尾 τανός 是非希腊语形式。事实上,最初的基督教社群的强大运行能力主要归因于依照罗马城市国家之样式而构造的制度力量。此类国家的核心理念是有限自由公民的绝对且毫无妥协地献身于国家任务和职责,没有酬劳,没有物质收益。在希腊和罗马城市国家鼎盛时期,这些公民的崇高道德是极为震人心魄的。他们的自控能力、节制、无私和奉献发挥到了极大限度。诸位记得我曾经说过,每个罗马人在其日常生活的经济事务中必须践行的极度小心谨慎。因此,罗马共和国,只要它保持着纯然无杂,外在方面奠基于城市国家,内在方面奠基于纯粹的道德力量。这我们在基督教共和国中也看到了,而且更胜一筹。

如其所为,基督教共和国丢弃了一个因素,即城市国家的狭隘限制,必须无限地增强另一个因素,即奠基于其上的纯粹道德力量,除了男性的普遍德性之外,它还创造了女性的新德性,宣称贞洁是神圣的权利,完全戒绝生活享受是圣洁的品质。因此,罗马共和国奠基于有限男性的道德卓越之上,而基督教共和国却建立在更广泛的、两性的道德卓越基础之上的。不过,将国家主要建立在道德力量之上的理念是纯粹希腊-罗马式的,没有这古典时代的强大魄力,最初三个世纪的基督教社群就不可能成功。亚洲和非洲共和国是建立在一个完全不同特性的基础之上的。这是古典时代独一无二的符号和标志,即数量有限的、属于男性的、纯粹的激情力量,它的确是国家的终极卫护和屏障。追寻基督教的发展不是我现在的任务。不过在我对于古典时代的无限敬仰中,在我这深层的信念中:并非智力而是激情,是男性的支配性力量,我对于此事实感到荣耀,这一千八百年的所有制度中最神圣、最重要的,都是自希腊和罗马不曾受损、刚健无比的心灵所建立和支撑的典制中获得了其外在和内在的组织。圣奥古斯丁尽管痛恨异教罗马,但是给他为之斗争的共和国所能找到的最合适的名称,即刻表明了在基督教会和罗马城市国家之间的密切关联,即他的著作名称"上帝之城"(de Civitate Dei),因为他认为,二者的终极根基都是品质和道德力量。正是品质和道德力量使得这个世界艰难前行,而智力的耀眼迸发既不曾建立希腊和罗马的城市国家,也不曾建立基督教的荣耀共和国。

上海三联人文经典书库

已出书目

1. 《世界文化史》(上、下) 〔美〕林恩·桑戴克 著 陈廷璠 译

2. 《希腊帝国主义》 〔美〕威廉·弗格森 著 晏绍祥 译

3. 《古代埃及宗教》 〔美〕亨利·富兰克弗特 著 郭子林 李凤伟 译

4. 《进步的观念》 〔英〕约翰·伯瑞 著 范祥涛 译

5. 《文明的冲突:战争与欧洲国家体制的形成》 〔美〕维克多·李·伯克 著 王晋新 译

6. 《君士坦丁大帝时代》 〔瑞士〕雅各布·布克哈特 著 宋立宏 熊莹 卢彦名 译

7. 《语言与心智》 〔俄〕科列索夫 著 杨明天 译

8. 《修昔底德:神话与历史之间》 〔英〕弗朗西斯·康福德 著 孙艳萍 译

9. 《舍勒的心灵》 〔美〕曼弗雷德·弗林斯 著 张志平 张任之 译

10. 《诺斯替宗教:异乡神的信息与基督教的开端》 〔美〕汉斯·约纳斯 著 张新樟 译

11. 《来临中的上帝:基督教的终末论》 〔德〕于尔根·莫尔特曼 著 曾念粤 译

12. 《基督教神学原理》 〔英〕约翰·麦奎利 著 何光沪 译

13. 《亚洲问题及其对国际政治的影响》 〔美〕阿尔弗雷德·马汉 著 范祥涛 译

14. 《王权与神祇:作为自然与社会结合体的古代近东宗教研究》

（上、下）　〔美〕亨利·富兰克弗特　著　郭子林　李　岩
李凤伟　译

15.《大学的兴起》　〔美〕查尔斯·哈斯金斯　著　梅义征　译

16.《阅读纸草,书写历史》　〔美〕罗杰·巴格诺尔　著　宋立宏
郑　阳　译

17.《秘史》　〔东罗马〕普罗柯比　著　吴舒屏　吕丽蓉　译

18.《论神性》　〔古罗马〕西塞罗　著　石敏敏　译

19.《护教篇》　〔古罗马〕德尔图良　著　涂世华　译

20.《宇宙与创造主:创造神学引论》　〔英〕大卫·弗格森　著
刘光耀　译

21.《世界主义与民族国家》　〔德〕弗里德里希·梅尼克　著　孟
钟捷　译

22.《古代世界的终结》　〔法〕菲迪南·罗特　著　王春侠　曹明
玉　译

23.《近代欧洲的生活与劳作(从 15—18 世纪)》　〔法〕G.勒纳尔
G.乌勒西　著　杨　军　译

24.《十二世纪文艺复兴》　〔美〕查尔斯·哈斯金斯　著　张　澜
刘　疆　译

25.《五十年伤痕:美国的冷战历史观与世界》(上、下)　〔美〕德瑞
克·李波厄特　著　郭学堂　潘忠岐　孙小林　译

26.《欧洲文明的曙光》　〔英〕戈登·柴尔德　著　陈　淳　陈洪
波　译

27.《考古学导论》　〔英〕戈登·柴尔德　著　安志敏　安家
瑗　译

28.《历史发生了什么》　〔英〕戈登·柴尔德　著　李宁利　译

29.《人类创造了自身》　〔英〕戈登·柴尔德　著　安家瑗　余敬
东　译

30.《历史的重建:考古材料的阐释》　〔英〕戈登·柴尔德　著
方　辉　方堃杨　译

31.《中国与大战:寻求新的国家认同与国际化》　〔美〕徐国琦
著　马建标　译

32.《罗马帝国主义》　〔美〕腾尼·弗兰克　著　宫秀华　译

海迪　袁指挥　译

53.《欧洲的宗教与虔诚:1215—1515》　〔英〕罗伯特·诺布尔·斯旺森　著　龙秀清　张日元　译

54.《中世纪的思维:思想情感发展史》　〔美〕亨利·奥斯本·泰勒　著　赵立行　周光发　译

55.《论成为人:神学人类学专论》　〔美〕雷·S.安德森　著　叶汀　译

56.《自律的发明:近代道德哲学史》　〔美〕J. B.施尼温德　著　张志平　译

57.《城市人:环境及其影响》　〔美〕爱德华·克鲁帕特　著　陆伟芳　译

58.《历史与信仰:个人的探询》　〔英〕科林·布朗　著　查常平　译

59.《以色列的先知及其历史地位》　〔英〕威廉·史密斯　著　孙增霖　译

60.《欧洲民族思想变迁:一部文化史》　〔荷〕叶普·列尔森普　著　周明圣　骆海辉　译

61.《有限性的悲剧:狄尔泰的生命释义学》　〔荷〕约斯·德·穆尔　著　吕和应　译

62.《希腊史》〔古希腊〕色诺芬　著　徐松岩　译注

63.《罗马经济史》　〔美〕腾尼·弗兰克　著　王桂玲　杨金龙　译

64.《修辞学与文学讲义》　〔英〕亚当·斯密　著　朱卫红　译

65.《从宗教到哲学:西方思想起源研究》　〔英〕康福德　著　曾琼　王涛　译

66.《中世纪的人们》　〔英〕艾琳·帕瓦　著　苏圣捷　译

67.《世界戏剧史》　〔美〕G.布罗凯特　J.希尔蒂　著　周靖波　译

68.《20世纪文化百科词典》　〔俄〕瓦季姆·鲁德涅夫　著　杨明天　陈瑞静　译

69.《英语文学与圣经传统大词典》　〔美〕戴维·莱尔·杰弗里(谢大卫)主编　刘光耀　章智源等　译

70.《刘松龄——旧耶稣会在京最后一位伟大的天文学家》　〔美〕

斯坦尼斯拉夫·叶茨尼克 著 周萍萍 译

71.《地理学》〔古希腊〕斯特拉博 著 李铁匠 译

72.《马丁·路德的时运》〔法〕吕西安·费弗尔 著 王永环 肖华峰 译

73.《希腊化文明》〔英〕威廉·塔恩 著 陈 恒 倪华强 李 月 译

74.《优西比乌:生平、作品及声誉》〔美〕麦克吉佛特 著 林中 泽 龚伟英 译

75.《马可·波罗与世界的发现》〔英〕约翰·拉纳 著 姬庆 红译

76.《犹太人与现代资本主义》〔德〕维尔纳·桑巴特 著 艾仁 贵 译

77.《早期基督教与希腊教化》〔德〕瓦纳尔·耶格尔 著 吴晓 群 译

78.《希腊艺术史》〔美〕F·B·塔贝尔 著 殷亚平 译

79.《比较文明研究的理论方法与个案》〔日〕伊东俊太郎 梅棹 忠夫 江上波夫 著 周颂伦 李小白 吴 玲 译

80.《古典学术史:从公元前6世纪到中古末期》〔英〕约翰·埃 德温·桑兹 著 赫海迪 译

81.《本笃会规评注》〔奥〕米歇尔·普契卡 评注 杜海龙 译

82.《伯里克利:伟人考验下的雅典民主》〔法〕 樊尚·阿祖莱 著 方颂华 译

83.《旧世界的相遇:近代之前的跨文化联系与交流》〔美〕 杰 里·H.本特利 著 李大伟 陈冠堃 译 施诚 校

84.《词与物:人文科学的考古学》修订译本 〔法〕米歇尔·福柯 著 莫伟民 译

85.《古希腊历史学家》〔英〕约翰·伯里 著 张继华 译

86.《自我与历史的戏剧》〔美〕莱因霍尔德·尼布尔 著 方 永 译

87.《马基雅维里与文艺复兴》〔意〕费代里科·沙博 著 陈玉 聃 译

88.《追寻事实:历史解释的艺术》〔美〕詹姆士 W.戴维森 著

［美］马克　H.　利特尔著　刘子奎　译

89.《法西斯主义大众心理学》［奥］威尔海姆·赖希　著　张峰　译

90.《视觉艺术的历史语法》［奥］阿洛瓦·里格尔　著　刘景联　译

91.《基督教伦理学导论》［德］弗里德里希·施莱尔马赫　著　刘平译

92.《九章集》［古罗马］普罗提诺　著　应明崔峰译

93.《文艺复兴时期的历史意识》［英］彼得·伯克　著　杨贤宗　高细媛　译

94.《启蒙与绝望：一部社会理论史》［英］杰弗里·霍松　著　潘建雷　王旭辉　向辉　译

95.《曼多马著作集：芬兰学派马丁·路德新诠释》［芬兰］曼多马　著　黄保罗　译

96.《拜占庭的成就：公元 330～1453 年之历史回顾》［英］罗伯特·拜伦　著　周书垚　译

97.《自然史》［古罗马］普林尼　著　李铁匠　译

98.《欧洲文艺复兴的人文主义和文化》［美］查尔斯·G.纳尔特　著　黄毅翔　译

99.《阿莱科休斯传》［古罗马］安娜·科穆宁娜　著　李秀玲　译

100.《论人、风俗、舆论和时代的特征》［英］夏夫兹博里　著　董志刚　译

101.《中世纪和文艺复兴研究》［美］T.E.蒙森　著　陈志坚等译

102.《历史认识的时空》［日］佐藤正幸　著　郭海良　译

103.《英格兰的意大利文艺复兴》［美］刘易斯·爱因斯坦　朱晶进　译

104.《俄罗斯诗人布罗茨基》［俄罗斯］弗拉基米尔·格里高利耶维奇·邦达连科　著　杨明天　李卓君　译

105.《巫术的历史》［英］蒙塔古·萨默斯　著　陆启宏　等译

欢迎广大读者垂询，垂询电话：021－22895540

图书在版编目（CIP）数据

希腊－罗马典制/（匈）埃米尔·赖希著；曹明，苏婉儿译．—
上海：上海三联书店，2020.10
ISBN 978－7－5426－6939－1

Ⅰ.①希…　Ⅱ.①埃…②曹…③苏…　Ⅲ.①古希腊－历史－
研究②古罗马－历史－研究　Ⅳ.①K125②K126

中国版本图书馆 CIP 数据核字（2019）第 292610 号

希腊－罗马典制

著　　者 / ［匈牙利］埃米尔·赖希
译　　者 / 曹　明　苏婉儿

责任编辑 / 殷亚平
装帧设计 / 徐　徐
监　　制 / 姚　军
责任校对 / 张大伟　王凌霄

出版发行 / 上海三联书店
　　　　　（200030）中国上海市漕溪北路 331 号 A 座 6 楼
邮购电话 / 021－22895540
印　　刷 / 上海展强印刷有限公司

版　　次 / 2020 年 10 月第 1 版
印　　次 / 2020 年 10 月第 1 次印刷
开　　本 / 640×960　1/16
字　　数 / 250 千字
印　　张 / 15.75
书　　号 / ISBN 978－7－5426－6939－1/K·561
定　　价 / 78.00 元

敬启读者，如发现本书有印装质量问题，请与印刷厂联系 021－66366565